金谷の

日本史

単語帳

東進ハイスクール日本史科講師 金谷 俊一郎

Gakken

はじめに

英語において単語集が非常に有効な学習手段であるということとは異論がないと思います。

頻出する単語が収録され、その意味が解説され、その単語を使った例文が収録されている。この単語集を用いて、受験生は非常に効率よく英単語を学ぶことができます。このことは、単語集が高校受験や大学受験のみならず、TOEFLなどの資格試験にも多用されていることからも明らかです。

しかし、日本史には今まで単語集というものが存在していませんでした。用語集といったものは存在しますが、これはあくまでも日本史事典をコンパクトにまとめたものにすぎず、辞書的な活用以外には不向きです。

ここで登場したのが、この『日本史単語帳』です。

重要な単語は見出し語として収録、重要単語の意味は、入試に必要な部分に絞ってコンパクトに記しています。また、単語の意味の部分にも重要用語を盛り込むことによって、コンパクトに学習できるよう配慮しました。

英単語集の例文にあたるのが、ページの頭にある「20秒講義」です。ここは、この単元のあらすじ（重要部分）がコンパクトに記されています。初学者は、ここに書かれていることをまずマスターしてください。そして次の段階では、ここに書かれている用語について意味が頭に浮かぶようにして欲しいのです。

さらに本書のスゴいところは、そのマスターした内容を、実際の入試問題ですぐに演習できるということです。

の３ステップで学ぶことによって、同じ事項を３度繰り返すことができ、重要事項をすんなり頭に入れることができるのです。日本史において「繰り返し学習をおこなう」ことは最も有効な手段です。その繰り返し学習が手軽にかつ効果的におこなえるのが、この『日本史単語帳』なのです。

　また、本書は幣著『決定版日本史』（学研プラス）と単元が完全にリンクしています。『決定版日本史』は、いわゆる講義録です。『決定版日本史』で流れをつかんだ学習をおこない、本書の３ステップ学習で定着させていけば、日本史の学習は完成します。あとは、志望校別の対策をおこなっていくだけです。

　私も、来年で講師生活30年を迎えます。本書は、その講師生活の集大成です。自信を持ってお届けします。

金谷 俊一郎

本書の使い方 HOW TO USE

**3ステップで「本当に出る用語」が
スピーディーに覚えられる!**

① STEP! 20秒講義ですばやく流れをチェック!

いきなり用語を覚えるのではなく、歴史の流れをおさらいしながら、**文脈と
セットで覚えていく**ことで、効果的に学ぶことができます。本書は、**一度に
用語を覚えるのにちょうどいい、ミニマムな量で講義を区切っている**のが特
長です。スキマ時間などに少しずつ復習するときにも活用しやすいでしょう。

② STEP! 流れとひもづけて用語をインプット! 単語帳形式なので覚えやすい!

「20秒講義」で出てきた用語が見出し語になっています。覚えていない用語
を教科書なしでどんどん覚えたいときにも、覚えた用語を一問一答感覚で復
習したいときにも使うことができます。また、忘れてしまった用語をさっと
調べるための用語集としても活用できます。

③ STEP! 入試問題で確認! 出題イメージがつかめる。

中堅〜難関大学レベルまで、過去に入試で出題された問題を、**穴埋め形式の
問題にしています。**そのページで覚えた用語が、実際はどのように問われる
のか、出題イメージをつかみながら、復習することができます。見出し語と
して扱っている用語のほか、見出し語の説明文に含まれる用語が出題されて
いることもあります。

※入試問題の中には、効果的な演習のために、体裁の変更や一部改題などの編集を加えているものもあります。

❶ 日本文化のあけぼの

道具で分ける3つの時代

20秒講義コーナーだけ読んでいくと、教科書代わりになる!

> ○ 20秒講義
> 旧石器時代は打製石器が使われ**先土器時代**ともいう。**縄文時代**には縄文土器と磨製石器が用いられるようになった。**弥生時代**には青銅器・鉄器が用いられるようになり，青銅器は祭器として用いられた。

□ **旧石器時代** ── 土器が作られるよりも前の時代。打製石器が用いられた。

□ **打製石器** ── 打ち欠いただけの石器。おもに旧石器時代に用いられた。

□ **縄文土器** ── 表面に縄目の文様がある土器。厚手で黒褐色。

□ **磨製石器** ── 磨いて作った石器。新石器時代に用いられた。<u>縄文時代は磨製石器と打製石器の両方が使われていた。</u>
注 新石器時代は完新世で，磨製石器の使用などが特徴。新石器文化という。

□ **青銅器** ── 銅と錫の合金。祭器として用いられた。青銅器と鉄器はほぼ同時期に伝来した。

□ 銅矛・銅戈 ── 九州を中心に分布した青銅器。
□ 平形銅剣 ── 瀬戸内地方を中心に分布した青銅器。
□ 銅鐸 ── 近畿を中心に分布した青銅器。

見出し語に関連する用語もセットで覚えられる!

Check! 入試問題

縄文時代になると土器が使用され，打製石器の他に全体的に研磨して形を整えた【 ① 】が使われだした。縄文時代の始まりである。縄文文化は世界史的にみれば農耕・牧畜を欠く【 ② 】文化と考えられている。弥生時代の青銅製祭器では，近畿地方を中心に分布している【 ③ 】，瀬戸内地方を中心に分布している平形【 ④ 】，北部九州地方を中心に分布している銅矛と【 ⑤ 】などがある。

(日本大・首都大学東京)

[解答] ①磨製石器 ②新石器 ③銅鐸 ④銅剣 ⑤銅戈

もくじ CONTENTS

近世

近代

現代

編集協力 ： 高木直子、佐藤四郎（一橋学院）、舩倉 淳（向上高等学校）

　　　　　　株式会社 オルタナプロ

ブックデザイン ： 星 光信（Xing Design）

イラスト ： 田渕正敏

図版 ： 有限会社 ケイデザイン

DTP ： 有限会社 新榮企画

原始・古代

WORDBOOK OF JAPANESE HISTORY

❶ 日本文化のあけぼの

道具で分ける3つの時代

○
20秒講義

旧石器時代は打製石器が使われ先土器時代ともいう。縄文時代には縄文土器と磨製石器が用いられるようになった。弥生時代には青銅器・鉄器が用いられるようになり，青銅器は祭器として用いられた。

□ **旧石器時代**
土器が作られるよりも前の時代。打製石器が用いられた。

□ **打製石器**
打ち欠いただけの石器。おもに旧石器時代に用いられた。

□ **縄文土器**
表面に縄目の文様がある土器。厚手で黒褐色。

□ **磨製石器**
磨いて作った石器。新石器時代に用いられた。<u>縄文時代は磨製石器と打製石器の両方が使われていた。</u>

注 新石器時代は完新世で，磨製石器の使用などが特徴。新石器文化という。

□ **青銅器**
銅と錫の合金。祭器として用いられた。青銅器と鉄器はほぼ同時期に伝来した。

　□ 銅矛・銅戈
九州を中心に分布した青銅器。

　□ 平形銅剣
瀬戸内地方を中心に分布した青銅器。

　□ 銅鐸
近畿を中心に分布した青銅器。

Check! 入試問題

　縄文時代になると土器が使用され，打製石器の他に全体的に研磨して形を整えた【 ① 】が使われだした。縄文時代の始まりである。縄文文化は世界史的にみれば農耕・牧畜を欠く【 ② 】文化と考えられている。弥生時代の青銅製祭器では，近畿地方を中心に分布している【 ③ 】，瀬戸内地方を中心に分布している平形【 ④ 】，北部九州地方を中心に分布している銅矛と【 ⑤ 】などがある。

(日本大・首都大学東京)

[解答] ①磨製石器 ②新石器 ③銅鐸 ④銅剣 ⑤銅戈

気候で分ける3つの時代①

> ○
> 20秒講義
>
> 旧石器時代は地質学では**更新世**にあたり，**氷河時代**とも呼ばれた。この頃生息した**マンモス**や**ナウマンゾウ**，**オオツノジカ**などの**大型動物**を，**尖頭器**や**細石器**などで捕獲した。縄文時代以降は**完新世**となる。

□ **更新世**

縄文時代より前の地質学上の呼び名。**氷河時代**と呼ばれ，大陸と陸続きの時期があった。

□ **大型動物**

更新世に日本に生息した大型の動物。
　　北からやってきた：**マンモス・ヘラジカ**
　　南からやってきた：**ナウマンゾウ・オオツノジカ**

□ **尖頭器**

突き刺すときに使う，先端がとがった打製石器。その他の打製石器には，**打製石斧**や**ナイフ形石器**などもある。

　□ **打製石斧**
　□ **ナイフ形石器**

打製石器の斧。大型動物を打撃して捕まえるのに用いた。
切断用の打製石器。ブレイドともいう。

□ **細石器**

旧石器時代末期に用いられた打製石器。木の棒などに，細かい石をのこぎり状に埋め込んで用いた。

□ **完新世**

縄文時代以降の地質学上の呼び名。地球規模で温暖化が進み，海面が上昇し，日本列島が形成された。

原始・古代

中世

近世

近代

現代

Check! 入試問題

　地質学でいう【 ① 】世には，日本列島に南方からは【 ② 】ゾウや【 ③ 】ジカが，北方からは【 ④ 】といったゾウが渡来した。狩猟の道具としては切断に用いる【 ⑤ 】石器や刺突用の【 ⑥ 】器などが使用されていたが，この時代の終わり頃には小型の石器である【 ⑦ 】が出現している。

（立命館大・青山学院大）

［解答］①更新　②ナウマン　③オオツノ　④マンモス　⑤ナイフ形　⑥尖頭　⑦細石器

気候で分ける3つの時代②

> ◎
> 20秒講義
> 　縄文時代に発明された弓矢には，黒曜石で作られた石鏃が用いられた。漁労では骨角器が用いられた。弥生時代には水稲耕作が本格化し，水田での稲作が行われた。また，稲作の道具として石包丁や田下駄が使われた。続縄文文化や貝塚文化も栄えた。

□ 弓矢　　　　　　　　縄文時代に発明された狩猟道具。中小動物の捕獲に用いた。

□ 黒曜石　　　　　　　石鏃に用いられた非常に固い石。十勝岳（北海道）・和田峠（長野県）・阿蘇山（熊本県）など，採掘できる場所が限られていたため，盛んに交易が行われた。

□ 骨角器　　　　　　　動物の骨や角で作られた道具。釣針や銛，やすなど魚を捕るための道具として用いられた。

□ 石包丁　　　　　　　収穫のときに稲の穂だけをつみ取る（＝穂首刈り）道具。
　□ 木臼・竪杵　　　　収穫した稲を脱穀する道具。稲の運搬には田舟が用いられた。

□ 田下駄　　　　　　　水田に足がめり込まないようにするため履くもの。田に堆肥を踏み込む道具は大足。

□ 続縄文文化　　　　　弥生時代以降，北海道で栄えた狩猟・採集文化。

□ 貝塚文化　　　　　　弥生時代以降，南西諸島（沖縄県）で栄えた狩猟・採集文化。

Check! 入試問題

　縄文時代には中小動物を捕獲するため【 ① 】が出現した。弥生時代初期の水稲農業では，収穫には石包丁による【 ② 】刈りが行われた。農作業には，足がはまり込むのを防ぐ【 ③ 】，田に堆肥を踏み込む【 ④ 】，稲の運搬などに用いる【 ⑤ 】などが使われた。

(日本大・立命館大)

[解答] ①弓矢　②穂首　③田下駄　④大足　⑤田舟

生活様式で分ける3つの時代

> ○
> 20秒講義
>
> 旧石器時代は, 定住せず**移動生活**を行っていた。**竪穴住居**が作られた**縄文時代**には, **アニミズム**という考え方をもち, **土偶**や**石棒**が作られ, **抜歯**や**屈葬**が行われた。**高床倉庫**が作られた**弥生時代**は, **伸展葬**が行われ, **支石墓**や**方形周溝墓**, **墳丘墓**が登場した。

□ **竪穴住居**	縄文時代以降, 定住生活にともなって作られるようになった住居。
□ **アニミズム**	精霊崇拝。自然界のあらゆるものに精霊が宿っているとする考え方。
□ **土偶**	女性をかたどった土製の人形。呪術的風習を示す道具。
□ **石棒**	男性の生殖器をかたどった石。呪術的風習を示す道具。
□ **抜歯**	成年儀式として行われた。歯を抜く痛みに耐えることが大人になる証とされた。
□ **屈葬**	**縄文時代**の埋葬方法。死体を折り曲げて地中に埋めた。死霊が生きている人に災いを及ぼさないようにすることが目的といわれる。
□ **高床倉庫**	農産物を蓄えておく倉庫。
□ **伸展葬**	**弥生時代**に多く見られる埋葬方法。遺体を折り曲げないで埋めた。

□ **支石墓**　九州を中心に見られる。大きな石を上にのせた墓。

　□ **甕棺墓**　九州を中心に見られる。大きな甕の棺に遺体を入れた墓。

□ **方形周溝墓**　方形の低い墳丘の周囲に溝をめぐらせた墓。

□ **墳丘墓**　盛り土をした大きな墳丘をもった墓。**墳丘墓**は，後の古墳へとつながっていく。

墳丘墓には，**副葬品**も見られます。副葬品が埋葬されることは，身分の差が生まれたことを示します。

Check! 入試問題

　縄文時代の人々は，あらゆる自然物に霊魂が存在すると考える【 ① 】といわれる原始的な信仰をもっていた。女性をかたどることが多い【 ② 】と呼ばれる人形や，男性の性器をかたどった【 ③ 】は，多産や収穫増を願う呪術道具であったと推測されている。この他，成人などに際して特定の歯を抜く【 ④ 】をしたり，【 ⑤ 】をして死者の魂の活動を防ごうとするなど，様々な呪術的な行動がなされた。弥生時代には墳墓が築かれるようになり，九州地方で盛んに作られた甕棺墓や【 ⑥ 】には，多数の副葬品をもつものが見られる。さらに末期になると，【 ⑦ 】が西日本各地で築かれるようになり，それらは古墳の前段階と理解されている。

（立命館大・立教大）

［解答］①アニミズム　②土偶　③石棒　④抜歯　⑤屈葬　⑥支石墓　⑦墳丘墓

遺跡で分ける3つの時代

> ○
> 20秒講義
>
> 岩宿遺跡は旧石器時代の遺跡。加曽利貝塚や大森貝塚などの貝塚や，三内丸山遺跡は縄文時代の遺跡。弥生時代には，登呂遺跡や，唐古・鍵遺跡や吉野ヶ里遺跡といった環濠集落の遺跡が見られる。

☐ **岩宿遺跡**

群馬県にある旧石器時代の遺跡。**関東ローム層**から打製石器が発見され，日本にも旧石器時代があったことが確認された。

☐ **貝塚**

ゴミ捨て場が遺跡になったもの。縄文時代に見られる。

☐ **加曽利貝塚**

千葉県にある縄文時代の貝塚。日本最大級の大きさ。ドーナツ型と馬蹄型をしている。

☐ **大森貝塚**

東京都にある縄文時代の貝塚。明治時代（1877年）にアメリカ人の**モース**が発見した。

☐ **三内丸山遺跡**

青森県にある縄文時代の遺跡。大規模な竪穴住居群。

☐ 板付遺跡

福岡県の遺跡。縄文時代晩期に稲作が行われていたことを示す。

☐ 菜畑遺跡

佐賀県の遺跡。縄文時代晩期に稲作が行われていたことを示す。

☐ **登呂遺跡**

静岡県にある弥生時代の農耕遺跡。1943年発見。

☐ **唐古・鍵遺跡**

奈良県にある弥生時代の農耕遺跡。1938年発見。

☐ **環濠集落**

弥生時代に作られた，防衛を目的とした集落。**吉野ヶ里遺跡（佐賀県），唐古・鍵遺跡，大塚遺跡（神奈川県），池上曽根遺跡（大阪府）**などがある。

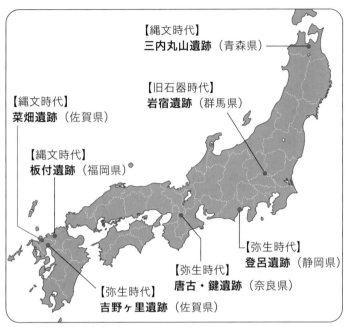

【縄文時代】
三内丸山遺跡（青森県）

【旧石器時代】
岩宿遺跡（群馬県）

【縄文時代】
菜畑遺跡（佐賀県）

【縄文時代】
板付遺跡（福岡県）

【弥生時代】
登呂遺跡（静岡県）

【弥生時代】
唐古・鍵遺跡（奈良県）

【弥生時代】
吉野ヶ里遺跡（佐賀県）

▲ 3つの時代の主な遺跡

Check! 入試問題

　群馬県の【 ① 】遺跡の学術調査により，更新世の地層である【 ② 】層から打製石器が見つかったことから，日本列島にもこの時代に人が住んでいたことが確実になった。農耕は弥生時代からであるが，福岡県の【 ③ 】遺跡や佐賀県の【 ④ 】遺跡といった縄文時代晩期の農耕遺跡も発見されている。弥生時代中期・後期になると神奈川県の【 ⑤ 】遺跡や【 ⑥ 】（都道府県名）の池上曽根遺跡のような【 ⑦ 】と呼ばれる集落形態が多く現れることから，この時代には集落間での抗争が絶えなかったことがわかる。

（青山学院大・慶應義塾大・立教大）

[解答]　①岩宿　②関東ローム　③板付　④菜畑　⑤大塚　⑥大阪府　⑦環濠集落

弥生時代の日中関係

○
20秒講義
『漢書』地理志には紀元前1世紀の日本のことが，『後漢書』東夷伝には奴国の王が印綬を与えられたことが，『魏志』倭人伝には邪馬台国の卑弥呼が「親魏倭王」の称号を受けたことが記述されている。

□ **『漢書』地理志**　　漢（前漢）の歴史書。編者は**班固**。**紀元前1世紀**の日本のことが記されている。日本は倭と呼ばれ，100以上の小国に分かれており，**楽浪郡**に使者を送る国もあったとの記述がある。

　□ 楽浪郡　　朝鮮半島にあった中国の植民地。現在の**ピョンヤン**付近。前漢の武帝が紀元前108年に設置した。

□ **『後漢書』東夷伝**　　**後漢**の歴史書。57年，奴国の王が後漢の**光武帝**から印綬を与えられたこと，107年，倭国王の帥升が後漢に生口（奴隷のこと）を160人献上したこと，**桓霊の間**（2世紀後半），倭国で大乱が起こったことの記述がある。

　□ 後漢　　1世紀におこった中国王朝。220年滅亡。首都は**洛陽**。

□ **奴国**　　現在の**福岡市**付近にあった小国。**光武帝**より印綬を与えられた。**須玖岡本遺跡**（福岡県）は奴国王の墓といわれる。

　□ 金印　　1784年，福岡県の**志賀島**で発見。「**漢委奴国王**」の刻印がある。後漢の光武帝が奴国の王に授けたものとされる。

□ **『魏志』倭人伝**　　中国の歴史書。三国時代の正史『**三国志**』の一部で，編者は**陳寿**。3世紀の日本について，**邪馬台国**を中心とした記述がある。

　□ 三国時代　　後漢の滅亡後，中国に**魏・呉・蜀**の3国が分立した時代。

□ 邪馬台国（やまたいこく）	３世紀に存在した約30の小国の連合体。租税の制度や，**大人**（たいじん）（支配者階級）と**下戸**（げこ）（被支配者階級）といった身分制度もあった。**狗奴国**（くな）という小国と対立していた。
□ 卑弥呼（ひみこ）	**邪馬台国**の女王。**鬼道**（きどう）と呼ばれる呪術政治を行う。**239年**，**帯方郡**（たいほうぐん）を通じて魏に使いを送り，魏の**明帝**（めいてい）から「**親魏倭王**」という称号と金印紫綬，**銅鏡**などを賜る。 注 帯方郡は朝鮮半島にあった中国の植民地。現在のソウル付近。
□ 壱与（いよ）	卑弥呼の宗女（宗教上の後継者）。邪馬台国の女王となり，266年，晋の都・洛陽に使いを送った。

『**魏志**』倭人伝は，**3**のつく数字が多いです。まず，『**魏志**』倭人伝は，「**3**」世紀の日本のことが記されています。次に，当時の中国は，魏・呉・蜀の「**3**」国に分かれていたため「三」国時代と呼ばれていました。そして邪馬台国はおよそ「**3**」0の小国家の連合体です。

Check! 入試問題

　『**漢書**』地理志によると，百余国に分かれていた倭人の社会の中に，楽浪郡に定期的に使者を送った国もあった。楽浪郡は，現在の【　①　】を中心とした地域にあったと推定されている。『**後漢書**』東夷伝によると，57年に，倭の奴国王の使者が洛陽を訪れ，【　②　】から印綬を受けた。また，107年，倭国王の【　③　】らが，生口160人を献じたと記されている。邪馬台国の女王【　④　】は，西暦【　⑤　】年，朝鮮半島の【　⑥　】郡を媒介として魏に朝貢し，「【　⑦　】」の称号と金印を授けられたという。　　　　　（関西大・学習院大）

[解答]　①ピョンヤン　②光武帝　③帥升　④卑弥呼　⑤239　⑥帯方　⑦親魏倭王

古墳時代の日中関係

> **20秒講義**
>
> 中国は晋の後，**南北朝時代**を迎えた。朝鮮は北部に高句麗，南部に百済，新羅，加耶（伽耶）諸国があった。好太王の碑文には，**高句麗**が倭と争ったと記され，『宋書』倭国伝には倭の五王の記述がある。

□ **晋（西晋）**

三国時代を終わらせ中国を統一した中国の王朝。4世紀，匈奴によって南下を余儀なくされる。晋の滅亡後，**南北朝時代**となる。

□ **高句麗**

中国東北部と朝鮮半島の北部にあった国家。紀元前1世紀頃建国。最盛期の王は好太王。668年，唐・新羅に滅ぼされる。

□ **百済**

4世紀頃，朝鮮半島西部におこった国家。**馬韓**と呼ばれる小国連合を統一した。660年，唐と新羅に滅ぼされる。

□ **新羅**

4世紀頃，朝鮮半島東部におこった国家。**辰韓**と呼ばれる小国連合を統一した。676年，朝鮮半島を統一した。

□ **加耶（伽耶）諸国**

4世紀頃，朝鮮半島南部におこった小国連合。もとは**弁韓**と呼ばれ，倭と密接な関係があった。562年，新羅などに滅ぼされる。

□ **好太王の碑文**

高句麗の好太王の業績を記した碑文。倭と争ったことが記されている。倭と高句麗は，朝鮮半島南部の鉄資源をめぐって対立した。

□ **『宋書』倭国伝**

倭の五王のことが記された中国（南朝）の歴史書。

□ **倭の五王**（わのごおう）

5世紀，中国の**南朝**（なんちょう）に朝貢した5人の倭王。**讃・珍・済・興・武**（さん・ちん・せい・こう・ぶ）。済は**允恭天皇**（いんぎょうてんのう）。興は**安康天皇**（あんこうてんのう）とされる。倭の五王については『**宋書**』倭国伝に記述がある。

□ **武**（ぶ）

済の子・興の弟で**雄略天皇**（ゆうりゃくてんのう）と考えられ，獲加多支鹵大王（わかたけるおおきみ）と同一人物とされる。

□ **獲加多支鹵大王**（わかたけるおおきみ）

埼玉県の稲荷山古墳鉄剣（いなりやま）や，熊本県の**江田船山古墳**（えたふなやま）の大刀にその文字が記されている。

▼4～5世紀の東アジア

―― 倭王が南朝へ送った使いの推定路

丸都（好太王碑）

北魏（北朝）386～534

宋（南朝）420～479

高句麗

新羅

倭

百済

加耶

ここでいう「**宋**」は，中国**南朝**の王朝です。

Check! 入試問題

　中国の史書【 ① 】によると，5世紀頃，倭の【 ② 】・【 ③ 】・済・興・武の五王が【 ④ 】朝の【 ⑤ 】（国名）に使いを送り，倭の東アジアにおける地位を確立しようとした。武については【 ⑥ 】天皇に相当するとされ，【 ⑦ 】県の稲荷山古墳出土の鉄剣や熊本県の【 ⑧ 】古墳大刀の銘文に見られる「獲加多支鹵大王」にあたると考えられている。　（関西大・学習院大）

[解答] ①『宋書』倭国伝　②讃　③珍　④南　⑤宋　⑥雄略　⑦埼玉　⑧江田船山

古墳の変遷

> ○
> 20秒講義
>
> 古墳は，古墳時代前期と中期は竪穴式石室をもつ前方後円墳が多く，古墳のまわりには埴輪が置かれ，斜面は葺石で覆われた。古墳時代後期は横穴式石室をもつ群集墳が多い。**前期**は銅鏡や勾玉，**中期**は武具や馬具，**後期**は日用品などが副葬された。

□ **古墳時代前期**

3世紀後半から始まる。宗教的な権威をもつ支配者の古墳が多い。**銅鏡**や**勾玉**など宗教的，呪術的な**副葬品**が多く見られる。奈良県の箸墓古墳など**前方後円墳**が多い。

□ **古墳時代中期**

5世紀頃から始まる。武力を持つ支配者の古墳が多い。武具や馬具など軍事的なものが多く副葬される。**前方後円墳**が多く，大規模な古墳が多い。

□ **竪穴式石室**

遺体を納める石室のうち，縦に穴を掘ってつくられるもの。

□ **粘土槨**

石室をつくらず棺の周囲を粘土で固めた竪穴形態の埋葬施設。

□ **前方後円墳**

前期・中期に多く見られる古墳の形態。方形と円形とを合わせた形。**竪穴式石室**となっているものが多い。

□ **大仙陵古墳**
□ **誉田御廟山古墳**
□ **造山古墳**

大阪府にある5世紀の古墳。日本最大規模の前方後円墳。
大阪府にある5世紀の古墳。2番目に大きい前方後円墳。
岡山県にある5世紀の古墳。日本第4位の大きさを誇る前方後円墳。

□ **埴輪**

古墳の周囲に並べられた素焼きの土器。

□ **葺石**

古墳の表面に屋根瓦のように敷き詰められた石。

□ **古墳時代後期**

6世紀頃から始まる。**群集墳**が多い。古墳が家族墓的性格をもつようになり日用品が副葬される。**装飾古墳**も増加。

☐ 装飾古墳	石室に壁画を描いた古墳。終末期(7世紀)に見られる。
☐ **横穴式石室** よこあなしきせきしつ	横に穴を掘った石室。石室のフタを開閉式にすることで, あとから追加して埋葬することができた。
☐ **群集墳** ぐんしゅうふん	小規模の円墳がいくつも密集する古墳。古墳時代後期に多い。

▼竪穴式石室と横穴式石室

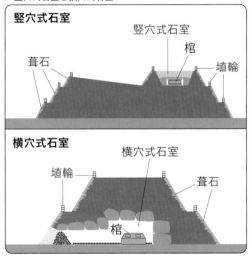

Check! 入試問題

　3世紀の末頃に発生したといわれる古墳は, わが国独特の【 ① 】という形態が多く, 遺骸をおさめる施設として【 ② 】石室や【 ③ 】などがつくられ, 鏡・剣・玉などの【 ④ 】を有するものが多い。中期の古墳の特色の1つは墳丘が巨大化する点で, 【 ⑤ 】はわが国最大の規模を誇るこの時期の代表的な古墳である。後期の古墳は, 埋葬施設の【 ⑥ 】石室が普及し, 一定の墓域に多数の小規模な古墳を築造する【 ⑦ 】を特色とする。終末期には, 華麗な壁画を有する【 ⑧ 】も登場した。

(立正大・駒澤大)

[解答] ①前方後円墳 ②竪穴式 ③粘土槨 ④副葬品 ⑤大仙陵古墳 ⑥横穴式 ⑦群集墳
　　　 ⑧装飾古墳

❸ 古墳時代の生活・文化

古墳時代の文化と生活

20秒講義	古墳時代には中国・朝鮮から日本に多くの渡来人が移り住んだ。**王仁**は論語・千字文，**弓月君**は機織を伝え，**百済**の聖明王からは**仏教**が伝えられた。春には祈年の祭り，秋には新嘗の祭りが行われ，禊や祓，太占の法や盟神探湯も行われた。土器には土師器と須恵器がある。

□ **王仁**（わに）　　論語・千字文を伝えた百済の渡来人。**西文氏**の祖。

　　□ 渡来人　　大陸での戦乱を逃れて日本に移り住んだ中国・朝鮮の人々。

□ **弓月君**（ゆづきのきみ）　　機織を伝えた百済の渡来人。**秦氏**の祖。

□ **聖明王**（せいめいおう）　　6世紀の**百済**の王。**欽明天皇**に**仏教**を公に伝えた（**公伝**）。

□ **祈年の祭り**（としごい）　　春に行われた豊作を祈る祭り。

□ **新嘗の祭り**（にいなめ）　　秋に行われた収穫を感謝する祭り。

□ **禊・祓**（みそぎ・はらえ）　　けがれをはらうこと。災いを免れるために行われた。

□ **太占の法**（ふとまに）　　古代に行われた呪術的風習で，鹿の骨などを焼いて吉凶を占う。

□ **盟神探湯**（くかたち）　　古代の裁判。熱湯に手を入れ，やけどの有無で判断する。

□ **土師器**（はじき）　　古墳時代の土器。弥生土器の系統をひき赤みがかっている。

□ **須恵器**（すえき）　　硬質で灰色の土器。5世紀に朝鮮半島から伝えられた。

原始・古代

中世

近世

近代

現代

Check! 入試問題

　4世紀末から5世紀初めは中国・朝鮮の人々の渡来の1つのピークであった。【 ① 】は，論語と千字文をもたらして西文氏と呼ばれた。また京都盆地に定住した秦氏の祖は【 ② 】である。仏教は，【 ③ 】（国名）の王【 ④ 】が，【 ⑤ 】天皇のときに伝えた。　　　　　　　　　　　（東北福祉大・中央大）

［解答］①王仁　②弓月君　③百済　④聖明王　⑤欽明

ヤマト政権の成立

> **20秒講義**
> 氏には臣・連・君・直などの姓が与えられた。地方豪族は国造や県主などの官に就き，品部は大王に奉仕した。大王の直轄領は屯倉で田部が耕作，豪族の私有地は田荘で私有民は部曲という。

□ **氏**
血縁で結びついた一族。氏のトップを**氏上**，氏の構成員を**氏人**，氏の祖先神を**氏神**という。

□ **姓**
大王から**ヤマト政権**に従う豪族に与えられた称号。この氏と姓による支配制度を，氏姓制度と呼ぶ。

□ **臣**
大和の有力豪族に与えられた姓。最も有力な者は**大臣**。

□ **連**
特定の職能で仕えた豪族の姓。最も有力な者は**大連**。

□ **君**
地方の有力豪族に与えられた姓。

□ **直**
地方の一般的な豪族に与えられた姓。

□ **国造・県主**
地方の支配を行う者に与えられた官。**君**や直が就任。

□ **品部**
大王のために品物の製作や労働力を提供する集団。品部を率いる管理職を**伴造**という。

□ **屯倉**
大王の直轄領。**田部**が耕作した。

□ **田荘**
豪族の私有地。豪族の私有民は**部曲**。

Check! 入試問題

豪族たちは，【 ① 】と呼ばれる土地や【 ② 】と呼ばれる私有民を支配してそれを経済的基盤とした。ヤマト政権は【 ③ 】と呼ぶ直轄地を各地に設け【 ④ 】と呼ばれる耕作者をおいて経済的基盤を固めるとともに，【 ⑤ 】のもとで専門の技術労働にあたった民を【 ⑥ 】とした。 （学習院大）

[解答] ①田荘 ②部曲 ③屯倉 ④田部 ⑤伴造 ⑥品部

6世紀～豪族たちの覇権争い～

> ○ 20秒講義
>
> 大連であった**大伴氏**の**大伴金村**は**継体天皇**の元で実権を握っていた。この時期，**新羅**と組んだ**磐井の乱**が起こった。**大臣**の蘇我馬子は**大連**の物部守屋を滅ぼし，**崇峻天皇**を暗殺して権力を握った。この頃，仏教の伝来や加耶（伽耶）諸国の滅亡があった。

□ **大伴氏**

古代の有力豪族。6世紀前期，継体天皇の元で実権を握った大伴金村が，朝鮮半島をめぐるワイロ事件により欽明天皇の頃に政治の実権を失い，一時衰退した。

□ 欽明天皇

6世紀半ばの天皇。大連の物部氏と大臣の蘇我氏が実権を争った。この天皇の時代に，仏教が伝来し，加耶（伽耶）諸国が滅亡した。

□ **磐井の乱**

527年に起こったヤマト政権に対する反乱。磐井は筑紫の国造。新羅が磐井に味方。物部麁鹿火が鎮圧した。

□ **蘇我馬子**

蘇我稲目の子。587年，物部守屋を滅ぼす。592年**崇峻天皇**を暗殺して，政治の実権を握る。推古天皇を擁立し，厩戸王（聖徳太子）とともに政治を行う。

□ **物部守屋**

587年，蘇我馬子に滅ばされる。物部尾輿の子。

□ 崇仏論争

仏教を受け入れるかどうかを巡る論争。渡来人と組んだ大臣**蘇我稲目**は仏教受容派，**物部尾輿**は仏教の受容に反対した。

□ **加耶（伽耶）諸国の滅亡**

562年，新羅や百済の侵攻を受けて滅亡。日本は朝鮮半島における重要な基盤を失った。

Check! 入試問題

　【 ① 】は，欽明天皇の頃の大臣と伝えられる。この頃，朝鮮半島の問題で失脚したのは，中央豪族の【 ② 】であった。6世紀末に，仏教を深く信仰した【 ③ 】は，対立した中央豪族の【 ④ 】を倒すとともに，【 ⑤ 】天皇を暗殺した。

(明治大)

[解答] ①蘇我稲目　②大伴金村　③蘇我馬子　④物部守屋　⑤崇峻

7世紀前期 ～蘇我氏の時代～

> ○ **20秒講義**
>
> 推古天皇の下で，蘇我馬子と厩戸王（聖徳太子）がともに政治を行った。冠位十二階と憲法十七条を制定し，王権の強化を目指した。また，小野妹子が遣隋使として派遣され，高向玄理・旻などが隋に留学した。

□ **推古天皇**

日本で最初の女性天皇（＝女帝）。崇峻天皇が暗殺された後即位。**蘇我馬子**と**厩戸王**が政治を行った。

□ **冠位十二階**

603年制定。個人に冠位を与えるという制度。昇進も可能。

□ **憲法十七条**

604年制定。役人の心構え。

□ **遣隋使**

隋に派遣された外交使節。

　□ **隋**

文帝が建国。589年中国で南北朝を統一した。619年滅亡。新羅・百済は隋に朝貢したが，高句麗は対立した。

■遣隋使

600年	『隋書』倭国伝にしか記されず。
607年	『日本書紀』にも記される最初の遣隋使小野妹子が派遣された。
608年	**煬帝**が裴世清を日本に送り国交を認める。 留学生（**高向玄理**），学問僧（**南淵請安**・**旻**）の派遣。
614年	最後の遣隋使。犬上御田鍬が派遣された。

Check! 入試問題

　6世紀後半，南北に分裂していた中国が【　①　】によって統一されると，朝鮮半島では百済や【　②　】が【　①　】に朝貢したが，【　③　】は従わなかったので攻められた。『日本書紀』によると，こうした情勢の中で，倭から【　④　】を大使とする使節が【　①　】へ派遣されたとある。【　④　】の帰国にあたり，【　①　】から【　⑤　】らが同行した。

(関西大)

［解答］①隋　②新羅　③高句麗　④小野妹子　⑤裴世清

⑤ 蘇我氏の台頭と飛鳥文化

飛鳥文化

○
20秒講義

　7世紀前半の飛鳥文化は日本最初の仏教文化で，飛鳥寺と法隆寺が中心。さらに，摂津には四天王寺が建立された。また，中宮寺には半跏思惟像と天寿国繡帳が残されている。観勒は暦を，曇徴は絵の具などをもたらした。

□ **飛鳥文化**
7世紀の前半に栄えた日本で最初の仏教文化。

　□ 三経義疏
法華経・勝鬘経・維摩経の注釈書。

□ **飛鳥寺**
蘇我馬子が建立した。日本最古の仏教寺院。

　□ 鞍作鳥
飛鳥文化を代表する仏教彫刻家。飛鳥寺釈迦如来像や法隆寺金堂釈迦三尊像などを彫った。

□ **法隆寺**
厩戸王が建立した。現存する世界最古の木造建築物。

　□ 若草伽藍跡
創建当時の法隆寺の跡。法隆寺が670年に焼失し，その後，現在のものが再建されたことが明らかになった。

□ **観勒**
百済の僧。日本に暦をもたらした。

□ **曇徴**
高句麗の僧。日本に紙や墨，絵の具をもたらした。

Check! 入試問題

　『日本書紀』に670年に【 ① 】が焼失したとの記事があるため，再建・非再建のはげしい論争が行われたが，【 ② 】の発掘によって，現在では再建されたものとみなされている。602年，百済の僧【 ③ 】が来日し，【 ④ 】の本や天文地理の書を奏った。これによって年月の経過が記録されることになった。610年には高句麗の僧【 ⑤ 】が来日し，紙・墨や【 ⑥ 】の製法を伝えた。

(青山学院大・関西大)

[解答] ①法隆寺　②若草伽藍跡　③観勒　④暦　⑤曇徴　⑥絵の具

蘇我氏の興隆と滅亡（舒明・皇極天皇）

○ 20秒講義

　舒明天皇・皇極天皇の頃，蘇我蝦夷と蘇我入鹿の父子が絶大な権力を握った。舒明天皇のときには，犬上御田鍬が遣唐使として派遣された。蘇我入鹿によって山背大兄王が滅ぼされると，中大兄皇子と中臣鎌足が乙巳の変を起こした。

□ 皇極天皇
舒明天皇の妻。中大兄皇子の母。乙巳の変当時の天皇。のちに再び天皇となり（重祚という）斉明天皇に。

□ 蘇我蝦夷
蘇我馬子の子。舒明天皇・皇極天皇の頃，子の蘇我入鹿とともに絶大な権力を握った。乙巳の変で自殺。

□ 蘇我入鹿
蘇我蝦夷の子。乙巳の変で暗殺される。

□ 犬上御田鍬
618年に中国に唐が建国されると，630年に最初の遣唐使として薬師恵日とともに派遣された。最後の遣隋使でもある。

□ 山背大兄王
厩戸王（聖徳太子）の子。643年，斑鳩宮で蘇我入鹿に攻められ一族もろとも滅ぼされる。

□ 乙巳の変
中大兄皇子と中臣鎌足が，蘇我氏に対して起こしたクーデター。蘇我入鹿は暗殺され，蘇我蝦夷は自殺。その後，「大化改新」が行われる。

Check! 入試問題

　618年中国で【 ① 】が建国されると，わが国からは630年【 ② 】・薬師恵日が派遣された。643年，蘇我蝦夷の子【 ③ 】らにより，王位継承権をもつ有力な王である【 ④ 】とその一族が滅ぼされる事変が起き，その翌々年には，蘇我氏の本宗家が滅亡する【 ⑤ 】と呼ばれる政変が起きた。

(中京大)

［解答］①唐　②犬上御田鍬　③蘇我入鹿　④山背大兄王　⑤乙巳の変

改新政治（孝徳・斉明・天智天皇）

> ○
> 20秒講義
>
> **中大兄皇子**は孝徳天皇のもとで**難波**へ遷都し，改新の詔を出した。白村江の戦いでは，唐・新羅の連合軍に敗れた。その後，近江大津宮で即位して**天智天皇**となった。天智天皇の死後に起きた**壬申の乱**では，弟の**大海人皇子**が勝利した。

□ **孝徳天皇**

乙巳の変後，**皇極天皇**に代わって即位。おいの**中大兄皇子**を皇太子とする。都を難波長柄豊碕宮に遷都。**中臣鎌足**は**内臣**に就き，政治顧問である**国博士**には**高向玄理**と旻が就任。

□ **改新の詔**

大化改新の基本方針。646年発令。**公地公民**や，**班田収授**などが定められた。

□ 公地公民 … 土地と人々は国家のものとすること。
□ 班田収授 … 国家が人々に土地を分け与える代わりに人々から税を集めること。

□ **白村江の戦い**

663年，日本が派遣した百済救援軍と，唐・新羅の連合軍が朝鮮半島で戦う。日本軍は大敗し，日本は朝鮮半島への足がかりを失った。676年，新羅が朝鮮半島を統一。

□ **近江大津宮**

滋賀県。**天智天皇**が遷都した宮。

□ 近江令 … **天智天皇**が作ったといわれる，日本で最初の法令。
□ 庚午年籍 … 近江令に基づいて作成された日本初の全国的規模の戸籍。永久保存が義務付けられたが現存せず。

□ **壬申の乱**

672年に起こった皇位継承をめぐる内乱。**天智天皇**が亡くなったことにより，急速な改革への反発が**大友皇子**を天皇にしたくないという動きにつながる。**大海人皇子**が勝利した。

□ 大友皇子 … 天智天皇の子。壬申の乱で敗北。白鳳文化を代表する漢詩人で『懐風藻』（→P.46）に多くの漢詩が残る。

☐ **大海人皇子**
（おおあまのみこ）

天智天皇の弟。**壬申の乱**で擁立され勝利。後の**天武天皇**（てんむ）。

庚午年籍は永久保存を義務づけられました。理由は，「氏姓を正す根本台帳」だったからです。つまり庚午年籍を永久に残しておくことで，各氏族のルーツがたどれるようにしようと考えたのです。しかし庚午年籍は現存していません。

■7世紀の朝鮮半島

660年	**百済**の滅亡	（唐・新羅連合軍による）
668年	**高句麗**の滅亡	（唐・新羅連合軍による）
676年	**新羅**が朝鮮半島を統一	（唐を追い出す）

Check! 入試問題

唐は，国内体制がととのうと【 ① 】の征討を開始した。【 ① 】が【 ② 】と連合すると，両国の圧迫に苦しんでいた【 ③ 】は唐と結んだ。660年，【 ② 】が唐と【 ③ 】の連合軍に滅ぼされると，その遺臣が日本に救援を求めてきた。日本はこれに応じて兵を半島に送ったが663年の【 ④ 】の戦いで唐に大敗を喫した。さらに668年には【 ① 】も滅ぼされ，やがて，半島は【 ③ 】によって統一される。

(東北学院大)

[解答] ①高句麗 ②百済 ③新羅 ④白村江

律令体制の確立期（天武・持統・文武天皇）

> ○
> 20秒講義
> 　壬申の乱に勝利した**天武天皇**は，**飛鳥浄御原宮**へ都を移し，皇族中心の政治体制作りを進めた。そのあとを引き継いだ**持統天皇**は飛鳥浄御原令を施行し藤原京に遷都。続く**文武天皇**は**大宝律令**を制定した。

□ **天武天皇**
壬申の乱に勝利した**大海人皇子**が即位。天智天皇の影響を排除し，**八色の姓**を定めるなど皇族中心の政治体制作りを進めた。「**帝紀**」・「**旧辞**」（→P.45）をもとに国史の編纂を開始させた。

□ **八色の姓**
684年に定められる。皇族を中心とする身分制度。

□ **持統天皇**
天武天皇の皇后。天武天皇の死後即位。天武天皇の政策を継承した。

□ **飛鳥浄御原令**
天武天皇が制定を開始した令。689年，**持統天皇**が施行。

□ **庚寅年籍**
690年，**飛鳥浄御原令**に基づいて持統天皇のもとで作成された戸籍。これ以降6年ごとに戸籍が作られるようになった。

□ **藤原京**
初めての本格的な宮城。持統天皇が694年に遷都。

□ **文武天皇**
飛鳥時代最後の天皇。天武天皇の孫。**大宝律令**を制定。

Check! **入試問題**

　壬申の乱後，勝利をおさめた【　①　】皇子は飛鳥の【　②　】宮で即位した。天皇は自ら政務を行い，真人・朝臣・宿禰などからなる【　③　】を定め，身分秩序を編成した。天皇崩御の後は皇后が即位し【　④　】天皇となった。【　④　】天皇は令を施行し，【　⑤　】年籍の作成や，唐の都城制を模して，大和三山に囲まれた広大な【　⑥　】京を造営し遷都した。　　（青山学院大）

[解答] ①大海人　②浄御原　③八色の姓　④持統　⑤庚寅　⑥藤原

白鳳文化

> **20秒講義**
> 7世紀後半の文化を白鳳文化(はくほう)と呼ぶ。この文化の中心的な寺院は薬師寺(やくしじ)。法隆寺金堂壁画(ほうりゅうじこんどうへきが)や高松塚古墳壁画(たかまつづか)という，古代を代表する2つの壁画が描かれた。漢詩文や和歌もよく詠まれた。

☐ **白鳳文化(はくほう)** : 7世紀後半の文化。唐の初期の頃の影響を受ける。

☐ **薬師寺(やくしじ)** : 白鳳文化の中心となる寺院。持統天皇の病気回復を祈って，天武天皇が建立。**薬師寺東塔(とうとう)**，**薬師寺東院堂聖観音像(とういんどうしょうかんのんぞう)** などが有名。

☐ **大官大寺(たいかんだいじ)** : 白鳳文化を代表する重要な官立寺院。後の大安寺。

☐ **法隆寺金堂壁画(ほうりゅうじこんどうへきが)** : 白鳳文化を代表する壁画。1949年に大半を焼失した。

☐ **高松塚古墳壁画(たかまつづか)** : 白鳳文化を代表する壁画。1972年に発見。

白鳳文化では，次のようなこともおさえておきましょう！
- ■彫刻…興福寺仏頭(こうふくじぶっとう)（山田寺の本尊であった仏像の一部が興福寺に残ったもの）
- ■漢詩人…**大津皇子(おおつのみこ)**（『**懐風藻(かいふうそう)**』に作品が残る。天武天皇の子）
- ■歌人…**額田王(ぬかたのおおきみ)**（女流歌人。『万葉集(まんようしゅう)』に作品が残る）
  柿本人麻呂(かきのもとのひとまろ)（天皇を神格化する歌を詠んだ。『万葉集』に作品が残る）

Check! 入試問題

　天武・持統両天皇の時代には，新しい文化がおこった。それを【 ① 】文化という。その頃，薬師寺・【 ② 】寺（後の大安寺）などの官立の大寺院が建立された。この頃のすぐれた彫刻としては，興福寺の【 ③ 】や薬師寺東院堂の【 ④ 】像などがある。

(関西大)

[解答] ①白鳳　②大官大　③仏頭　④聖観音

律令制度①

> ○
> 20秒講義
>
> 　大宝律令の完成により，日本にも**律令制度**が整った。律令のうち律は現在の刑法，**令**は行政法にあたる。中央には**神祇官**と**太政官**のもとに**八省**が置かれ，**弾正台**と**五衛府**が監察や警備を行った。全国は，**畿内**と**七道**に区分された。

□ **大宝律令**

唐の律令を手本とした本格的な**律令**。文武天皇の時代に，刑部親王と藤原不比等らによって編纂された。

□ **神祇官**

祭りを司る官庁。

□ **太政官**

政治を司る官庁。この下に以下の**八省**が置かれた。

□ **八省**

太政官の下に置かれた行政機構。

　□ **中務省**　天皇の詔勅を作る。
　□ **式部省**　儀式や人事・教育。
　□ **治部省**　仏事と外交を担当。
　□ **民部省**　民政や租税を担う。
　□ **大蔵省**　財政担当。
　□ **宮内省**　宮中担当。
　□ **刑部省**　裁判・刑罰を担当。
　□ **兵部省**　軍事を担当。

□ **弾正台**

役人の不正を取り締まる官庁。

□ **五衛府**

都の警備を行う。**衛門府**，**左兵衛府**，**右兵衛府**，**左衛士府**，**右衛士府**からなる。

□ **畿内** _{きない}	古代の行政区分。大和国・山背国（のちの山城国）・和泉 _{やまとのくに} _{やましろのくに} _{いずみの} 国・摂津国・河内国からなる。現在の奈良県と京都府，大 _{くに} _{せっつのくに} _{かわちのくに} 阪府と兵庫県の一部にあたる。
□ **七道** _{しちどう}	古代の行政区分。**東海道・東山道・北陸道・山陰道・山陽** _{とうさんどう} **道・南海道**（現在の四国と和歌山県，三重県の一部）・**西** _{さい} **海道**（現在の九州）からなる。 _{かいどう}

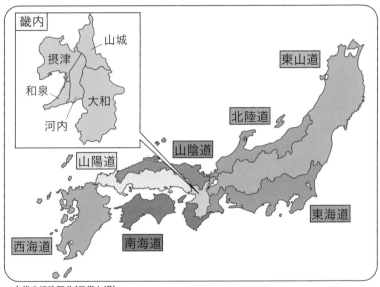

▲古代の行政区分（五畿七道）

Check! **入試問題**

　律令の官制組織を見ると，中央に【 ① 】と【 ② 】があり，後者の下に，
詔書の作成などを司る【 ③ 】，文官の人事，朝廷の儀式の実施などを司る
【 ④ 】，国家の仏事，外国使の接待などを司る【 ⑤ 】，戸籍の作成及び管理・
税務などを司る【 ⑥ 】などのほかに四省のいわゆる八省があった。

（青山学院大）

[解答] ①神祇官　②太政官　③中務省　④式部省　⑤治部省　⑥民部省

律令制度②

○
20秒講義

　大宝律令の地方制度として，国の下に郡，その下に里が置かれた。国には**国司**，郡には**郡司**，里には里長が任じられた。また特別地域である京には京職が置かれた。貴族には官位相当の制と蔭位の制が採用され，五刑と呼ばれる刑罰も減免された。

原始・古代

中世

近世

近代

現代

□ 国
こく

律令の地方行政区画。中央から**国司**が派遣された。

□ 郡
ぐん

国の下に置かれた地方行政区画。**郡司**は地方の実情に詳しい地方豪族から選ばれた。大宝律令の施行以前は「**評**」と呼ばれていた。

□ 里
り

郡の下に置かれた地方行政区画。1里は50戸で構成。

□ 京職
きょうしき

京の事務を司る。**左京職**と**右京職**からなる。その他にも，難波には摂津職，九州には**大宰府**が置かれた。

□ 官位相当の制
かん い そうとう せい

位階に応じた官職に任じられる制度。

□ 蔭位の制
おん い せい

祖父や父が高い位階にいる場合，その位階に応じて子にも位階が与えられる制度。**五位**以上の貴族の子，**三位**以上の貴族の子と孫に採用された。

□ 五刑
ご けい

律に規定された刑罰。**貴族**には減免された。
　[補足] 天皇や尊属に対する罪は八虐に指定され，それらは貴族でも減免されなかった。

Check! 入試問題

　父や祖父の位階に応じて一定の位階が与えられる制度を【 ① 】という。【 ① 】は【 ② 】位以上の父をもつ者，【 ③ 】位以上の祖父をもつ者には21歳になると一定の位階が与えられると定めた。位階に応じた官職を与えることを定めた制度を【 ④ 】という。　　　　　　　　(青山学院大)

[解答] ①蔭位の制　②五　③三　④官位相当の制

律令による農民の負担

> ○
> 20秒講義
>
> 律令国家では，班田収授法が採用され，基本台帳である戸籍や計帳が作成された。人々は良民と賤民に分かれ，租・調・庸，雑徭といった税をはじめ，出挙や義倉，兵役などを負担した。

□ **班田収授法**
口分田を与え，そこから得た収穫から税を取り立てる制度。

□ 口分田
戸籍に基づき，**6歳**以上の男女に与えられた田。男子は2段，女子は1段120歩が与えられ，死後，6年ごとの班田の際に回収された。

□ 条里制
田の土地区画。口分田を均等に与えることを目的とする。

□ **戸籍**
班田収授の基本台帳。班田収授が行われる際に作成。班田収授は**6年**ごとに行われるので原則**6年**ごとに作成された。

□ **計帳**
調・庸を課すための台帳。毎年作成された。

□ **賤民**
良民以外の人々。官有の賤民（**陵戸・官戸・公奴婢**）と私有の賤民（**家人・私奴婢**）がいた。

□ **租**
田にかかる税。収穫の3％程度。

□ **調**
各地の特産品を納める税。絹・布・糸などを納めた。

□ **庸**
歳役（中央政府のために10日働く義務）の代わりに布を納めた。調とともに，おもに成年男子に課せられた。

□ 運脚
調・庸を都まで運ぶ人夫。税の運搬は正丁（良民で21～60歳の成年男子）の義務だった。

□ **雑徭** （ぞうよう）	国司の命令で年間60日を限度に働かされる労役。
□ **出挙** （すいこ）	春に国家が稲を貸し付け，秋の収穫後に利息をつけて返させる制度。半ば強制的に行われていた。
□ **義倉** （ぎそう）	飢饉や凶作などに備えて粟を納めさせる制度。
□ **兵役** （へいえき）	**正丁**（せいてい）3～4人に1人が徴集。各地の**軍団**（ぐんだん）で訓練を受け，**衛士**（えじ）（宮城の警備）や**防人**（さきもり）（九州北部沿岸を守る）につく。食料や武器は自腹。

「6」シリーズです。口分田は「6」歳以上の男女に与えられます。班田を行う班年は「6」年ごとです。班田を行うために戸籍を作成するので戸籍は自動的に「6」年ごとに作成となります。雑徭は「6」0日と，これは口分田とは関係ありませんが，ついでにマスターしちゃいましょう。

Check! 入試問題

　律令制度では，人々には【 ① 】の記載に基づき，【 ② 】歳以上の男女にそれぞれ一定の面積の【 ③ 】が支給された。税負担としては，その収穫の約3％を収める【 ④ 】の他に，【 ⑤ 】として，諸国の土木事業などに従事する義務があった。その他，凶作に備えて粟を納める【 ⑥ 】の制度や，春に稲を貸しつけて，秋に利息とともに徴収するという【 ⑦ 】の制度もあった。

(中央大・青山学院大)

[解答] ①戸籍 ②6 ③口分田 ④租 ⑤雑徭 ⑥義倉 ⑦出挙

藤原不比等の政治

○
20秒講義
　藤原不比等は元明天皇のもとで国家事業として和同開珎を鋳造し蓄銭叙位令を出して流通を促進した。平城京に遷都後，中央と地方を結ぶための官道を整備したり，養老律令を制定したりした。

□ **藤原不比等**
中臣鎌足の子。元明天皇の頃，活躍。**和同開珎**の鋳造，**平城京**への遷都，大宝律令・養老律令の制定を行った。

□ **和同開珎**
708年，**本朝十二銭**の最初の銭貨。**武蔵国**から銅が献上されたことをきっかけに鋳造され，元号が**和銅**に変わった。

□ **蓄銭叙位令**
711年，貨幣の流通を促すため出された法律。

□ **平城京**
710年，元明天皇が**藤原京**より遷都。唐の**長安城**にならう。天皇の居所である**内裏**と国家的な儀式を行う**大極殿**などからなる。**右京・左京**以外に東端に**外京**が置かれた。

□ **官道**
中央と地方を結ぶための官製道路。官吏が公用のときに利用し，約16kmごとに**駅家**を設ける**駅制**が敷かれた。

□ **養老律令**
718年，**藤原不比等**を中心として制定された律令。757年施行。

Check! **入試問題**

　710年，【 ① 】天皇のとき，奈良盆地の北部に新しく【 ② 】が築かれて，都が遷された。【 ② 】は，北部中央に宮城が置かれ，京内が東西と南北の道路によって整然と区画されている点で，中国の【 ③ 】城と同じである。宮城には天皇の居所である【 ④ 】の他，国家的な儀式をとり行う【 ⑤ 】や諸官庁が配置されていた。また，【 ③ 】城と違って，左京の一部を東に拡張して，【 ⑥ 】が作られた。

(東北学院大)

[解答] ①元明　②平城京　③長安　④内裏　⑤大極殿　⑥外京

奈良時代前半の政争（長屋王・藤原四子）

> 20秒講義
>
> 　藤原不比等の死後，権力を握った**長屋王**は，**三世一身法**など土地政策を中心に行った。**聖武天皇**が即位すると，**藤原四子**が勢力を伸ばして長屋王を自殺に追い込み，**光明子**を皇后に立てた。

□ **長屋王**　　**元正天皇**のもとで権力を握った皇族。藤原四子に自殺に追い込まれる。天武天皇の孫。

□ **三世一身法**　　長屋王が出した，期限つきで土地の私有を認める法令。以前からある溝や池を使って田んぼを開墾した場合は，その人一代に限り，新しく溝や池を作って田んぼを開墾した場合は，三代にわたり土地の私有を認める。723年施行。

□ **百万町歩開墾計画**：三世一身法の前年(722年)に長屋王が中心になって発令。100万町歩の新しい田んぼを作ろうとしたが，うまくいかなかった。

□ **聖武天皇**　　**文武天皇**の子。母は藤原不比等の娘の**宮子**。

□ **藤原四子**　　藤原不比等の４人の息子。**武智麻呂（南家）・房前（北家）・宇合（式家）・麻呂（京家）**。長屋王を自殺に追い込み，妹の光明子を皇后に立てる。

□ **光明子**　　**藤原不比等**の娘。聖武天皇の皇后（天皇の正妻）。貴族の娘で初めて皇后となる。

Check! 入試問題

　8世紀初めの政界に大きな力をもっていたのは，藤原鎌足の子である【 ① 】であった。彼は娘の宮子を【 ② 】天皇の夫人とし，宮子の生んだ首皇子（のちの聖武天皇）のもとへも自分の娘である【 ③ 】を皇太子妃として送りこんでいる。【 ① 】の死後，権力を掌握した長屋王は，722年に【 ④ 】を，翌年には【 ⑤ 】を施行して開墾を奨励した。　　　　（駒澤大）

[解答] ①藤原不比等　②文武　③光明子　④百万町歩開墾計画　⑤三世一身法

聖武天皇の鎮護国家建設（橘諸兄政権）

◎
20秒講義

橘 諸兄は唐から帰国した吉備真備と玄昉を登用したが，藤原広嗣が反乱を起こした。聖武天皇は平城京を離れ，恭仁京などへの遷都を繰り返し，国分寺建立の 詔 や大仏造立の 詔 を出した。土地政策として墾田永年私財法を定めた。

□ 橘 諸兄
皇族出身。藤原四子の死後台頭。唐から帰国した吉備真備と玄昉を登用した。

□ 藤原広嗣
藤原宇合（式家）の子。吉備真備と玄昉の排除を求めて大宰府で反乱を起こしたが鎮圧された。

□ 恭仁京
聖武天皇が平城京から遷都した山背国の都。この後，難波宮（摂津国），紫香楽宮（近江国）と遷都し，平城京に戻る。

□ 国分寺建立の 詔
聖武天皇が741年に発令。各国に国分寺と尼寺である国分尼寺の建立を命じる。鎮護国家思想に基づいて出された。

□ 大仏造立の 詔
聖武天皇が743年に発令。紫香楽宮に大仏（盧舎那仏）を造ることを命じる。大仏は752年に東大寺に完成。

□ 墾田永年私財法
聖武天皇が743年に発令。開墾した田地の永久私有を認めた。位階や身分によって開墾制限が定められる。

Check! 入試問題

　飢饉や疫病による社会の動揺がはげしくなるなかで，【 ① 】が九州で反乱を起こすと，聖武天皇は741年に【 ② 】建立の詔を発して，仏教のもつ【 ③ 】の思想によって政治・社会の動揺をしずめようとはかり，国ごとに【 ② 】・【 ④ 】を建てた。平城京には東大寺を創建し，大仏（【 ⑤ 】仏）を安置した。

(日本大)

[解答] ①藤原広嗣　②国分寺　③鎮護国家　④国分尼寺　⑤盧舎那

奈良時代後半の政治（藤原仲麻呂・道鏡・藤原百川）

> **20秒講義**
>
> 聖武天皇の娘である孝謙天皇は，藤原仲麻呂を登用したが，後に僧侶の道鏡を重用したため，仲麻呂と対立した。道鏡は天皇の地位を狙うが，光仁天皇が即位すると追放された。

□ **孝謙天皇**

聖武天皇と光明子の娘。聖武天皇の後に天皇となる。母の光明皇太后のすすめで**藤原仲麻呂**を登用するが，後に**道鏡**を重用。重祚して**称徳天皇**となる。

□ **藤原仲麻呂**

藤原武智麻呂（南家）の子。光明皇太后に重用される。養老律令を施行し，**橘 奈良麻呂**（橘諸兄の子）を倒す。淳仁天皇を擁立するが，後に**道鏡**を重用する孝謙太上天皇と対立する。再起を図り**恵美押勝**の乱を起こすが敗れる。

注 恵美押勝は，淳仁天皇から賜った名前。

□ **道鏡**

法相宗の僧侶。孝謙太上天皇に重用される。**称徳天皇**のもとで**太政大臣禅師**，**法王**と出世。寺院以外はこれ以上開墾してはならないという法令を出し，皇位を狙うが追放される。

□ **宇佐八幡宮神託事件**

宇佐八幡宮で，道鏡を天皇にするお告げがあったと道鏡が主張し，天皇の地位を狙った事件。**和気清麻呂**らに阻止された。

□ **光仁天皇**

天智天皇の孫。**称徳天皇**の死後，**藤原百川**に擁立され即位。道鏡を追放する。位階や身分による開墾制限を撤廃したとされる。

Check! 入試問題

　【 ① 】天皇の没後，新たに天智天皇の孫にあたる白壁王が藤原式家の【 ② 】らに擁立されて皇位につき【 ③ 】天皇となった。【 ③ 】天皇は，【 ④ 】を追放し，律令政治の振興につくした。

(共立女子大)

[解答] ①称徳　②藤原百川　③光仁　④道鏡

奈良時代のその他の状況

○
20秒講義

　奈良時代，蝦夷（えみし）と呼ばれる人びとが居住する東北支配の拠点として，日本海側には**出羽柵**（でわのさく）と**秋田城**（あきたじょう）が，太平洋側には**多賀城**（たがじょう）が築かれた。唐には**遣唐使**（けんとうし）が派遣され，朝鮮の**新羅**（しらぎ）や中国東北部に建国した**渤海**（ぼっかい）にも使節が派遣された。

☐ **蝦夷**（えみし）

古代の東北地方にいた，ヤマト政権に従わない勢力の呼称。

　☐ **淳足柵・磐舟柵**（ぬたりのさく・いわふねのさく）
　☐ **阿倍比羅夫**（あべのひらふ）
　☐ **隼人**（はやと）

大化の改新直後に**越後国**（えちごのくに）（新潟県）に設けられた東北経営の拠点。
斉明天皇の時代に，東北地方の蝦夷を平定した人物。
九州南部にいた中央政権に従わない勢力。8世紀服属し，**大隅国**（おおすみのくに）が置かれた。

☐ **多賀城**（たがじょう）

奈良時代に太平洋側に置かれた東北経営の拠点。鎮守府が置かれた。日本海側には**出羽柵**と**秋田城**が設置された。

　☐ **鎮守府**

東北支配の拠点。最初は多賀城，平安時代には**胆沢城**に移された。

☐ **遣唐使**（けんとうし）

唐に派遣された使節。630年に**犬上御田鍬**（いぬかみのみたすき）らが派遣されたのが最初。航路は，当初は朝鮮半島沿いの**北路**（ほくろ）であったが，新羅が朝鮮半島を統一すると**南島路**（なんとうろ）や**南路**がとられるようになった。

　☐ **阿倍仲麻呂**

遣唐使として派遣されたが，帰国できず唐で一生を終えた人物。高向玄理や藤原清河も帰国できなかった。

☐ **渤海**（ぼっかい）

7世紀末中国東北部に建国。日本海側にある**松原客院**（まつばらきゃくいん）・**能登客院**（とぎゃくいん）を窓口に船が頻繁に派遣された。

Check! 入試問題

　奈良時代，聖武天皇のもとで陸奥国に【 ① 】城が設置され，東北経営の拠点となった。また，唐との関係では【 ② 】が派遣されたが，その航路は，新羅との関係悪化により【 ③ 】や南島路が取られた。中国東北部には【 ④ 】が建国された。

(オリジナル)

[解答] ①多賀　②遣唐使　③南路　④渤海

天平文化の寺院と仏像

> ○
> 20秒講義
>
> **東大寺**は鎮護国家建設の中心となった寺院で，聖武天皇の遺品が納められた**正倉院**がある。鑑真は**唐招提寺**を，藤原氏は**興福寺**を建立した。天平文化を代表する絵画としては**薬師寺吉祥天像**があり，仏像彫刻の技法では**乾漆像**と**塑像**がある。

□ **東大寺**

華厳宗の総本山。法華堂には**不空羂索観音像**，**日光・月光菩薩像**，**執金剛神像**が，戒壇院には**四天王像**がある。

□ **正倉院**

東大寺にある**聖武天皇**の遺品が納められた宝庫。**校倉造**という建築様式がとられた。**鳥毛立女屏風**や**螺鈿紫檀五絃琵琶**などが納められている。

□ **唐招提寺**

鑑真が建立した寺院。**鑑真像**が残されている。

□ **興福寺**

藤原氏の氏寺。**八部衆像**があり，**阿修羅像**はその中の１つ。

□ **法隆寺夢殿**

天平文化を代表する建築物。その他に**法隆寺伝法堂**がある。

□ **乾漆像**

天平文化の彫刻技法。漆を乾かして固めた仏像。

□ **塑像**

天平文化の彫刻技法。粘土を塗り固めた仏像。

原始・古代／中世／近世／近代／現代

Check! 入試問題

　天平の建築物は力強さと均整のとれた美しさを特色とし，唐招提寺の金堂・講堂および東大寺の【 ① 】・戒壇院，法隆寺の【 ② 】や伝法堂などはその代表的である。また【 ③ 】は校倉造の建築様式として有名である。天平の彫刻ではこれまでの金銅像の他に，漆で塗り固めて作った【 ④ 】や粘土で作った【 ⑤ 】の技法が発達し，前代に比較して理想的・写実的表現が強く見られる。東大寺戒壇院の【 ⑥ 】や興福寺の八部衆像の中の【 ⑦ 】などがその代表である

(明治大)

[解答] ①法華堂　②夢殿　③正倉院　④乾漆像　⑤塑像　⑥四天王像　⑦阿修羅像

天平文化期の仏教

> ◎
> **20秒講義**
>
> 　奈良時代の仏教は鎮護国家を実現させる研究機関で，南都六宗を中心とした。行基は社会事業を通じて民間に仏教を広めようとし，鑑真は日本に戒律を伝えて東大寺に戒壇を築いた。また，**光明皇后**は悲田院・施薬院を設けるなどの社会事業を行った。

☐ **南都六宗**

奈良時代の仏教の6つの研究グループ。**三論宗・成実宗・法相宗・倶舎宗・華厳宗・律宗**。

☐ **行基**

仏教の民間布教が禁止されていた中，社会事業を通じて民間に仏教を広めようとした。大仏造立の際**大僧正**に任命。

☐ **鑑真**

唐の高僧。日本に戒律を伝えた。東大寺に戒壇を設け，聖武太上天皇や光明皇太后に授戒を行った。唐招提寺を建立。

☐ **戒壇**

戒律を授ける場所。**東大寺，下野薬師寺，筑紫観世音寺**に設けられた。(本朝三戒壇)

☐ **悲田院・施薬院**

光明皇后が設けた貧民救済施設。

Check! 入試問題

　奈良時代，仏教は政府の保護を受け，華厳宗などの【 ① 】は仏教教理の学問的研究を行った。唐僧の【 ② 】は，日本に戒律を伝えて，【 ③ 】に初めての戒壇を設けて国内で積極的に布教を行った。

　その一方，僧侶の活動は厳しい統制を受けた。【 ④ 】は，弾圧を受けながらも民間布教を行って，のちには大僧正となった人物である。　　　(日本大)

[解答] ①南都六宗　②鑑真　③東大寺　④行基

天平文化期の学問・文芸

> 20秒講義
>
> 奈良時代には『古事記』と『日本書紀』の歴史書や,『風土記』が編纂された。漢詩集では『懐風藻』,和歌集では『万葉集』が編まれ,教育では中央に大学,国ごとに国学が置かれた。

□ **古事記**

元明天皇の時に完成した歴史書。**天武天皇**が**稗田阿礼**に記憶を命じた「**帝紀**」「**旧辞**」の内容を,**太安万侶**が筆録。

　　□ 帝紀

大王（天皇）の系譜を記した歴史書。6世紀に作成。

　　□ 旧辞

神話や伝承を集めたもの。6世紀に作成。

□ **日本書紀**

舎人親王が中心になって編纂。中国の史書と同様,正式な漢文の編年体で書かれた。**六国史**の最初。

　　□ 六国史

律令国家が編纂した6つの正史の総称。『日本書紀』『続日本紀』『日本後紀』『続日本後紀』『日本文徳天皇実録』『日本三代実録』からなる。

□ **風土記**

各国の地理・産物・伝説をまとめたもの。政府が全国の状況を把握するために編纂を命じる。

現在まで残っている**出雲・常陸・播磨・豊後・肥前**の『風土記』のうち,『**出雲国風土記**』は完全な形で残っています。

□ **懐風藻**
かいふうそう

奈良時代に編纂された漢詩集。**石上宅嗣**，**淡海三船**のほか
いそのかみのやかつぐ　　　　おうみのみふね
大津皇子，**大友皇子**など白鳳文化の漢詩人の作品も収録。
おおつのみこ

注『懐風藻』は勅撰漢詩文集ではない。最初の勅撰漢詩文集は，弘仁・貞観文
化期に編まれた『凌雲集』で，嵯峨天皇の勅撰。

□ **石上宅嗣**
いそのかみのやかつぐ

『懐風藻』の代表的漢詩人。芸（うん）亭という図書館を作った。

□ **万葉集**
まんようしゅう

日本最古の和歌集。**万葉仮名**を使用。貴族の歌だけでなく，
まんようがな
東歌（東国の人々の歌），**防人の歌**（九州の警備にあたっ
あずまうた　　　　　　　　　　　　　　　　さきもり
ていた防人の歌）なども収録。**山上憶良**の「**貧窮問答歌**」
やまのうえのおくら　　　ひんきゅうもんどうか
が有名。**額田王**や**柿本人麻呂**など白鳳文化の歌人の歌も
ぬかたのおおきみ　かきのもとのひとまろ
収録。

注『万葉集』は勅撰和歌集ではない。最初の勅撰和歌集は，国風文化期に編ま
れた『古今和歌集』で，醍醐天皇の勅撰。

□ **万葉仮名**

日本語の音をそのまま漢字に当て字した文字。

□ **大学**
だいがく

律令国家の教育機関。中央に置かれ，貴族の子弟が学んだ。

□ **国学**
こくがく

律令国家の教育機関。国ごとに置かれ，郡司の子弟が学ん
だ。

Check! 入試問題

中央集権国家の確立に際し，国の成立と天皇統治の正当性の由来を語るた
めの歴史書の編集が【 ① 】天皇によってくわだてられたが，その作業は奈
良時代の初めになって『古事記』と『日本書紀』に結実する。『古事記』は，【 ① 】
天皇が【 ② 】によみならわせた『帝紀』『旧辞』を【 ③ 】が筆録したも
のであり，『日本書紀』は，【 ④ 】親王らによって編集された漢文体の史書
である。

(京都産業大)

[解答] ①天武　②稗田阿礼　③太安万侶　④舎人

平安初期①～桓武天皇の政治～

○
20秒講義

桓武天皇は，平城京から長岡京，平安京に遷都した。蝦夷の征討のため征夷大将軍を，国司の不正を取り締まるため勘解由使を設置するなど，地方統制の立て直しを図った。

□ **桓武天皇**

光仁天皇の子。中央政府の権威を高めるため平安京に遷都を行うとともに，地方統制の立て直しを図った。

□ **長岡京**

784年に平城京から遷都。**山背国**（現在の京都府）にある。遷都への反発から，遷都を主導した**藤原種継**が暗殺される。

□ **平安京**

794年に**長岡京**から遷都し，山背国を**山城国**と改称。遷都の提案者は**和気清麻呂**。左京は栄えたが**右京**は衰退。

□ **征夷大将軍**

令外官。蝦夷征討の最高指揮官。**坂上田村麻呂**らが就任。

　□ 坂上田村麻呂

平安時代の征夷大将軍。蝦夷のトップ**阿弖流為**を服属させ，蝦夷制圧の拠点として胆沢城と前線基地である志波城を築く。

　□ 胆沢城

北上川の上流に築かれた蝦夷制圧の拠点。**鎮守府**が**多賀城**から移された。

　□ 文室綿麻呂

平安時代の征夷将軍。嵯峨天皇の頃に就任し，蝦夷平定を完了させた。

□ **勘解由使**

国司の不正を取り締まるために設置された**令外官**。**解由状**（国司が交代する際に作成される引き継ぎ文書）に不正がないかを監視した。

　□ 令外官

令に規定のない役職。令の作成後，設置されたもの。**征夷大将軍**，**勘解由使**，**検非違使**，**蔵人頭**，**関白**，**追捕使**，**押領使**など。

原始・古代
中世
近世
近代
現代

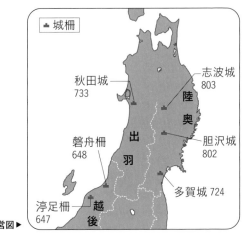

■城柵

秋田城 733

志波城 803

陸奥

磐舟柵 648

胆沢城 802

出羽

淳足柵 647

越後

多賀城 724

◀東北経営図

桓武天皇の税制改革をまとめましょう！

①**雑徭**（ぞうよう）の期間を半減

②**公出挙**（くすいこ）の利息を5割から3割に下げる

③**班田**（はんでん）の実施を6年に1度から12年に1度に減らす

また，この時代に**軍団と兵士**が辺境地域を除いてほぼ廃止されました。代わりに，**郡司**の子弟を**健児**（こんでい）に任命し，国衙（国司の役所）の警備に当たる，**健児の制**（こんてい）が採用されました。

Check! **入試問題**

　　律令制社会は8世紀中葉から早くも矛盾を見せ始めた。農村では農民の階層分化が進み，それが様々な面に影響を与えた。たとえば兵士の弱体化や，調・庸の未進・粗悪化などがそれである。そこで792年には，それまでの【①】・兵士を廃止し，かわりに国衙守備兵として【②】を採用した。ついで795年には【③】の利率を5割から3割に下げ，また【④】の日数を60日から30日に半減するなど，農民の負担を軽減させる改革を行った。　(法政大)

［解答］①軍団　②健児　③公出挙　④雑徭

平安初期②〜嵯峨天皇の時代〜

○
20秒講義

藤原薬子を寵愛した平城天皇が譲位すると薬子の変が起こった。嵯峨天皇は蔵人頭や検非違使を設置し中央政治の強化を図った。さらに、弘仁格式や令義解（淳和天皇）など法典の整備も進め、公営田などの直営田も経営した。

□ **平城天皇**

桓武天皇の子。桓武天皇の次に即位。**藤原薬子**を寵愛したが、自身の病気などを理由に３年で弟の**嵯峨天皇**に譲位。

□ **薬子の変**

藤原薬子（藤原種継の娘）が、平城太上天皇を再び天皇に就かせ、平城京へ遷都することを計画。計画は失敗し、兄の**藤原仲成**とともに死去。**藤原式家**が没落した。

□ **蔵人頭**

薬子の変に際して**嵯峨天皇**が設置した**令外官**。天皇の秘書官。初代蔵人頭は藤原北家の**藤原冬嗣**と巨勢野足。

　□ **藤原冬嗣**

蔵人頭に就任し、藤原北家が栄える基礎を築く。

□ **検非違使**

平安京内の警備・裁判を行う**令外官**。嵯峨天皇が設置。

□ **弘仁格式**

嵯峨天皇のもとで今までの格や式をまとめたもの。

　□ **三代格式**

弘仁格式と、その後の**貞観格式**（清和天皇）、**延喜格式**（醍醐天皇）の総称。

　□ **類聚三代格**

三代格を内容別に編集し直したもの。

　□ **格**

令の補足・改正のために出される法令。

　□ **式**

律・令・格を施行する際の細かい規則。

□ **令義解**

養老令の公式注釈書。

　□ **令集解**

様々な養老令の注釈を集めたもの。

☐ **公営田** （くえいでん）	大宰府の財源確保のため，大宰府管内に置かれた直営田。
☐ **官田** （かんでん）	中央政府の財源確保のため，畿内に置かれた直営田。
☐ **勅旨田** （ちょくしでん）	天皇の直営田。延喜の荘園整理令のときに廃止。

次のようにおさえておくとよいですね！

桓武天皇：地方の立て直し（勘解由使・征夷大将軍）
嵯峨天皇：中央政治の強化（蔵人頭・検非違使）

Check! 入試問題

　810年に起きた【 ① 】に際して設けられた令外官である【 ② 】は天皇の側近にあって機密文書を扱い，太政官との連絡役をつとめ，【 ③ 】は京中の軍事・警察のことにあたった。また823年には大宰府管内9カ所で【 ④ 】が設置された。

(法政大)

[解答]　①薬子の変　②蔵人頭　③検非違使　④公営田

⑪弘仁・貞観文化

平安時代初期の新しい宗教

> ◯
> 20秒講義
>
> 　平安初期の文化を弘仁・貞観文化という。桓武天皇・嵯峨天皇の保護を得た天台宗と真言宗が取り入れられ、密教が皇族や貴族に支持された。山岳に寺院が建立され修験道が成立する一方、神仏習合が行われ、神道と仏教の融合が進んだ。

□ **弘仁・貞観文化**
平安初期の文化。嵯峨天皇と清和天皇の頃の年号にちなむ。

□ **天台宗**
最澄が唐から日本に伝えた宗派。総本山は**比叡山**の**延暦寺**。最澄の死後、弟子の**円仁**と**円珍**によって密教化。

□ **真言宗**
空海が唐で学んだ**密教**を日本に伝え、開いた宗派。当初より密教を取り入れた。総本山は**高野山**の**金剛峰寺**。

□ **教王護国寺（東寺）**
空海が**嵯峨天皇**から賜った寺院。平安京の中にある。

□ **密教**
加持祈禱と呼ばれる秘密の呪文を唱えて祈ることで、この世での幸福である**現世利益**を追求した。貴族たちに受け入れられる。真言宗の密教は**東密**、天台宗の密教は**台密**。

□ **修験道**
仏教と、古くから日本にある山岳信仰が結びついたもの。

□ **神仏習合**
神道と仏教の融合。神社の境内に**神宮寺**という寺院が建てられ、寺院の境内に**鎮守**という守り神が祭られた。

Check! 入試問題

　遣唐使に従って留学した最澄と空海が唐の仏教の新しい傾向をとり入れて、仏教界を革新した。帰国の後、最澄は比叡山の【 ① 】によって【 ② 】宗を伝え、空海は京都の【 ③ 】と高野山の【 ④ 】とによって【 ⑤ 】宗を始めた。また、仏教と古くから行われていた神々の信仰が融合する【 ⑥ 】の動きも発達した。

(専修大)

[解答] ①延暦寺　②天台　③教王護国寺（東寺）　④金剛峰寺　⑤真言　⑥神仏習合

弘仁・貞観文化の文芸と芸術

> **20秒講義**
> 弘仁・貞観文化期には『凌雲集』などの勅撰漢詩文集が作られるようになり、唐風の書道が流行した。仏像は一木造で作られ、翻波式が発達した。絵画では密教世界を表した曼荼羅が描かれ、有力な貴族は大学別曹という寄宿舎を作った。

☐ **凌雲集**

嵯峨天皇の勅撰漢詩文集。最初の勅撰漢詩文集。

　☐ **文華秀麗集**　嵯峨天皇の勅撰漢詩文集。
　☐ **経国集**　淳和天皇の勅撰漢詩文集。
　☐ **性霊集**　空海の漢詩を集めた漢詩集。弟子の**真済**の編。勅撰ではないことに注意。

☐ **一木造**

1本の木から彫る仏像彫刻。弘仁・貞観文化期に発達。

☐ **翻波式**

衣のひだを刻んで表現する技法。弘仁・貞観文化期に発達。
元興寺薬師如来像、観心寺如意輪観音像：一木造の仏像。
薬師寺僧形八幡神像：一木造の神像。神仏習合を表す。

☐ **曼荼羅**

密教世界を描いた宗教画。**教王護国寺両界曼荼羅・神護寺両界曼荼羅**が有名。

☐ **大学別曹**

自らの子弟に高度な学問を身につけさせるため、有力な貴族が独自で作った寄宿舎。和気氏の**弘文院**、藤原氏の**勧学院**、橘氏の**学館院**、在原氏の**奨学院**などがある。

☐ **綜芸種智院**　**空海**が開いた庶民の教育機関。

Check! 入試問題

　美術は密教の影響により、神秘的で力強いものが多い。彫刻では薬師寺の【 ① 】像、観心寺の【 ② 】像などが、この時代の特色を表している。漢文学は貴族の教養としていちだんと盛んになり、『【 ③ 】』・『文華秀麗集』・『【 ④ 】』などの詩文集が勅撰された。個人の詩文集には空海の『【 ⑤ 】』がある。

(日本大)

［解答］①僧形八幡神　②如意輪観音　③凌雲集　④経国集　⑤性霊集

摂関政治の始まり

○
20秒講義

　藤原冬嗣の子藤原良房は，承和の変と応天門の変で政敵を失脚させ，清和天皇の摂政となった。また，藤原基経は関白となったが，基経の死後，宇多天皇は天皇親政を行い，菅原道真を登用した。

□ **藤原良房**　藤原北家。**藤原冬嗣**の子。**清和天皇**の**摂政**となった。

□ **承和の変**　842年，藤原良房が**橘 逸勢**と伴健岑を失脚させた事件。藤原冬嗣の孫の**道康親王**（のちの文徳天皇）を皇太子にすることが目的。

□ **応天門の変**　866年，藤原良房が大納言の**伴善男**を失脚させた事件。その様子が「**伴大納言絵巻**」に描かれている。

□ **清和天皇**　藤原良房の孫。9歳で即位し，良房が摂政となる。

□ **摂政**　幼少・病気の天皇の代わりに政治を行う後見役。

□ **藤原基経**　藤原良房の養子。**光孝天皇・宇多天皇**の**関白**となる。

□ **阿衡の紛議（事件）**　藤原基経が政敵である橘 広相を処罰させ，権力を強めた。

□ **関白**　成人した天皇を補佐して政治を後見する職。令外官。

□ **宇多天皇**　**光孝天皇**の子。藤原基経の死後，天皇親政を行い，**菅原道真**を登用した。

□ **天皇親政**　摂政・関白を置かず，天皇自身が政治を行うこと。

□ **菅原道真**
すがわらのみちざね

学者。宇多天皇に登用され蔵人頭に。**遣唐使の廃止**を建議した。醍醐天皇のもとで右大臣となるが，**藤原時平**により大宰府に左遷され（**昌泰の変**）**大宰権帥**となった後，死去。

□ 遣唐使の廃止

894年，遣唐大使に任命された**菅原道真**が廃止を建議した。唐が混乱状態であることや唐から学ぶ必要はないことが理由。

菅原道真は，遣唐大使に任命された際，**遣唐使の廃止**を提言したため，遣唐使には派遣されていません。最後に派遣された遣唐使は838年で，最澄の弟子である**円仁**が派遣されました。そのときの様子が『**入唐求法巡礼行記**』に記されており，遣唐使の辛い様子が記されています。

Check! **入試問題**

藤原良房は，藤原冬嗣の娘順子の生んだ【 ① 】親王を皇太子にするために，【 ② 】・【 ③ 】らを流刑にした。この政変は【 ④ 】の変と呼ばれる。良房の娘が生んだ惟仁親王は，やがて9歳で即位して【 ⑤ 】天皇となる。良房は【 ⑤ 】天皇の外祖父となり，摂政となった。866年には【 ⑥ 】の変によって大納言の【 ⑦ 】が追放され，名実ともに摂政となった。良房の養子【 ⑧ 】も【 ⑨ 】事件によって【 ⑩ 】天皇の信任の厚かった橘広相を失脚させた。

(学習院大)

[解答] ①道康 ②③橘逸勢・伴健岑（順不同） ④承和 ⑤清和 ⑥応天門 ⑦伴善男 ⑧藤原基経 ⑨阿衡 ⑩宇多

藤原氏の黄金期

○
20秒講義
醍醐天皇・村上天皇は天皇親政を進めたが，律令体制再建はできなかった。安和の変以降は摂政・関白が常置され，藤原道長と藤原頼通の頃，摂関政治は全盛を迎えた。10世紀には，大陸では宋（北宋）が建国，高麗が朝鮮半島を統一した。

原始・古代

中世

近世

近代

現代

□ **醍醐天皇**

宇多天皇の子。**延喜の治**と呼ばれる天皇親政を行う。**延喜格式**を制定。

□ 延喜の荘園整理令

醍醐天皇が発令。違法な**荘園**を停止し，**勅旨田**の所有も廃止した。班田も行うが，最後の班田となる。

□ 日本三代実録

醍醐天皇が編纂を命じた歴史書。**六国史**の最後にあたる。

□ 意見封事十二箇条

地方政治の混乱ぶりを記す。**三善清行**が醍醐天皇に提出。

□ **村上天皇**

醍醐天皇の子。**朱雀天皇**の次に即位。天暦の治と呼ばれる天皇親政を行う。**乾元大宝**の鋳造を行う。

□ 朱雀天皇

醍醐天皇の子。醍醐天皇の次に即位。天皇親政を行わず，**藤原忠平**（藤原基経の子）が摂政・関白となった。承平・天慶の乱という地方武士の大規模な反乱が起こる。

□ 乾元大宝

本朝（皇朝）十二銭の最後。**村上天皇**のときに発行。

□ **安和の変**

源 高明（醍醐天皇の子）が別の天皇を立てようとした疑いで失脚。これ以降，藤原氏がほぼ常に摂政・関白に就く時代に。

□ **藤原道長**

藤原氏一族の政争に勝利し氏長者（一族の頂点）となる。４人の娘を天皇に嫁がせ，**後一条・後朱雀・後冷泉**の３天皇の**外祖父**（母方の祖父）として30年にわたり政治を支配。

□ **藤原頼通**

藤原道長の子。**後一条・後朱雀・後冷泉**の３天皇のもとで，50年間にわたり摂政・関白を務める。平等院鳳凰堂を建立。

□ 摂関政治 　せっかん	藤原氏が摂政・関白を独占する時代。11世紀半ばまで続く。天皇との**外戚**（母方の親戚）関係を形成して権力を維持。
□ 宋（北宋） 　そう　ほくそう	10世紀半ば中国を統一した王朝。**唐**の滅亡後に建国。日本とは正式な国交を結ばなかったが，商人の往来は活発。
□ 遼（契丹） 　りょう　きったん	10世紀に中国東北部に建国。**渤海**を滅ぼす。
□ 高麗 　こうらい	10世紀に朝鮮半島に建国。**新羅**を滅ぼし朝鮮半島を統一する。

**10〜11世紀
の東アジア▶**

Check! 入試問題

　醍醐天皇は902年に最初の【 ① 】を発布し，口分田の12年一班の励行を命じた。また，【 ② 】格式の1つである延喜格式が制定され，六国史の最後を飾る【 ③ 】が編纂された。村上天皇の時代には皇朝十二銭の最後の貨幣【 ④ 】が鋳造された。

（学習院大）

［解答］①荘園整理令　②三代　③日本三代実録　④乾元大宝

⑬国風文化
浄土教の大流行と影響

> ○
> 20秒講義
>
> 　藤原氏の時代の文化を国風文化という。末法思想を背景に浄土教が流行し，空也や往生要集を著した源信が活躍した。往生伝が書かれ，法成寺や平等院鳳凰堂などの阿弥陀堂が建てられた。仏像は寄木造で作られ，本地垂迹説が生まれた。

□ **末法思想**

釈迦が亡くなった二千年後に，この世は**末法**という，仏教が衰え乱世になる時代を迎えるとする考え。**1052年**が末法元年。

□ **浄土教**

「**南無阿弥陀仏**」という**念仏**を唱えて**阿弥陀仏**を信仰すれば極楽浄土へ**往生**できるという考え。

□ **空也**

10世紀前半，京都で庶民に浄土教を説いた僧。**市聖**と呼ばれた。**六波羅蜜寺**の**空也上人像**は鎌倉時代に作られた。

□ **往生要集**

源信（**恵心僧都**）が10世紀後半に著した念仏往生のマニュアル。

□ **往生伝**

実際に往生したとされる人の伝記。慶滋保胤の『**日本往生極楽記**』や三善為康の『**拾遺往生伝**』などがある。

□ **阿弥陀堂**

阿弥陀仏を安置するためのお堂。藤原頼通が，末法元年（1052年）の翌年に建立した**平等院鳳凰堂**が有名。

□ **来迎図**

阿弥陀仏が迎えに来る場面を描いた絵画。「高野山聖衆来迎図」や「平等院鳳凰堂扉絵」が有名。

□ **法成寺**

京都に**藤原道長**が建立した浄土教寺院。見事な阿弥陀堂建築であったが，現存せず。

□ **平等院**（びょうどういん）　藤原頼通が，宇治にあった自身の別荘を寺院としたもの。鳳凰堂が有名。末法元年の翌年である1053年に建立された。

□ **寄木造**（よせぎづくり）　定朝（じょうちょう）が完成させた仏像製作技法。仏像をパーツごとに作り，後でパーツを合体させる。仏像の大量生産が可能になった。平等院鳳凰堂の**阿弥陀如来像**は定朝の作。

□ **本地垂迹説**（ほんじすいじゃくせつ）　仏教の仏が神道の神に形を変えてこの世に現れるという考え方。仏を主とし，神を従とする考えにつながる。

平安時代の文化を整理しましょう！

弘仁（こうにん）・**貞観**（じょうがん）**文化**：彫刻…**一木造**（いちぼくづくり）
　　　　　　　　　　　　絵画…**曼荼羅**（まんだら）
国風文化：彫刻…**寄木造**（よせぎづくり）
　　　　　　　絵画…**来迎図**（らいごうず）

Check! 入試問題

　わが国では平安中期の西暦【 ① 】年から末法時代に入ると信じられた。この頃，災害・戦乱が相次ぎ，それにつれて弥陀の名号を唱え（これを【 ② 】という），その救済にあずかることを勧める僧侶が現れた。【 ③ 】がその別荘を捨てて寺とし【 ④ 】を造営したのは末法に入った翌年であった。

　このようにして造寺・造仏が流行すると，その数を競う風潮も生まれた。そのため仏像などは，これまでの【 ⑤ 】では需要に応じきれず，新たに【 ⑥ 】の工法が生み出された。この頃の仏師として有名な【 ⑦ 】は多くの弟子たちに部品を造らせ，それを彼の指揮の下に組み上げて多くの仏像を造立したのである。

（学習院大）

[解答] ① 1052　② 念仏　③ 藤原頼通　④ 平等院鳳凰堂　⑤ 一木造　⑥ 寄木造　⑦ 定朝

⓭ 国風文化

国風文化期の文芸・芸術

○
20秒講義

　国風文化の頃になるとかな文字が生まれ，『源氏物語』など多くの女流文学や，かな日記の『土佐日記』などが書かれた。和歌が盛んになり，醍醐天皇は『古今和歌集』の編纂を命じた。三蹟という和様の書道の名手も活躍した。大和絵などが描かれ，蒔絵・螺鈿などの漆器の技法が独自の発達を遂げた。

原始・古代

中世

近世

近代

現代

☐ **かな文字**

草書体を簡略化した**平がな**と，漢字の一部を使用した**片かな**といった表音文字で，多くの物語文学を発展させた。万葉仮名とは別モノ。

　☐ 竹取物語　　かぐや姫の伝説を素材とした伝奇物語。

　☐ 伊勢物語　　**在原業平**を題材とした歌物語。（10世紀）

　☐ 源氏物語　　**紫式部**の作。長編の物語。（11世紀）

　☐ 枕草子　　　**清少納言**の作。随筆。（11世紀）

☐ **土佐日記**

日本最初のかな日記。**紀貫之**の作。女性が書いたという設定で記された。（10世紀）

　☐ 蜻蛉日記　　代表的な日記文学の一つ。著者は藤原道綱母。（10世紀）

　☐ 更級日記　　代表的な日記文学の一つ。著者は菅原孝標女。（11世紀）

　☐ 紫式部日記　代表的な日記文学の一つ。著者は紫式部。（11世紀）

　☐ 和泉式部日記　代表的な日記文学の一つ。著者は和泉式部。（11世紀）

☐ **古今和歌集**

905年，醍醐天皇の命令によって編纂された最初の**勅撰和歌集**。編者は**紀貫之**ら。

☐ **三蹟**

和様の書道の名手。三跡ともいう。**小野道風・藤原佐理・藤原行成**の3人をさす。

☐ **大和絵**

日本風の絵画。**巨勢金岡**が祖。

□ **蒔絵**
まきえ

漆を使用した絵。調度品の表面などに描かれた。

□ **螺鈿**
らでん

貝殻の真珠光を放つ部分を薄く切り取って漆器にはめ込んだもの。

弘仁・貞観文化期の唐風書道の名手を表す，三筆ということばもあります。

弘仁・貞観文化：三筆(嵯峨天皇・空海・橘逸勢)
国風文化：三蹟(小野道風・藤原佐理・藤原行成)

Check! 入試問題

【 ① 】世紀初め，【 ② 】天皇のときには最初の勅撰和歌集である『【 ③ 】』が，紀貫之らによって編集された。【 ④ 】の普及は，物語文学の発達も促した。その初期には，歌人在原業平を主人公とする『【 ⑤ 】』や，かぐや姫の伝説を素材とした『【 ⑥ 】』が作られた。　　　　　　　　　(愛知学院大)

[解答] ①10　②醍醐　③古今和歌集　④かな文字　⑤伊勢物語　⑥竹取物語

⑬ 国風文化
華麗なる貴族の生活

> ○
> 20秒講義
>
> 　貴族の正装は，男性は**束帯**や**衣冠**，女性は**女房装束**であった。貴族は成人すると男性は**元服**，女性は**裳着**を行った。**陰陽道**が盛んになり**物忌**・**方違**が行われるなど生活を左右した。貴族は**寝殿造**の建築物に住んだ。

□ **束帯**
　男性貴族の正装。簡略化したものは**衣冠**で，通常服は**直衣**。

□ **女房装束**
　十二単ともいう。女性貴族の正装。簡略化した**袿**・**小袿**に**袴**をつける形もあった。

□ **元服**
　男性貴族の成人儀式。女性貴族の成人儀式は**裳着**。

□ **物忌**
　占いの結果によって，特定の場所に引きこもって謹慎する。**方違**とともに，中国から伝来した**陰陽道**に基づいて行われた。

□ **方違**
　占いの結果によって，凶の方角を避けること。

□ **寝殿造**
　平安時代の貴族の邸宅に用いられた建築様式。邸宅の中央に**寝殿**が，寝殿の北と東には**対屋**が配置され，それらは**渡殿**という渡り廊下でつながっていた。池のそばには釣りが楽しめる**釣殿**が建てられた。**畳**や**円座**を敷いて座った。

Check! 入試問題

　衣服の面では，男性貴族は正装として従前からの【 ① 】のほか，よりフォーマルな【 ② 】を用いた。また，特に許された者は，通常服である【 ③ 】のままで宮廷に出仕した。女性の正装は【 ④ 】という。住居では【 ⑤ 】造が発達し，板の間の必要な部分に畳や【 ⑥ 】を敷いて座る生活に変わった。しかし食生活の方は貴族といえども案外に簡素で，1日に2食を基準とし，1食の品数・調理法も，けっして多くはなかった。

(成城大)

[解答] ①衣冠　②束帯　③直衣　④女房装束　⑤寝殿　⑥円座

地方支配の変化

> ◯
> 20秒講義
>
> 律令体制が崩壊すると国司は徴税請負人化し、私腹を肥やす者も現れた。成功や重任も横行し、現地に赴任しない遙任の国司は目代を派遣し、強欲な受領も登場した。田堵という耕作請負人も生まれた。税も官物・臨時雑役に変化した。

□ **成功**（じょうごう）　売官の一種。国司などの役職を得るために私財を出すこと。

□ **重任**（ちょうにん）　収入の多い国の国司などに再び任じてもらうこと。

□ **遙任**（ようにん）　国司に任命されながら現地に赴任しない者。

□ **目代**（もくだい）　現地に赴任しない国司の代わりに現地に送りこまれる者。目代しかいない**国衙**（こくが）（国司の政庁）を**留守所**（るすどころ）という。

□ **受領**（ずりょう）　赴任した国司のうち、最も高い地位の者。強欲な者が多い。

□ **田堵**（たと）　有力農民。**負名**（ふみょう）に任命され、名の耕作を請負う。大規模な田堵は**大名田堵**（だいみょうたと）。**下人**（げにん）（隷属農民）や**作人**（さくにん）（小農民）に田地を耕作させた。

□ **官物・臨時雑役**（かんもつ・りんじぞうやく）　10世紀初め、租・調・庸や雑徭に代わって課税された。

Check! 入試問題

　10世紀に入ると、名（名田）と呼ばれる土地を基礎として、【 ① 】や【 ② 】といった税を農民から納めさせた。国司に対しては、一定額の税の納入を請け負わせるかわりに、国内の統治を委任するようになった。このような国司を【 ③ 】といい、【 ③ 】のなかには、【 ④ 】といって、私財をもって寺社の造営を助けるなどして国司に再任される者も現れ、地方では、国司の政庁である【 ⑤ 】の役割が強まった。

（学習院大）

[解答]　①②官物・臨時雑役（順不同）　③受領　④重任　⑤国衙

荘園の展開

> ○
> 20秒講義
>
> 　8～9世紀の荘園を初期荘園と呼ぶ。10世紀になると田堵などが荘園領主化し開発領主となった。開発領主の中には税負担を逃れるため寄進をして荘官となる者もいた。土地の寄進をうけた者を領家・本家という。不輸や不入の権利を手に入れる者も増えた。不輸を認められた荘園には官省符荘や国免荘がある。

原始・古代　中世　近世　近代　現代

☐ **初期荘園**
　☐ **名（名田）**

8～9世紀に生まれた荘園。基本的に課税された。

課税の対象となる田地の単位。**負名**と呼ばれる耕作を請け負う人の名前が付けられた。

☐ **開発領主**

10世紀後半以降，田堵などの有力農民から，自ら土地を開墾して荘園の領主になっていった者。

☐ **寄進**

開発領主などが税負担を逃れるため，荘園を名義上中央の貴族などのものとすること。このような荘園は**寄進地系荘園**と呼ばれる。11世紀半ば以降荘園の中心に。

　☐ **鹿子木荘**

肥後国（熊本県）にあった荘園。この荘園について，領家，本家，預所などの記述があり，荘園制を知る上で重要な史料が残っている。

☐ **荘官**

寄進をした開発領主の肩書き。預所・下司・公文などと呼ばれた。

☐ **領家**

開発領主などから直接寄進を受けた者。中央の権力者が多い。

☐ **本家**

領家から土地を寄進された，領家よりも権力の強い者。

　☐ **本所**

領家・本家のうち，荘園の事実上の支配者である者。

☐ **不輸**（ふゆ）	国家への税を免除してもらえる特権のこと。
☐ **不入**（ふにゅう）	**検田使**（けんでんし）（国司が派遣する土地の調査官）の立ち入りを拒否できる権利のこと。
☐ 検田使	不輸租の荘園に対して，国司や中央政府が派遣する土地の調査官のこと。
☐ **官省符荘**（かんしょうふしょう）	太政官や民部省が税の免除を認めた荘園。太政官は**太政官符**（だいじょうかんぷ），民部省は**民部省符**（みんぶしょうふ）を発行して不輸を公認した。
☐ **国免荘**（こくめんのしょう）	国司が租税の免除を認めた荘園。国司によって不輸が認められた。
☐ 在庁官人	国衙で実務を行う役人。開発領主だった者が多い。

Check! 入試問題

　土地の開墾をすすめた地方豪族や有力な農民は，その開発した土地を守るため，中央の有力な貴族や寺社を【 ① 】や領家とあおぎ，自らは【 ② 】・下司などの荘官となって，在地領主としての支配権の確保をはかった。【 ③ 】系荘園が集中した摂関家はその経済力がいっそう強化されることになった。荘園は，本来田租を国に納めなければならなかったが，【 ④ 】と【 ⑤ 】とによって免田を認められた官省符荘が現れ，やがて，国司の裁定に基づいた免判によって免租を認められた【 ⑥ 】もあらわれた。この権利を一般に【 ⑦ 】の権という。さらに，政府が徴税のため土地を調査する目的で派遣する【 ⑧ 】の立ち入りも拒否することが見られるようになった。(同志社大)

[解答] ①本家　②預所　③寄進地　④⑤太政官符・民部省符(順不同)　⑥国免荘　⑦不輸　⑧検田使

地方武士の戦乱と源氏の台頭

> ◯
> 20秒講義
>
> 　10世紀前半，関東では平将門の乱，九州では藤原純友の乱が起こった。11世紀前半，大宰府では外国に襲われる刀伊の入寇，関東では平忠常の乱が起こり，11世紀半ばには前九年合戦と後三年合戦が起こり，源氏が東国に進出した。

☐ 平将門の乱

平将門が叔父の平国香を殺害したことがきっかけ。下総国の猿島を拠点に勢力を広げ，常陸・下野・上野の国府を攻め落とした。平将門は自らを新皇と称した。平貞盛（国香の子）と藤原秀郷（押領使）により鎮圧。

☐ 平将門

10世紀の武士。桓武平氏。桓武天皇の子である高望王の孫。平将門の乱を起こすが敗死。院政期に書かれた『将門記』は，平将門の乱を記した史料。

☐ 藤原純友の乱

伊予国（愛媛県）の下級国司藤原純友が起こした反乱。海賊となり大宰府などを襲う。源経基（清和源氏の祖）と小野好古により鎮圧。

☐ 承平・天慶の乱

10世紀前半に起こった平将門の乱と藤原純友の乱の総称。

☐ 刀伊の入寇

1019年，大宰府が女真族に襲われた事件。大宰権帥として赴任していた藤原隆家が，地方武士たちを率いて撃退。

☐ 平忠常の乱

11世紀前半，平忠常が房総半島で起こした反乱。源頼信により鎮圧。源氏が東国進出するきっかけとなる。

☐ 平忠常

11世紀の武士。桓武平氏。高望王の曾孫。房総地方（千葉県）で反乱を起こすが，源頼信に鎮圧される。

☐ 源頼信

11世紀の武士。源経基の孫。平忠常の乱を平定。晩年，河内に拠点を置き，河内源氏の祖となる。

□ **前九年合戦** ぜんくねんかっせん	1051年，陸奥に赴任した**源 頼義**が，子の**源義家**とともに東国武士を率いて陸奥の豪族**安倍頼時**を滅ぼした。出羽の豪族**清原氏**の助けを借りた。『**陸奥話記**』に記される。
□ **後三年合戦** ごさんねんかっせん	清原氏一族の権力争い。**源義家**の助けを受けた**清原清衡**が勝利。奥州藤原氏発展のきっかけとなる。
□ 奥州藤原氏	平泉を拠点とした藤原氏。**清原清衡**が姓を藤原に戻したことに始まる。子の**藤原基衡**，孫の**藤原秀衡**の頃全盛期を迎えた。

前九年合戦の起こった1051年は，末法元年の1052年の前の年です。この反乱が起こったことを聞いた都の人たちは，「これが末法の前触れか」と思いました。そして藤原頼通は，翌1053年に平等院鳳凰堂を建立するのです。

■ 1051年：前九年合戦
■ 1052年：末法元年
■ 1053年：平等院鳳凰堂の建立

Check! 入試問題

10世紀前半頃，地方の武士団がかなりの力を持つまでになった。そうした武士の1人で下総の【 ① 】を根拠とする平将門は，939年，【 ② 】の国府を焼き払い，さらに関東地方を勢力下に収め，【 ③ 】と称した。同じ頃，瀬戸内地方では，もと【 ④ 】の国司であった藤原純友が反乱を起こした。朝廷はこれらの反乱を平定するにあたっても，武士の力に頼らねばならなかった。将門の乱は，【 ⑤ 】や【 ⑥ 】らによって，純友の乱は【 ⑦ 】・小野好古らによって，それぞれ鎮圧された。

(日本大)

[解答]　①猿島　②常陸　③新皇　④伊予　⑤⑥平貞盛・藤原秀郷（順不同）　⑦源経基

⑮ 地方武士の台頭
武士団の発生

> ○
> 20秒講義
>
> 　自分の領地を自分で守るため武装化した武士は，一族である家子や，家来である郎党を率いて武士団を形成した。中央政府は押領使や追捕使を任命し，桓武平氏や清和源氏が武士の棟梁となった。

□ 武士 | 武芸・戦闘を専門とする中・下級貴族で，押領使・追捕使などに任じられ，地方に土着した。10世紀以降登場し，武士団を形成。兵ともいう。

　□ 滝口の武士 | 宇多天皇の頃に設置された武士。宮城の警備などを行う。

□ 武士団 | 武士の一団。一族である家子と，従者である郎党から構成。

□ 押領使 | 中央政府に登用された反乱を鎮圧する武士。平将門の乱を平定した藤原秀郷などが任命された。

□ 追捕使 | 中央政府に登用された盗賊を逮捕する武士。藤原純友の乱を平定した小野好古などが任命された。

□ 棟梁 | 大きな武士団を組織し統率した家。中央の貴族の血を引く，桓武天皇の血筋の桓武平氏や，清和天皇の血筋の清和源氏が代表。

Check! 入試問題

　律令国家の支配がゆるみ，地方政治が乱れてくると，国衙につとめる役人や荘園の荘官たちはしだいに自力で治安を維持し支配を確保するために武装した。かれらは【 ① 】と呼ばれる従者や【 ② 】と呼ばれる同族のものなどを率い，有力な豪族を中心として連合体を結成し，大きな武士団を形成していった。中には【 ③ 】のように宮中の警備に用いられたり，諸国の【 ④ 】や【 ⑤ 】に任命されて，治安維持にあたるものも多くなった。　　（上智大）

[解答] ①郎党　②家子　③滝口の武士　④⑤押領使・追捕使（順不同）

中世

WORDBOOK OF JAPANESE HISTORY

後三条天皇の反摂関家政策

> ◎
> 20秒講義
>
> 後三条天皇は摂関家を外戚としなかったため，天皇親政を行った。**大江匡房**を登用して，**延久の荘園整理令**を出し，**記録荘園券契所（記録所）**を設置して摂関家の荘園も整理した。また**宣旨枡**を定め，枡の大きさを統一した。

□ **後三条天皇**

摂関家（藤原氏）と外戚関係をもたなかったため，親政を行う。摂関家を抑え込むため，学者の**大江匡房**を登用したり，**延久の荘園整理令**を出したりした。**白河天皇**の父。

□ **摂関家**

摂政・関白を出す家柄。平安時代中期以降，藤原北家が独占し，鎌倉時代半ばまでに**五摂家**（**近衛家・九条家・鷹司家・一条家・二条家**）に分かれた。

□ **延久の荘園整理令**

1069年に出された荘園整理令。**国衙**の仕事の邪魔になる荘園や，**券契**と呼ばれる土地所有の証明書がない荘園の機能を停止した。摂関家の荘園も整理の対象となった。

□ **記録荘園券契所（記録所）**

荘園整理の実務を行う機関。延久の荘園整理令の際に設置。従来の**国司**による荘園整理ではなかったため成果を上げた。

□ **宣旨枡**

後三条天皇が定めた枡。米を計量する枡の大きさを統一。

Check! 入試問題

　藤原道長・頼通の時代に全盛を極めた摂関家の勢力も11世紀半ば頃には次第にその勢力を後退させていった。その要因の一つに，摂関家を外戚としない【　①　】天皇の即位があげられる。【　①　】天皇は，摂関家の勢力を抑えて政治の刷新を行うことを目指し，【　②　】を登用し，公領の回復をはかるため，1069年に【　③　】を出し，【　④　】を設置し，基準にあてはまらない荘園を停止した。【　①　】天皇の子である【　⑤　】天皇も，父の遺志を受け継いで親政を行った。

(日本大)

[解答] ①後三条　②大江匡房　③延久の荘園整理令　④記録荘園券契所（記録所）　⑤白河

院政の展開と特徴

○ **20秒講義**
白河天皇は子の**堀河天皇**に譲位し，自らは**上皇**として実権を握り院政を始めた。**北面**の武士が置かれ，**院近臣**が登用された。院政は知行国制度を経済基盤とし，仏教への帰依から**熊野詣**が盛んに行われた。一方，大寺院は**僧兵**を組織し，力をもち始めた。

□ **白河天皇**

後三条天皇の子。天皇親政を行うが，**1086年**，子の**堀河天皇**に譲位し，上皇として**院政**を始めた。仏教に帰依して**法皇**（太上法皇の略）となり，**法勝寺**など多くの寺院を造営した。

□ **堀河天皇**

白河天皇の子。父の白河天皇に8歳で譲位され天皇となる。父の院政のもとでも自ら政務を行う。堀河天皇の死後，**白河法皇**は院政をさらに強めた。

□ **六勝寺**

院政の頃造営された6つの寺院。すべて「勝」の文字が用いられた。費用のほとんどが貴族からの寄進で賄われた。白河天皇の法勝寺が有名。

□ **院政**

上皇自らが天皇の後見役として政治の実権を握る政治。**白河上皇**，**鳥羽上皇**，**後白河上皇**が有名。

□ **鳥羽法皇（上皇）**

堀河天皇の子。崇徳・近衛・後白河の3天皇のもとで院政を行う。崇徳上皇と不和で，そのことが鳥羽法皇の死後，保元の乱が起こる原因になった。

□ **院庁**

院政を行う機関。院庁から下される**院庁下文**や上皇の命令を伝える**院宣**が，国政に影響を与えた。

□ **法皇**

出家した上皇（太上天皇）のこと。太上法皇の略。

□ **北面の武士**

院の御所に設置された警護の武士。源氏や平氏などが登用された。

□ **院近臣**

院の側近。摂関政治期に不遇だった中下級貴族（受領など）が中心。

□ **知行国制度** ち ぎょうこく	上級の貴族や大きな寺社に，一国（知行国という）の支配権を与える制度。**知行国**を与えられた人は**知行国主**として，その国からの収益を得る。知行国主の決定権が院にあったため，院政の経済的基盤となった。
□ **院分国** いんぶんこく	院自身が知行国主となり，その国の収益を得た国。
□ **熊野詣** くま の もうで	紀伊の熊野三山に参詣すること。院政期に盛んに行われた。紀伊の高野山に参詣する**高野詣**も行われた。
□ **僧兵** そうへい	大寺院などに所属する武装化した僧侶。興福寺（南都）の僧兵は奈良法師，延暦寺（北嶺）の僧兵は山法師と称された。
□ **強訴** ごう そ	僧兵たちによる集団的抗議運動。中央に対して武力的に要求を突きつけた。白河法皇が自らの思い通りにならない「三不如意」の一つに挙げた。

興福寺は奈良にあったので，**興福寺の僧兵**は「**奈良法師**」，それに対して延暦寺は比叡山という山にあったので，**延暦寺の僧兵**は「**山法師**」と呼ばれます。興福寺は藤原氏の氏寺でした。そこで興福寺の僧兵は同じ藤原氏の氏神である春日神社の神木を担いで強訴するのです。ちなみに延暦寺の僧兵は日吉神社の榊を担いで強訴しました。

Check! 入試問題

後三条天皇の子である【 ① 】天皇は，【 ② 】（応徳3）年，幼少の【 ③ 】天皇に譲位した後，自ら上皇として【 ④ 】を設け，天皇を後見しつつ，政治の実権を握る院政の道を開いた。白河上皇の後も，【 ⑤ 】上皇・後白河上皇による院政が続けられた。

(日本大)

［解答］　①白河　②1086　③堀河　④院庁　⑤鳥羽

平氏政権の誕生と滅亡

> ○
> **20秒講義**
> 　平正盛は白河上皇の信任を得, 平忠盛は瀬戸内海の海賊を平定し鳥羽上皇の信任を得た。平清盛は保元の乱と平治の乱に勝利し太政大臣となった。治承・寿永の乱の末, 1185年, 平氏は壇の浦の戦いで滅亡した。

□ **平正盛**
たいらのまさもり

源義親の乱（源義親が院に対して出雲で起こした反乱）を鎮圧し, **白河上皇**の信任を得る。院近臣となり, 平氏が中央へ進出するきっかけを作った。平清盛の祖父。

□ **平忠盛**
たいらのただもり

瀬戸内海の海賊を平定して, **鳥羽上皇**の信任を得るとともに日宋貿易の権利も握った。平清盛の父。

□ **平清盛**
たいらのきよもり

父は**平忠盛**。**保元の乱**, **平治の乱**を経て権力を握る。1167年には武士として初めて**太政大臣**にまで登り詰める。

□ 地頭
じとう

荘園・公領の現地支配者。平清盛は, 西国の武士を地頭に任命することで権力を握った。

□ 大輪田泊
おおわだのとまり

現在の神戸港。**平清盛**が瀬戸内海航路の安全を高めるため修築した。安芸国の音戸の瀬戸も開いた。

□ 福原京
ふくはらきょう

1180年, 安徳天皇の時に平清盛が遷都。摂津国にあり**大輪田泊**を臨む。公家の猛反発を受け, 同年平安京に戻る。

□ **保元の乱**
ほうげん

崇徳上皇と後白河天皇の院政を巡る権力争い。1156年, 鳥羽法皇の死後起こった。**平清盛**, **源義朝**（源頼朝の父）, **藤原忠通**が後白河天皇側について勝利した。

□ 崇徳上皇

鳥羽上皇（法皇）の子。**保元の乱**で藤原頼長, 平忠正, 源為義・為朝らがついたが敗北し, 讃岐に流された。

□ **平治の乱** へいじ	1159年に起こった院近臣間の争い。**藤原通憲（信西）** と ふじわらのみちのり しんぜい **藤原信頼** の対立がきっかけ。藤原信頼と**源義朝**が藤原通憲 のぶより を自殺に追い込んだため，平清盛が藤原信頼・源義朝を滅 ぼす。義朝の子である源頼朝は伊豆に流され，平氏に権力 が集中した。

□ **治承・寿永の乱** じ しょう じゅえい	源平の争乱の総称。**以仁王の令旨**から**壇の浦の戦い**まで。 もちひとおう りょうじ
□ **以仁王** もちひとおう	後白河法皇の皇子。1180年，平氏打倒の**令旨**（天皇以外の皇族 が出した文書）を出す。源頼政と挙兵し，敗死したが，その後 源頼朝や源義仲らが次々と挙兵し，平氏滅亡を導く。
□ **鹿ケ谷の陰謀** しし が たに	平氏打倒計画。藤原成親（後白河法皇の近臣），僧の**俊寛**らが計 画するが発覚し失敗。平清盛は後白河法皇を鳥羽殿に閉じ込め て院政を停止させた。
□ **源 義仲** みなもとのよしなか	1180年に**木曽**で挙兵。1183年，平氏を都落ちさせる。後白河 法皇と対立し死去。

□ **壇の浦の戦い** だん うら	1185年，平氏が滅亡した戦い。源頼朝が派遣した源義経・ 源範頼の軍勢が滅ぼした。
□ **安徳天皇** あんとくてんのう	祖父は**平清盛**，母は清盛の娘徳子。1180年，幼少で即位。福原 京に遷都した。壇の浦の戦いで死去。**高倉天皇**の子。

平氏の財政基盤を覚えておきましょう！

①全国の約半分の知行国
② 500 カ所の荘園
③日宋貿易

Check! 入試問題

1156年に【 ① 】法皇が死去すると，かねて皇位継承をめぐって法皇と
対立していた【 ② 】上皇が，左大臣【 ③ 】らと結んで源為義・平【 ④ 】
らの武士を動員して実力行使に出た。これに対し，後白河天皇と近臣藤原
【 ⑤ 】（信西）らが，平清盛や源【 ⑥ 】らの武士に反撃させて，上皇側を
討ち破った。

(明星大)

［解答］①鳥羽 ②崇徳 ③藤原頼長 ④忠正 ⑤通憲 ⑥義朝

院政期の文化

○
20秒講義

　院政期，浄土教が地方まで広まり，中尊寺金色堂などが建立された。装飾経も作られ，絵画では絵巻物が流行した。『今昔物語集』などの説話集や軍記物も書かれ，今様を集めた『梁塵秘抄』が編纂された。

□ **中尊寺金色堂**

奥州藤原氏の**藤原清衡**が**平泉**に建立した**阿弥陀堂**。阿弥陀堂としては，福島県の**白水阿弥陀堂**や，大分県の**富貴寺大堂**なども有名。

□ **装飾経**

豪華に装飾された経。**四天王寺**（大阪府）の**扇面古写経**や**厳島神社**（広島県）の**平家納経**が有名。

□ **絵巻物**

大和絵の手法で描いたたくさんの絵を，言葉でつないだもの。『源氏物語』を題材とした『**源氏物語絵巻**』，応天門の変を題材とした『**伴大納言絵巻**』，動物を擬人化して描いた『**鳥獣戯画**』などがある。

□ **今昔物語集**

院政期に書かれた説話集。日本・中国などの1,000あまりの説話を集めた。

□ **今様**

院政期，庶民の間で流行していた歌謡。**後白河法皇**は，今様を集めて，『梁塵秘抄』を編纂した。古代の歌謡に由来する**催馬楽**や，田植え歌に由来する**田楽**も流行した。

Check! 入試問題

　院政期になると，庶民が歴史の表舞台に姿を現してくる。庶民の間で流行していた【 ① 】や【 ② 】や【 ③ 】などを，【 ④ 】は深く理解し愛好した。とくに，【 ① 】は，庶民の間に流行していた歌謡であり，【 ④ 】はそれらを集め，『梁塵秘抄』を編集した。【 ② 】は，古代の歌謡に由来し，【 ③ 】は，農民の田植えの際の音楽にその起源がある。さらに，当時のわが国の庶民の生活や風俗を描き出した文学作品として『【 ⑤ 】』がある。　　　（駒澤大）

［解答］①今様　②催馬楽　③田楽　④後白河法皇　⑤今昔物語集

原始・古代　中世　近世　近代　現代

源頼朝の台頭と鎌倉幕府

> ○
> 20秒講義
> 侍所は，源頼朝が自身の家来である御家人を統制するための機関である。公文所は一般政務を行い，問注所は訴訟・裁判を担当した。各国には守護が，荘園や公領には地頭が設置され，鎌倉幕府の組織が確立した。

□ **源頼朝**

源義朝の子。妻は**北条政子（北条時政**の娘）。1159年の**平治の乱**で伊豆に流されるが，1180年に以仁王の令旨で挙兵。1183年，後白河法皇から東海道・東山道の支配権を与えられる。1185年，**守護・地頭**の設置を認められ，鎌倉幕府を開いた。1192年，**征夷大将軍**に任じられ，1199年死去。

□ **侍所**

1180年に設置。頼朝が自身の家来である御家人を統制するための機関。初代**別当**（長官）は有力御家人の**和田義盛**。

□ **和田義盛**

鎌倉幕府の有力**御家人**。1180年，**侍所の初代別当**となる。頼朝の死後，北条氏と対立し，1213年，**北条義時**の挑発に乗って挙兵し，敗死。一族もほとんど亡くなり，和田氏は衰退していった。

□ **公文所**

一般政務を行う機関。初代**別当**は公家出身の**大江広元**。のちに**政所**と名前を変え，鎌倉幕府の中心的な機関に。後白河法皇が頼朝の東国支配を認めたため設置。

□ **大江広元**

公家。頼朝に招かれ，1184年**公文所の初代別当**に。政所に変わった後は**政所の初代別当**に。1185年に守護・地頭の設置を提案したといわれる。頼朝の死後，頼朝の妻の北条政子とともに，幕府の最高政治顧問的な役割を果たす。

□ **問注所**

訴訟・裁判を担当する機関。初代**執事**（長官）は公家出身の**三善康信**。後白河法皇が頼朝に東国支配を認めたため設置。

□ 守護 <small>しゅご</small>	国内の御家人を統率する機関。各国に1人ずつ配置。東国の有力御家人が任命された。大犯三カ条の権限をもつ。 <small>たいぼんさんかじょう</small>
□ 大犯三カ条	守護の権限。①謀叛を起こした者の逮捕、②殺人を犯した者の逮捕、③大番催促（京都の警備である京都大番役をするよう国内の御家人に命令する権限）からなる。
□ 京都守護 <small>きょうとしゅご</small>	1185年設置。京都の警備を担当。<u>承久の乱後六波羅探題に。</u> <small>ろくはらたんだい</small>
□ 鎮西奉行 <small>ちんぜい</small>	1185年設置。九州の御家人を統制。<u>元寇後鎮西探題に。</u>
□ 奥州総奉行 <small>おうしゅう</small>	奥州の御家人を統制する機関。1189年に奥州藤原氏が滅んだのをきっかけに設置。
□ 地頭 <small>じとう</small>	各地の**荘園**や**公領**に幕府が置いた管理役。1段（反）あたり**5升**の**兵粮米**を徴収する権利を与えられた。 <small>ひょうろうまい</small>

兵粮米：1185年の**地頭**設置の際に登場する地頭の得分。
加徴米：1223年の**新補率法**の際に登場する**新補地頭**の得分。 <small>かちょう　しんぽりっぽう　しんぽ</small>

どちらも**段別五升**（田地1段あたり米**5升**）なので逆にならないように！ <small>たん</small>

Check! 入試問題

　源頼朝は挙兵後，彼の下にはせ参じた武士たちと主従関係を結んで彼らを御家人とし，【 ① 】年，御家人を統率する機関として【 ② 】を置き，また1184年には一般の政務を司る【 ③ 】と所領に関する訴訟を処理する【 ④ 】を設けた。頼朝は1185年に守護・地頭の設置を朝廷に申し入れ，その設置を通じて支配権を全国に及ぼそうとした。守護は国ごとに置かれ，大番催促・謀叛人や殺害人の取締を内容とする【 ⑤ 】をその基礎的権限とし，地頭は荘園や【 ⑥ 】ごとに設置され，土地の管理・年貢の徴収・治安維持などにあたり，段別【 ⑦ 】の【 ⑧ 】米を徴収する権利も与えられた。

(実践女子大)

[解答] ①1180　②侍所　③公文所　④問注所　⑤大犯三カ条　⑥公領　⑦5升　⑧兵粮

鎌倉幕府の特徴

> ◎
> 20秒講義
>
> 鎌倉時代の封建制度は，将軍が御恩を与える代わりに御家人が奉公するものであった。御家人は一族の惣領となり，庶子を統括した（惣領制）。鎌倉幕府の財政基盤には関東御領や関東御分国などがあった。

□ **封建制度**

所領の給付を通じて結ばれる**御恩**と**奉公**の主従関係。

□ **御恩**

将軍が御家人に与えるもの。**本領安堵**と**新恩給与**がある。

　□ 本領安堵

御家人が以前からもっていた土地について，将軍がその支配権を保障すること。

　□ 新恩給与

将軍が新たに土地を与えること。

□ **奉公**

御家人が将軍に行うこと。戦乱のときは将軍のために戦い（**軍役**），平時は**京都大番役**（京都の警備）や**鎌倉番役**（鎌倉の警備）を務めた。

□ **惣領制**

惣領（一族の代表者）が**庶子**（それ以外の武士）を統率する制度。惣領と庶子は基本的に血縁。一般的に惣領が御家人となる。惣領は必ずしも長男がなるとは限らない。

□ **関東御領**

将軍家の荘園。平氏から奪った**平家没官領**が中心。

□ **関東御分国**

将軍の知行国。相模・武蔵など９カ国。

Check! 入試問題

　鎌倉幕府の政治的・軍事的基盤は御家人制度であった。頼朝は御家人が従来もっていた所領の保持を確認する【 ① 】や，新たに所領や地頭としての権限を与える【 ② 】などの【 ③ 】を施し，これに対して御家人は【 ④ 】をもってこたえた。このように所領の給付を媒介として結ばれる【 ③ 】と【 ④ 】の主従関係を【 ⑤ 】という。

(日本大)

[**解答**] ①本領安堵　②新恩給与　③御恩　④奉公　⑤封建制度

御家人の勢力争いと北条氏の台頭

> ◎
> 20秒講義
>
> 源頼朝の死後，有力な御家人による勢力争いが行われ，北条時政が初代執権となった。2代執権北条義時は侍所別当も兼任した。3代将軍源実朝の暗殺により源氏が断絶すると承久の乱が起こったが，幕府は勝利し，新補地頭を任命するなど権力を固めた。

□ **北条時政**

鎌倉幕府初代執権。娘は北条政子（源頼朝の妻）。比企能員を倒し**政所別当**（＝執権）となる。

□ **十三人の合議制**

源頼朝の死後始まった有力な御家人による合議制。

□ **梶原景時**

源頼朝の御家人の最有力者。1200年**北条時政**に滅ぼされた。

□ **比企能員**

有力御家人。**源頼家**に娘を嫁がせて外戚となる。頼家を将軍に立てて権力を握るも，1203年**北条時政**に滅ぼされた。

□ **畠山重忠**

有力御家人。1205年**北条時政**に滅ぼされた。

□ **北条義時**

鎌倉幕府2代執権。**北条時政**の子。**和田義盛**を倒し侍所別当も兼任する。承久の乱を勝利に導いた。

□ **源実朝**

鎌倉幕府3代将軍。**源頼朝・北条政子**の子。**源頼家**の弟。北条時政により将軍に擁立される。1219年**鶴岡八幡宮**で頼家の子の**公暁**に暗殺され源氏は断絶。『**金槐和歌集**』を残すなど和歌に造詣が深い。

□ **源頼家**

鎌倉幕府2代将軍。源頼朝の子。頼朝が**1199年**に亡くなると将軍に就任。比企能員が滅ぶと将軍職をはく奪される。

□ **承久の乱**

1221年に起こった，**後鳥羽上皇**を中心とする朝廷と，鎌倉幕府の戦い。1219年の源実朝暗殺がきっかけ。政権奪還を狙った朝廷側が，**北条義時**を追討する命令を出し勃発。幕府の勝利で終わった。乱後，幕府は京都守護に代わり，六波羅探題を設置した。

□ 後鳥羽上皇	**承久の乱**における朝廷側の中心人物。**西面の武士**を設置して軍事力を強化した上で，「義時追討の院宣」を出して挙兵。敗北し，**隠岐**（島根県）に流される。**土御門上皇**は土佐に，**順徳上皇**は佐渡に流される。
□ 北条政子	**北条時政**の娘，**源頼朝**の妻。頼朝の死後出家。北条時政・義時とともに後見役として子の頼家・実朝を将軍に就かせ，**尼将軍**と呼ばれる。承久の乱では御家人を束ね，勝利に導く。
□ 六波羅探題	鎌倉幕府が京都守護に代わり新設した機関。長官は北条氏が世襲。畿内〜西国の拠点として，主に朝廷との交渉・京都市中の警備・御家人の管理を行う。初代六波羅探題は，**北条泰時・北条時房**。
□ **新補地頭**	**新補率法**に基づいて土地の管理を行う地頭。それ以外の地頭を**本補地頭**という。承久の乱の結果，朝廷側についた貴族・武士から3,000カ所の荘園を没収したが，主にそれらの土地に置かれた。
□ 新補率法	地頭の分け前が定められた法律。地頭の分け前は，①田んぼ1段当たり5升の**加徴米**が得られる，②田畑11町につき1町分の年貢納入が免除される**免田**が得られる，③山河からの収益のうち半分を得られる，など。

Check! 入試問題

空欄に適語を入れよ。
【 ① 】年　源頼朝没，源頼家の親裁を停止する
1200年　【 ② 】が駿河で討たれる
1203年　【 ③ 】の乱，【 ④ 】が【 ⑤ 】別当となる
1205年　【 ⑥ 】が討たれる，【 ⑦ 】が【 ⑤ 】別当となる
1213年　【 ⑧ 】が倒され，【 ⑦ 】が【 ⑨ 】別当を兼任　　　　（上智大）

[解答] ①1199　②梶原景時　③比企能員　④北条時政　⑤政所　⑥畠山重忠　⑦北条義時
　　　　⑧和田義盛　⑨侍所

⑲執権政治の展開
北条氏の執権政治

○
20秒講義

3代執権北条泰時は政治体制の確立に力を注ぎ，執権を補佐する連署や合議機関である評定衆を設置し御成敗式目を制定した。5代執権北条時頼は引付衆を設置し，皇族将軍を置いた。

□ 北条泰時
鎌倉幕府3代執権。**北条義時**の子。政治体制の確立に力を注ぎ，**連署**や**評定衆**を設置し，**御成敗式目**を制定した。

□ 連署
執権を補佐する役職。初代連署には泰時の叔父の**北条時房**が就任。

□ 評定衆
有力な御家人による合議機関（＝**評定**）の構成員。これにより重要な事項は合議制で決められるようになった。

□ 御成敗式目
（貞永式目）
1232年制定の日本初の武家法。頼朝以来の**先例**（＝従来からの慣習）と，武家社会の**道理**（＝武士としての道徳）に基づく。**51カ条**からなり，御家人のみに適用。朝廷の支配下は**公家法**，幕府の支配下以外の荘園は**本所法**が適用。

□ 北条時頼
鎌倉幕府5代執権。**宝治合戦**に勝利して北条氏の専制を確立。**引付衆**を設置し**皇族将軍**を置いた。

□ 引付衆
評定衆の補佐役。評定衆が扱う業務のうち，所領に関する訴訟を専門に担当した。機関名は**引付**。

□ 皇族将軍
天皇の皇子を将軍に立てたもの。それまでの**摂家将軍**に代わって立てられた。後嵯峨天皇の子の**宗尊親王**が最初。

Check! 入試問題

3代執権となった【 ① 】は執権を補佐する【 ② 】を設け，【 ③ 】をこれに任じた。また，重要な政務を合議し，訴訟の裁決にあたる【 ④ 】を設置し，熟練した11人をこれにあてた。また，【 ⑤ 】年には，武家最初の体系的法典である御成敗式目【 ⑥ 】カ条を制定した。　　　　　　（早稲田大）

[解答] ①北条泰時 ②連署 ③北条時房 ④評定衆 ⑤1232 ⑥51

蒙古襲来

○
20秒講義

中国大陸を制圧した元の皇帝**フビライ＝ハン**は，日本に対しても服属を要求してきた。執権の**北条時宗**がこれを拒否したため，**文永の役・弘安の役**の2度にわたる**蒙古襲来**が起こったが，日本はこれを撃退した。

□ 元

モンゴル帝国第5代皇帝フビライ＝ハン（**チンギス＝ハン**の孫）が建国。**南宋**を滅ぼして中国全土を制圧し，朝鮮からタイまで達する巨大帝国へと成長。都は**大都**（現**北京**）。

□ 北条時宗

鎌倉幕府8代執権。**北条時頼**の子。元軍を撃退した。

□ 文永の役

1度目の蒙古襲来。日本が服属要求を拒否したため，元が1274年に行う。元軍は**博多湾**に上陸したが，大暴風雨で撤退。

□ 石塁（石築地）
博多湾沿岸につくられた石の防壁。

□ 異国警固番役
鎌倉幕府が蒙古襲来に備えて，九州の御家人に課した警備のための軍役。

□ 弘安の役

2度目の蒙古襲来。**南宋**を滅ぼした元が1281年に行う。朝鮮半島から**東路軍**，中国大陸から**江南軍**に分かれて博多湾を襲う。大暴風雨に遭い，元軍は敗退。

□ 蒙古襲来絵巻
蒙古襲来の様子が描かれた絵巻物。九州の御家人**竹崎季長**が，自身の活躍を子孫に伝えるため描かせた。

Check! 入試問題

【 ① 】は，中国を征服するため，都を現在の【 ② 】に定め，国号を元と改めた。さらに高麗を征服した元は，日本にも使者を派遣し服従を求めてきた。しかしその時の鎌倉幕府の執権【 ③ 】はこの要求をすべて拒絶したので，【 ④ 】11年10月，元・高麗連合軍は，対馬・壱岐を襲い，【 ⑤ 】に上陸したが，大宰府を攻撃することなく引き揚げた。鎌倉幕府は再度の元の襲来に備えて，九州の御家人に命じて，【 ⑥ 】を構築して防備を強化した。この時九州の御家人たちに課せられた軍役を【 ⑦ 】と呼ぶ。　　　　（早稲田大）

[解答] ①フビライ＝ハン　②北京　③北条時宗　④文永　⑤博多湾　⑥石塁（石築地）　⑦異国警固番役

御家人体制の動揺

> ○
> 20秒講義
>
> 　　蒙古襲来と**分割相続**による所領の細分化により御家人は窮乏化したため，御家人救済策として1297年に**永仁の徳政令**が出された。一方で幕府は**鎮西探題**を置くなど西国にも勢力を広げ，**得宗**と**御内人**だけで政治を独占する**得宗専制政治**が行われた。

□ **鎮西探題**
ちんぜいたんだい

蒙古襲来の後，博多に置かれた幕府の機関。九州地方の御家人の指揮，政務，裁判を行った。

□ **得宗**
とくそう

北条家の嫡流（＝本家の跡継ぎ）の家系。蒙古襲来後，絶対的な権力をもち，**得宗専制体制**を確立した。

□ **御内人**
みうちびと

得宗家の家臣。御内人の代表を**内管領**という。
　　　　　　　　　　　　　　　　　　　　　うちかんれい

　□ **霜月騒動**
　　　しもつきそうどう

1285年，有力御家人の**安達泰盛**が，内管領の**平頼綱**に倒された事件。御家人の弱体化と得宗家の勢力拡大を象徴。

□ **得宗専制体制**

得宗と**御内人**だけで政治を独占する体制。幕府の決定を得宗と御内人による**寄合**で行い，評定衆は形骸化する。

　□ **北条貞時**
　　　さだとき

鎌倉幕府9代執権。北条時宗の子。北条氏の一門で全国の守護の半分を占めるほどとなり得宗専制体制を推し進めた。

□ **永仁の徳政令**
えいにん　とくせいれい

1297年に出された**御家人**救済策。御家人が売却した所領が，条件付きで返却されるというもの。御家人が所領を売却することの禁止や，御家人が関わっている金銭の貸借についての訴訟を受け付けないということも規定された。

Check! 入試問題

　1285年の【　①　】は得宗家の家来である【　②　】の代表である平頼綱と旧来の御家人の期待を担っていた【　③　】との争いであったが，前者の勝利により【　④　】といわれる【　②　】の代表者の権限が強化された。この頃は【　⑤　】相続による所領の細分化などもあって，御家人の窮乏が一般化し，元寇の影響はさらにこの傾向を著しくした。そこで幕府はついに1297年【　⑥　】を発したが，このことはかえって経済界を混乱させ，幕府の権威を失墜させたのみであった。

（東北学院大）

[解答] ①霜月騒動　②御内人　③安達泰盛　④内管領　⑤分割　⑥永仁の徳政令

武士の生活と土地支配の変化

> ○
> 20秒講義
>
> 鎌倉時代の武士は農村に土着し，外敵に備えた館（やかた）に住んだ。武士は騎射三物（きしゃみつもの）などの武芸の訓練を行っていた。地頭が荘園侵略を始めると，荘園領主は地頭請（所）（じとううけ（しょ））や下地中分（したじちゅうぶん）で解決を図った。

□ 館（やかた）

農村にあった鎌倉時代の武士の住居。外敵に備えて周囲を堀や土塁で囲み。門の上に**矢倉**（やぐら）を構えた。周辺には**佃**（つくだ）という直営の田畑を作り，**下人・所従**（げにん・しょじゅう）という農民に耕作させた。

□ 騎射三物（きしゃみつもの）

武芸の訓練。**犬追物**（いぬおうもの）（犬を的にして馬上から狙う），**笠懸**（かさがけ）（馬に乗って笠を射る），**流鏑馬**（やぶさめ）（馬を走らせながら順に的を射る）からなる。**巻狩**（まきがり）（大規模な狩り）も行われた。

□ 地頭請（所）（じとううけ（しょ））

荘園の管理のいっさいを**地頭**に任せて一定の年貢納入だけを請け負わせる契約。地頭による荘園侵略への対抗策。

□ 下地中分（したじちゅうぶん）

荘園領主と地頭が互いに干渉しないことを条件に荘園を折半すること。裁判による**強制中分**と，当事者間での和解による**和与中分**（わよ）からなる。幕府が和与中分を勧めたことと，地頭の力が強かったことから支配権は徐々に地頭に移る。

Check! 入試問題

　　鎌倉時代の武士の多くは屋敷を堀や土塁で囲み，門の上には【 ① 】を構えた。武士の所領のうち，屋敷まわりの田畑は【 ② 】や【 ③ 】と呼ばれる隷属農民に耕作させた。地頭に任命された御家人のなかには，荘園領主と対立して年貢米を納めず，土地を奪って勢力を伸ばすものもあった。地頭の荘園侵略が激しくなると，荘園領主が地頭に一定額の年貢の納入を請け負わせ，荘園の支配をまかせる【 ④ 】や，さらには荘園を折半して領主と地頭の両者がそれぞれ独立に荘園を支配する【 ⑤ 】も行われた。　　（同志社大）

[解答] ①矢倉　②③下人・所従（順不同）　④地頭請（所）　⑤下地中分

庶民の生活の変化

○ 20秒講義

　農業では**二毛作**が始まり**商品作物**が栽培された。**刈敷**や**草木灰**などの肥料が発達し，耕作に**牛**や**馬**が利用された。農業生産力の向上により新たに**名主**となる者も現れた。生産物は**定期市**で取り引きされ，**問**（問丸）という流通業者や，貨幣の流通により高利貸の**借上**が誕生した。

□ **二毛作**
米作りが行われない時期に，同じ田地で麦を作ること。**畿内**から**西日本**に広まった。

□ **商品作物**
市場での換金を目的に栽培された作物。**楮**（和紙の原料），**藍**（染料），**荏胡麻**（照明に使う）など。

□ **刈敷・草木灰**
鎌倉時代に用いられていた肥料。刈った草を敷きつめるのが**刈敷**，草木の灰を肥料とするのが**草木灰**。

□ **名主**
有力農民。自らの田地を**下人・作人**などに貸し出し，**加地子**という賃貸料を取る者もいた。

□ **定期市**
定期的に各地で開かれる市。一般的にひと月に**1**回開催。

□ **三斎市**
京都，奈良など人口の多い地域で，月に**3**回開かれる市。

□ **問**（**問丸**）
鎌倉時代，商品の保管・運送を担った者。

□ **借上**
鎌倉時代の高利貸。貨幣経済の発展とともに登場した。

Check! 入試問題

　平安時代の末から鎌倉時代にかけて，農業生産の発展にはめざましいものがあった。稲と麦の二毛作が畿内から【　①　】に広まり，【　②　】や【　③　】などが肥料として利用された。鎌倉時代の市は月に【　④　】回開かれるのが普通であったが，都市では常設の見世棚なども見られるようになった。

（立命館大）

[解答] ①西日本　②③刈敷・草木灰（順不同）　④1

鎌倉新仏教の展開

> **20秒講義**　浄土宗の**法然**は**専修念仏**を，法然の弟子の**親鸞**は**悪人正機**の教えを説き，**一遍**は**踊念仏**によって布教し，**日蓮**は**題目**を唱えた。禅宗のうち**臨済宗**の栄西は**公案**（問答）による悟りを，**曹洞宗の道元**は**只管打坐**を説いた。

□ **法然**

浄土宗の開祖。**延暦寺**で学ぶ。念仏（「南無阿弥陀仏」を唱えること）さえすれば，死後は平等に極楽に往生できるという専修念仏の考え方を説いた。主著は『**選択本願念仏集**』。旧仏教勢力から迫害を受け流罪となる。

□ **親鸞**

浄土真宗の基盤を作った。**法然**の弟子。悪人正機を説くが，法然と同様，弾圧を受け**越後**に流罪。主著は『**教行信証**』。

□ **悪人正機**

親鸞の教え。煩悩の深い悪人こそ，阿弥陀仏が救おうとしている相手だという教え。親鸞の弟子唯円が書いた『**歎異抄**』という親鸞の言行録に記されている。阿弥陀仏に救済を求める，浄土教の「他力本願」の教えに基づく。

□ **一遍**

時宗の開祖。念仏を唱えることですべての人が救われると説いた。踊念仏（楽器を鳴らして踊りながら念仏を唱えること）によって各地を布教してまわったため，**遊行上人**と呼ばれる。

□ **日蓮**

日蓮宗（法華宗）の開祖。法華経こそ釈迦の正しい教えと説き，題目（南無妙法蓮華経）を唱えることで救われるとした。他の宗派に対する激しい非難や，『**立正安国論**』を**北条時頼**に献上して国家に大きな災難が起こると予言したため流罪となる。東国の武士や商工業者に布教した。

□ 禅宗	坐禅によって自らの力で悟りに達するという教え。武士の気風に合致したこともあり，東国の武士を中心に普及。
□ 栄西	宋に渡ったのち，日本に初めて禅宗の臨済宗を伝えた。坐禅をしながら，公案（問答）という問題を考え抜くことによって悟りに達すると説いた。著書には『**興禅護国論**』がある。
□ 興禅護国論	栄西の著。禅による国家の繁栄を主張した。栄西が宋から帰国後，禅宗を伝えた際に起こった従来の仏教側からの非難に対抗する形で書かれた。
□ 喫茶養生記	栄西の著。中国から伝わった**茶**の薬としての効用を述べた書。鎌倉幕府3代将軍**源実朝**に献上された。
□ 道元	宋から禅宗の曹洞宗を伝えた。只管打坐（ひたすらに坐禅をすること）を説く。著書に『**正法眼蔵**』がある。越前に**永平寺**を開く。

鎌倉新仏教は次のように分かれます。

■念仏系：浄土宗，浄土真宗，時宗
■題目系：日蓮宗
■禅宗系：臨済宗，曹洞宗

Check! 入試問題

　鎌倉新仏教のうち，法然は【 ① 】で修行した後，山を下りて【 ② 】を唱えた。法然の弟子であった親鸞は，法然の教団が弾圧を受けたとき【 ③ 】に流された。その主著『【 ④ 】』では，仏典を多く引用し，自らの考えを述べている。栄西の著者に『【 ⑤ 】』がある。【 ⑥ 】を唱え，坐禅に専念することを主張した道元は，越前に【 ⑦ 】を建て，厳格な規律のもとで弟子を養成した。

(青山学院大)

[解答] ①延暦寺 ②専修念仏 ③越後 ④教行信証 ⑤興禅護国論 ⑥只管打坐 ⑦永平寺

㉑ 鎌倉文化①

鎌倉幕府の宗教政策と旧勢力の動き

> ○
> 20秒講義
>
> 臨済宗は幕府の保護を受け，蘭溪道隆や無学祖元が来日した。法相宗の貞慶と華厳宗の明恵は戒律の復興に尽力し，律宗の叡尊と忍性は社会事業を行った。神道では伊勢神道を創始した度会家行により反本地垂迹説が唱えられた。

□ **蘭溪道隆**　宋の臨済僧。5代執権**北条時頼**に招かれ，鎌倉に**建長寺**を建立。

□ **無学祖元**　宋の臨済僧。8代執権**北条時宗**に招かれ，鎌倉に**円覚寺**を建立。

□ **貞慶（解脱）**　**法相宗**の僧。南都六宗の復興に尽力し，法然を批判した。

□ **明恵（高弁）**　華厳宗の僧。『**摧邪輪**』を著し，法然に反論した。

□ **叡尊（思円）**　律宗の僧。**西大寺**を復興して南都六宗の再起に尽力。

□ **忍性（良観）**　律宗の僧。叡尊の弟子。療病所などを開設し社会事業に力を注ぐ。

□ **伊勢神道**　度会家行が創始。神を主とし仏を従とする，従来の**本地垂迹説**とは反対の立場（**反本地垂迹説**）を主張。

Check! 入試問題

　法相宗の僧である【 ① 】は，浄土宗の開祖法然の専修念仏を排撃し戒律の復興につとめ，華厳宗の学僧の【 ② 】は，京都郊外に高山寺を建て，『【 ③ 】』を書いて，同じく法然に対抗した。また律宗の僧である叡尊は，大和の寺院【 ④ 】を中心に奈良仏教の復興に努力し，その弟子で鎌倉の極楽寺の開祖となった【 ⑤ 】は，幾多の慈善事業にも力をそそいだ。　　　　　（成城大）

［解答］①貞慶（解脱）　②明恵（高弁）　③摧邪輪　④西大寺　⑤忍性（良観）

中世文学の隆盛

◎
20秒講義

　和歌では『新古今和歌集』などの勅撰和歌集の他に『金槐和歌集』や『山家集』が生まれた。『方丈記』や『徒然草』などの随筆や多くの説話集，また『愚管抄』などの歴史書や『平家物語』などの軍記物語も登場し，有職故実が発達した。

☐ **新古今和歌集**
1205年，**後鳥羽上皇**の命令で編纂された勅撰和歌集。撰者は**藤原定家**と**藤原家隆**。八代集の最後。

☐ **金槐和歌集**
３代将軍**源実朝**が残した和歌集。**万葉調**という『万葉集』の調子で詠まれた歌で知られる。

☐ **山家集**
西行の和歌集。西行が各地を旅して作った歌を収録。

☐ **方丈記**
鴨長明が鎌倉初期に書いた随筆。仏教の無常観に基づく。

☐ **徒然草**
吉田兼好（**兼好法師**）が鎌倉時代末期に書いた随筆集。

☐ **愚管抄**
慈円著の歴史書。承久の乱の直前に後鳥羽上皇を諌める狙いで書かれた。**道理**と末法思想に基づいて歴史を描き，源頼朝の政治を道理にかなったものと評価している。

　☐ 慈円
天台座主。摂関家の九条兼実の弟。

　☐ 吾妻鏡
鎌倉幕府のできごとを編年体でまとめた歴史書。

　☐ 元亨釈書
日本初の仏教史。**虎関師錬**の著。

☐ **平家物語**
平氏の栄枯盛衰を描いた軍記物語。**琵琶法師**が**平曲**という独特の節回しで語り歩いたため普及。

　☐ 保元物語
保元の乱を描いた軍記物語。

　☐ 平治物語
平治の乱を描いた軍記物語。

原始・古代

中世

近世

近代

現代

□ 有職故実（ゆうそく こ じつ）

朝廷の儀式・先例を研究する学問。有職故実をまとめた書に順徳天皇（じゅんとく）の『禁秘抄』（きん ぴ しょう）がある。

□ 玉葉（ぎょくよう）
□ 金沢文庫（かねざわぶん こ）

九条兼実（く じょうかねざね）の日記。当時の様子を知る重要な史料。
北条（金沢）実時（かねざわ さねとき）が武蔵国につくった図書館。

鎌倉時代の説話集をおさえておきましょう！

『宇治拾遺物語』（う じ しゅう い）：鎌倉時代を代表する説話集。
　　　　　　　　　　『今昔物語集』の流れをひく。
『十訓抄』（じっきんしょう）：年少者向けの教訓的な説話をまとめたもの。
『古今著聞集』（こ こんちょもんじゅう）：日本の説話をまとめたもの。
『沙石集』（しゃせきしゅう）：仏教説話集。仮名まじりでわかりやすく書かれた。

Check! 入試問題

　武士の家に生まれ，北面の武士として務めていた【 ① 】は，出家して平安時代末期の動乱の諸国を遍歴しながら，自然と旅を題材にした清新な秀歌を数多く詠んで，歌集『【 ② 】』を残した。またほぼ同時代の1212年に成立した随筆『【 ③ 】』は，【 ④ 】によって，格調高い文体で書かれている。そのなかで彼は，源平の戦乱前後の世相を見つめ，人も社会も転変してすべてはむなしいと説いた。そのほかに歴史の分野では，天台座主の要職にもあった僧慈円が『【 ⑤ 】』を書き，公家政権から武家政権への歴史の推移を見つめ，道理による歴史解釈を試みている。

(愛知大)

[解答] ①西行　②山家集　③方丈記　④鴨長明　⑤愚管抄

美術・工芸の新潮流

○ 20秒講義

重源らの尽力により東大寺が再建されると大仏様の**東大寺南大門**が建てられた。禅宗様や和様，折衷様も栄えた。彫刻は運慶や快慶の一派が台頭した。**絵巻物**や頂相・似絵が描かれ，青蓮院流の書道や工芸も盛んになった。

□ **重源**	**南都焼打ち**により焼失した東大寺再建に尽力した僧。宋の工人である**陳和卿**も協力した。
□ 南都焼打ち	1180年，**平重衡**が東大寺や興福寺などを焼打ちした。
□ **大仏様（天竺様）**	東大寺再建をきっかけに生まれた建築様式。**東大寺南大門**がその代表。力強いつくりが特徴。
□ **禅宗様（唐様）**	禅宗寺院の建築様式。**円覚寺舎利殿**がその代表。宋から伝わった建築様式で，繊細なつくりが特徴。
□ **和様**	日本古来の建築様式。京都の**蓮華王院本堂**（**三十三間堂**）がその代表。
□ **折衷様**	和様に新しい建築様式を融合させた建築様式。
□ **頂相**	禅宗の高僧を描いた肖像画。
□ **似絵**	大和絵の肖像画。**藤原隆信・藤原信実**父子が代表的な画家。
□ **青蓮院流**	鎌倉時代の書。尊円入道親王が創始した流派。

原始・古代

中世

近世

近代

現代

鎌倉時代には，次のような美術・工芸も生まれました。

■鎌倉文化の彫刻
東大寺南大門金剛力士像（作：**運慶・快慶**ら）

東大寺僧形八幡神像（作：**快慶**）

六波羅蜜寺空也上人像（作：**康勝**）

■鎌倉時代の絵巻物
『**男衾三郎絵巻**』：東国（武蔵国）の武士を描いた。

『**蒙古襲来絵巻**』：蒙古襲来を描いた。

『**一遍上人絵伝**』：一遍が全国をめぐる様子を描いた。

『**北野天神縁起絵巻**』：菅原道真が題材。

■鎌倉時代の工芸（主な工人）
甲冑（**明珍家**），瀬戸焼（**加藤景正**），
刀剣（**粟田口吉光・岡崎正宗**）

Check! 入試問題

　　鎌倉時代の絵画では，とくに絵巻物に量的拡大が見られた。『男衾三郎絵巻』
は【　①　】国の地方武士の日常生活を表した作品として貴重である。また写
実性に優れた【　②　】や，禅の高僧の容貌を写した【　③　】など，肖像画が
流行したことも見逃せない。【　②　】の作者としては，高雄神護寺蔵の伝源
頼朝像を描いたとされる【　④　】，その子で水無瀬神宮蔵の後鳥羽上皇像を
描いたという【　⑤　】らが，名手とうたわれた。

(立命館大)

［解答］①武蔵　②似絵　③頂相　④藤原隆信　⑤藤原信実

鎌倉時代末期の天皇家と幕府

○
20秒講義

亀山天皇の血統である大覚寺統と，後深草上皇の血統である持明院統が対立したので，幕府は両統迭立を決めた。一方，幕府は北条高時のもと，得宗と御内人の独裁政治のようになっていた。

□ **大覚寺統**

亀山天皇（後嵯峨法皇の子）から始まる天皇の系統。南北朝の対立のときは南朝となる。

□ **持明院統**

後深草上皇（後嵯峨法皇の子）から始まる天皇の系統。南北朝の対立のときは北朝となる。

□ **両統迭立**

大覚寺統と持明院統が交互に天皇に即位する形式。幕府の調停により行われ，天皇の即位に幕府が口を出す先例になった。

□ **北条高時**

鎌倉幕府14代執権。得宗として絶対的な権力を握るが，まったく政治を顧みず，田楽などの遊びにばかりふけっていた。1333年，鎌倉幕府滅亡の際に死去。

□ **長崎高資**

北条高時のもとで内管領に就任。幕府の政治を完全に掌握した。

中世

Check! 入試問題

　鎌倉中期以後，皇室は【 ① 】天皇に始まる【 ② 】統と，【 ③ 】上皇に始まる【 ④ 】統の両統に分かれ，皇位継承・皇室領荘園の相続などをめぐって激しく対立していた。こうした両勢力の対立を巧みに操ろうとして，鎌倉幕府は【 ⑤ 】の策を講じたものの，その狙いは必ずしも達せられたとはいえなかった。

(明治大)

[解答] ①亀山　②大覚寺　③後深草　④持明院　⑤両統迭立

後醍醐天皇の登場

> **20秒講義**　天皇親政を行った後醍醐天皇は，鎌倉幕府に不満をもつ人々がいる状況を利用し2度の討幕計画を立てたが失敗，隠岐に流された。護良親王が討幕の令旨を出すと，これに呼応した足利尊氏・新田義貞らにより，1333年，鎌倉幕府は滅亡した。

□ **後醍醐天皇**
大覚寺統の天皇。**後宇多天皇**の子。院政を廃止し，天皇親政を行う。討幕計画が露見し**隠岐**に流されるが，鎌倉幕府滅亡にともない，**建武の新政**を始める。足利尊氏が反旗を翻すと**吉野**に逃れ，**南朝**を興し，**南北朝の動乱**が始まった。

□ **正中の変**
1324年の後醍醐天皇の討幕計画。すぐに発覚し失敗。

□ **元弘の変**
1331年の後醍醐天皇による2度目の討幕計画。失敗し，後醍醐天皇は隠岐（島根県）に流される。

□ **護良親王**
後醍醐天皇の子。討幕の令旨を出すと，**楠木正成**など西国の武士たちが次々と参加を表明。鎌倉幕府を滅亡に導いた。

□ **足利尊氏**
室町幕府初代将軍。もと鎌倉幕府の御家人。**1333年**幕府に見切りをつけ，京都の**六波羅探題**を攻め落とす。当時の名は**高氏**。後に後醍醐天皇に反旗を翻し，室町幕府を開く。

□ **新田義貞**
1333年鎌倉に侵攻，**得宗**の北条高時を倒して鎌倉幕府を滅ぼす。

Check! 入試問題

　【 ① 】天皇の進めた討幕計画は，1324年の【 ② 】の変，1331年の【 ③ 】の変などと呼称されているが，いずれも失敗に終わった。しかし，やがて反幕勢力の統合に成功，【 ④ 】年，【 ⑤ 】が鎌倉を，【 ⑥ 】が六波羅探題を攻め，鎌倉幕府は滅んだ。

(明治大)

［解答］①後醍醐　②正中　③元弘　④1333　⑤新田義貞　⑥足利高氏（尊氏）

建武の新政

> ◎
> 20秒講義
>
> 　**後醍醐天皇**による**建武の新政**は，**綸旨**の乱発など武士社会の慣習を無視したため，**二条河原落書**にあるような不満が起こった。**中先代の乱**討伐を契機に**足利尊氏**は反旗を翻し，**光明天皇**を推して後醍醐天皇を**吉野**に追い出し，**室町幕府**を開いた。

原始・古代　中世　近世　近代　現代

□ **建武の新政**	1334年から始まった後醍醐天皇による天皇親政。平安時代に行われた天皇親政である**延喜・天暦の治**を理想とした。
□ **記録所**	後醍醐天皇が設置した中央政務機関。建武の新政の最高機関。**記録荘園券契所**を再興させたという形を取った。
□ **雑訴決断所**	所領の訴訟を担当する機関。鎌倉幕府の**引付**にあたる。
□ **武者所**	建武の新政で京都の警備を行う機関。頭人（長官）は**新田義貞**。
□ **将軍府**	東国の武士を統率するための地方組織，**鎌倉将軍府**と**陸奥将軍府**がある。諸国には**国司**と**守護**を併置した。
□ **綸旨**	天皇の意志を伝える文書。建武の新政では綸旨がないと，自分の土地の所有権を主張できず，武士社会の慣習を無視していた。また綸旨の乱発が社会の混乱を招いた。
□ **二条河原落書**	建武の新政に対する不満が記された落書き。都の荒廃と新政の混乱ぶりを伝える。『**建武年間記**』に収録。
□ **中先代の乱**	1335年，**北条時行**（北条高時の子）が鎌倉幕府を再興させようと挙兵。鎌倉を占領したが足利尊氏に討たれる。
□ **光明天皇**	持明院統の天皇で，1336年足利尊氏に擁立されて即位。北朝の始まり。1338年，足利尊氏を**征夷大将軍**に任命。

Check! 入試問題

　【 ① 】天皇は鎌倉幕府が滅びると京都に戻って新しい政治を行った。この天皇の政治を【 ② 】の新政という。【 ① 】天皇は中央に最高機関としての【 ③ 】や，幕府の引付をうけついだ【 ④ 】などを設置し，諸国には国司と【 ⑤ 】を併置した。北条高時の子【 ⑥ 】が関東で反乱を起こしたのを機会に，【 ⑦ 】はその鎮圧のために鎌倉に下り，ついに新政権に反逆した。　（東海大）

[解答] ①後醍醐　②建武　③記録所　④雑訴決断所　⑤守護　⑥北条時行　⑦足利尊氏

足利尊氏の政治

20秒講義

足利尊氏は，光明天皇を擁立した後，室町幕府の基本法典として建武式目を制定。当初は足利尊氏・足利直義の二頭政治が行われたが，執事の高師直と直義との対立によって崩壊。観応の擾乱が起こり直義は倒された。その後も足かけ3年にわたって室町幕府の内部抗争が続いた。

□ **建武式目**
けん む しきもく

室町幕府の施政方針。1336年，**足利尊氏**が制定。足利尊氏が想定した幕府を開く上での課題に，**中原是円**らが返答する形式。2項17条からなる。

注 「武士社会の常識」を記した御成敗式目は存続した。

□ **足利直義**
ただよし

足利尊氏の弟。尊氏と2人3脚で政治を行ったが，しだいに対立。**観応の擾乱**で尊氏に倒される。

□ **観応の擾乱**
かんのう じょうらん

足利尊氏派と足利直義派の対立。1350年の執事の**高師直**（尊氏の側近）と**足利直義**との対立がきっかけ。最初に足利直義が高師直を殺害，怒った足利尊氏が直義を倒した。

建武式目は，建武の新政とは無関係ですよ。

Check! 入試問題

1336年に京都を制圧した足利尊氏は【 ① 】天皇を立てて後醍醐天皇に譲位をせまり，施政方針ともいうべき【 ② 】式目を発布し，1338年には征夷大将軍に任ぜられて幕府を開設した。尊氏とその弟との二頭政治の協調体制は長続きせず，尊氏の執事【 ③ 】とのあいだに衝突が起こり，弟【 ④ 】は鎌倉で毒殺された。これが【 ⑤ 】の擾乱の結末である。 （青山学院大）

[解答] ①光明 ②建武 ③高師直 ④足利直義 ⑤観応

②④ 室町幕府の展開

守護の権限の強化

○
20秒講義

　室町時代になると，守護は，大犯三カ条に加えて，守護請や使節遵行，刈田狼藉を取り締まる権限や，国内の年貢の半分を徴発できるという半済といった権限を手に入れ，守護大名へ成長した。

□ **守護請**
守護が年貢の徴収を請け負うこと。

□ **使節遵行**
裁判の判決を強制的に執行できる，室町時代の守護の権限。

□ **刈田狼藉**
土地の所有権争いが起こっているときに，一方が勝手にその土地にある作物を刈り取ってしまう行為。室町時代，守護はこの行為を取り締まる権限をもった。

□ **半済**
1352年に出された**半済令**によって認められた権限。守護が軍費調達のために国内の年貢の半分を徴発できるというもの。後に，守護が土地を分割できる権限へと発展。守護が守護大名に発展していった。

□ 半済令
半済を認めた法令。1352年の**観応**半済令では，**近江・美濃・尾張**に1年間だけ限定して出したが，1368年の**応安**半済令では，範囲を全国に拡大，期間の限定もなく，土地分割も認めた。

Check! 入試問題

　室町幕府は，兵力として地方の武士を確保するために，地方の武士を束ねる守護に譲歩した。具体的には，幕府が下した裁判の判決を強制的に執行できる権限である【 ① 】や，裁判中の相手方の土地の稲を一方的に刈り取る行為(【 ② 】)を取り締まる権限を，守護に与えた。半済令は，守護に荘園や公領の年貢の半分を軍費として徴収することを認めたものであり，足利尊氏が1352年に【 ③ 】・美濃・【 ④ 】の3カ国を対象にして臨時に出したものに始まる。この半済令は，「【 ⑤ 】半済令」と呼ばれるもので，これ以後，半済令は全国化，恒常化していく。

(駒澤大)

[解答] ①使節遵行　②刈田狼藉　③④近江・尾張(順不同)　⑤観応

原始・古代

中世

近世

近代

現代

室町幕府の組織

> 20秒講義
>
> 室町幕府の組織は3代将軍足利義満の頃ととのった。中央には管領・侍所・政所・問注所などが置かれ、地方には鎌倉府などが置かれた。御料所と呼ばれる直轄地は少なく、段銭・棟別銭など様々な税を徴収して財政基盤とした。

□ **管領**

将軍の補佐役。細川氏・斯波氏・畠山氏（三管領）の中から任命された。

□ **侍所**

京都内外の警備と刑事裁判を担当する機関。長官である所司には、赤松氏・一色氏・京極氏・山名氏の四職から任命された。

□ **政所**

財政を担当する機関。

□ **問注所**

訴訟文書の保管を担当する機関。

□ **鎌倉府**

鎌倉に置かれた室町幕府の地方機関。

　□ **鎌倉公方**
　□ **関東管領**

鎌倉府の長官。足利尊氏の子足利基氏の子孫が世襲。
鎌倉公方の補佐役。上杉氏が世襲。
その他の地方組織…**九州探題**（九州）
　　　　　　　　　　奥州探題・羽州探題（東北）

□ **御料所**

室町幕府の直轄地。奉公衆（将軍の直轄軍）が管理。鎌倉幕府がもっていた所領と比べて、かなり少ない。

□ **段銭**

田地1段あたりに賦課される税。

□ **棟別銭**

家屋に課される税。

室町幕府の税制をおさえておきましょう！

関銭：交通の要所に設置した関所の通行税。

津料：港での入港税。

土倉役・酒屋役：京都で高利貸を営む土倉や酒屋に課税。

抽分銭：日明貿易の利益に対して課税。

Check! 入試問題

　【 ① 】幕府の幕政機構は足利一門守護および外様守護や，足利家被官衆を中核とした諸奉行人らによって形成され，【 ② 】時代の機構をおおむね継承し，足利【 ③ 】の時代にほぼととのえられた。すなわち【 ② 】幕府の執権にあたる【 ⑤ 】を置き，斯波・【 ⑥ 】・畠山氏らのうちからこれを任命し，その下に幕府の財政を管理する【 ⑦ 】のほか，問注所・評定衆・【 ⑧ 】などを置いたが，そのうち【 ⑧ 】所司には【 ⑨ 】・山名・一色・赤松の4氏からこれを任命した。

(近畿大)

[解答] ①室町　②鎌倉　③義満　⑤管領　⑥細川　⑦政所　⑧侍所　⑨京極

足利義満・義教の政治

> ○
> 20秒講義
>
> 足利義満は，将軍家より経済力がある**守護大名**の勢力の削減を行い，南北朝の合体を実現した。足利義教が将軍になると民衆の一揆や関東では**永享の乱**などが起こり，最終的には義教は嘉吉の変で暗殺された。

□ 足利義満

室町幕府3代将軍。足利尊氏の孫。室町幕府の組織をととのえ，**守護大名**の勢力を削減，**南北朝の合体**を実現した。将軍退位後は**太政大臣**となる。

□ 土岐康行
□ 山名氏清
□ 大内義弘

美濃・尾張・伊勢の守護。1390年，足利義満により討伐。

全国の6分の1の11カ国の守護。1391年の**明徳の乱**で敗死。

周防・長門など6カ国の守護。1399年の応永の乱で敗死。

□ 南北朝の合体

1392年足利義満のもとで，南朝の**後亀山天皇**が，北朝の**後小松天皇**に譲位するという形式で実現された。

□ 足利義教

室町幕府6代将軍。4代将軍**足利義持**の死後将軍に就く。恐怖政治をしいたため，**嘉吉の変**で暗殺される。

□ 一揆

ある目的で結束した集団。必ずしも武装集団ではない。

□ 正長の徳政一揆（土一揆）

1428年に起こった，徳政（借金の帳消し）を求めた一揆。**近江坂本の馬借**の蜂起から始まる。管領畠山満家が鎮圧。

□ 播磨の土一揆

播磨の守護赤松氏の家臣の国外退去を要求した一揆。赤松満祐によって鎮圧。

□ 嘉吉の徳政一揆

1441年，6代将軍義教から7代将軍足利義勝に代わったのに乗じて起こった一揆。「代始めの徳政」として徳政令を要求した。これに対して幕府は初めて徳政令を発令した。

□ 永享の乱

鎌倉公方の**足利持氏**が将軍に反発した事件。足利持氏が将軍**足利義教**に倒され，関東管領**上杉憲実**が関東の実権を握ることになった。

□ 嘉吉の変
かきつ へん

1441年，播磨の守護赤松満祐（あかまつみつすけ）が，将軍足利義教を暗殺した事件。義教が自分に逆らう者を容赦なく処罰したため起こった。

民衆による一揆が起こるのは，**6代将軍義教以降**とおさえておきましょう！

Check! 入試問題

　1391年に起こった【 ① 】の乱で山名氏清が殺され，将軍家の地位が固められ，その翌年，【 ② 】天皇が譲位に応じて，幕府の全国支配が完成した。将軍【 ③ 】が将軍の頃になると，かねてから幕府と不和であった【 ④ 】が反旗を翻したが，翌年幕府軍の討伐にあい自殺に追い込まれた。これが【 ⑤ 】の乱である。しかし，【 ③ 】の専制政治は社会不安を起こし，処罰を恐れた【 ⑥ 】は将軍を自邸に招いて殺害した。【 ⑦ 】の変がこれである。

(近畿大・青山学院大)

[解答] ①明徳　②後亀山　③足利義教　④足利持氏　⑤永享　⑥赤松満祐　⑦嘉吉

足利義政の政治

○
20秒講義
8代将軍足利義政のときに起こった応仁の乱は，**将軍の跡継ぎ争い**をきっかけに大乱に発展し，**戦国時代**を迎えた。山城の国一揆や加賀の一向一揆なども起こり，下剋上の風潮が広まった。

□ **足利義政**

室町幕府8代将軍。このときに**応仁の乱**が起こる。

□ **応仁の乱**

1467～77年に起こった大乱。**足利義尚**（義政の子）を将軍にしようとする**日野富子**（義尚の母）を中心とした勢力と，**足利義視**（義政の弟）を将軍にしようとする勢力との争いがきっかけ。戦乱は長期化し戦国時代の幕が開いた。

□ 足利義尚

室町幕府9代将軍。足利義政と日野富子の子。応仁の乱後も，治世下では山城の国一揆，加賀の一向一揆などが起こった。

□ 日野富子

8代将軍足利義政の正室。高利貸や米相場などで莫大な富を得る一方で，政治の腐敗が進んだとされる。実子の足利義尚を将軍に立てようとしたことが，応仁の乱の発端となった。

□ **山城の国一揆**

1485年，山城（京都府）の国人が，南山城から守護**畠山氏**を追い出し，8年間，南山城の自治支配を行った。

□ **加賀の一向一揆**

1488年，一向宗の門徒が，加賀（石川県）の守護**富樫政親**を倒して，1世紀にわたり加賀を本願寺の支配下に置いた。

□ **下剋上**

下位の者が上位の者の権力を侵すこと。戦国時代に多い。

□ 足軽

武士の最下層をなす雑兵。応仁の乱で放火略奪を繰り返した。

▼応仁の乱の対立関係（1468年以降）

西軍（山名軍）		東軍（細川軍）	
義視	VS	義政・義尚（日野富子）	将軍家
持国・義就	VS	持富・政長	畠山氏
義廉	VS	義敏	斯波氏
山名持豊（宗全）	VS	細川勝元	幕府の実力者
大内・一色・土岐・六角	VS	赤松・京極・武田	有力大名

原始・古代

中世

近世

近代

現代

Check! 入試問題

約1世紀におよぶ戦国時代の口火をきった【 ① 】は【 ② 】年に始まった。11年の長きにわたった戦乱は，雑兵たる【 ③ 】の放火略奪にさらされたこともあって，主戦場である京都を荒廃させた。そのような中で，新しい秩序をつくりだしていったのは，守護代や国人であった。1485年南山城地方の守護を退去させ，8年間にわたる自治支配を実現した【 ④ 】や，1488年守護【 ⑤ 】を倒しておよそ1世紀間の自治支配を実現した【 ⑥ 】は，後者の代表的な例であり，これは【 ⑦ 】という下のものが上のものをしのいでゆく，この時代の新しい風潮を示す現象でもあった。

(成城大)

［解答］①応仁の乱　②1467　③足軽　④山城の国一揆　⑤富樫政親　⑥加賀の一向一揆　⑦下剋上

自治的な村の登場

> ○
> 20秒講義
>
> 　南北朝の動乱期から惣が登場した。惣はおとな・沙汰人が運営し，**惣百姓**によって構成された。惣の運営は寄合で決定され，惣掟が定められた。村民は**自検断**を行使し**地侍**となる者もいた。また惣では，年貢を請け負う地下請が行われた。

☐ **惣（惣村）**
農民が自治的・自立的に運営している**村**。南北朝の動乱期に広まった。

☐ **おとな・沙汰人**
惣の指導者。惣を運営した。

☐ **寄合**
惣を構成する村民の会議。惣の運営が決定された。

☐ **惣掟**
村民が守るべき規約。近江の**今堀**の惣掟が有名。

☐ **自検断**
自らの村を守るため，村民が自ら警察権を行使すること。

☐ **地侍**
自らの村を守るため，守護の家臣となって武士化する者。

☐ **地下請**
惣が責任をもって年貢の納入を請け負う制度。

Check! 入試問題

　室町時代に，近畿地方やその周辺で【 ① 】と呼ばれる自治的な村が生まれ，神社の祭礼や共同作業，戦乱時の自衛活動を通じて結合を強化した。【 ① 】は，村民の会議である【 ② 】の決定事項に従って【 ③ 】・【 ④ 】と呼ばれる村の指導者が運営した。近江の【 ① 】の一つである【 ⑤ 】では，村民が守るべき【 ⑥ 】が定められた。【 ① 】はしばしば荘園や郷の枠を越えて結合し，徳政を要求して土一揆を起こした。中でも1441年に起こった嘉吉の土（徳政）一揆では，幕府は要求を容れて徳政令を発布した。(関西大)

[解答] ①惣（惣村）　②寄合　③④おとな・沙汰人（順不同）　⑤今堀　⑥惣掟

日元貿易と日明貿易

> ○
> 20秒講義
>
> 元には建長寺船や天龍寺船が派遣された。前期倭寇の活発化により高麗は衰退。元の支配を一掃し中国に明が建国されると，室町幕府3代将軍足利義満は国交を樹立し貿易を開始した。日明貿易は朝貢貿易で勘合貿易だった。

☐ **建長寺船**

日本から元に派遣された商船。鎌倉時代の終わりに鎌倉幕府が派遣。鎌倉の**建長寺**の修築費用をまかなうことが目的。

☐ **天龍寺船**

日本から元に派遣された商船。室町時代の初めに**足利尊氏**が派遣。京都の天龍寺の造営資金をまかなうことが目的。

　☐ 日元貿易
　☐ 天龍寺

日本と元との貿易。正式な国交はなく私貿易であった。
足利尊氏が，**夢窓疎石**のすすめで京都に建立した寺院。後醍醐天皇の冥福を祈るために造営。

☐ **前期倭寇**

壱岐・対馬・肥前松浦を拠点とした海賊集団。朝鮮半島や中国の海を荒らしまわった。**高麗**滅亡の大きな原因となる。

　☐ 倭寇

日本の海賊に対する朝鮮や中国の呼称。**前期倭寇**と**後期倭寇**があり，後期倭寇はほとんどが朝鮮人・中国人であった。

☐ **明**

1368年に**朱元璋**が建国。中国に古くから住んでいた漢民族の国家。

☐ **日明貿易**

日本と明の貿易。足利義満が明と国交を結び，4代将軍**足利義持**のとき貿易が開始された。朝貢形式での貿易で明に服属するという形をとった。勘合を用いた勘合貿易であった。

　☐ 祖阿

日本の僧。博多商人の**肥富**とともに足利義満の命で明に赴き，国交樹立を実現した。

原始・古代

中世

近世

近代

現代

□ **朝貢貿易** ちょうこう	外国人が貢ぎ物を持って来朝する貿易形式。日明貿易では，交通費や滞在費は**明**がすべて負担し，日本側が持参した以上のお返しをしたため，日本に大きな利益をもたらした。
□ **勘合貿易** かんごう	正式な貿易船と倭寇とを見分けるために行われた貿易形態。日本の船には明から与えられた勘合という割符の持参が義務づけられた。

建長寺船と天竜寺船は，いずれも**元**_{げん}に派遣されました。**明**_{ミン}ではないところに注意してください。また，鎌倉幕府の派遣した建長寺船の建長寺は**鎌倉五山**の第一位。室町幕府を開いた足利尊氏の派遣した天龍寺船の天龍寺は，**京都五山**の第一位です。

Check! **入試問題**

　14世紀から15世紀にかけて，【 ① 】と呼ばれた海賊集団が朝鮮半島や中国沿岸で猛威をふるった。その主な根拠地は，【 ② 】・壱岐・肥前松浦などであった。その後中国では，1368年に【 ③ 】によって，漢民族の王朝である明が建国され，明は伝統的な中国を中心とする国際秩序の回復を目指した。1401年，足利義満は明に使者を派遣して国交を開き，1404年より，明の皇帝へ【 ④ 】し，それに対する返礼という従属の形式で貿易を開始した。遣明船は【 ⑤ 】と呼ばれる証票を持参することが義務づけられた。(明治大)

[解答] ① （前期）倭寇　②対馬　③朱元璋　④朝貢　⑤勘合

日明貿易の衰退

> ○
> 20秒講義
>
> 4代将軍**足利義持**は**朝貢**形式に不満をもち日明貿易を中断したが，6代将軍**足利義教**は利益を重視し貿易を再開した。のち，貿易の実権は細川氏や大内氏に移り，寧波の乱後は**大内氏**が貿易を独占した。大内氏の滅亡後は**後期倭寇**が活発化した。

□ **細川氏**
ほそかわ

管領家。大坂の**堺**商人と組んで貿易を行う。

□ **大内氏**
おおうち

山口に拠点を置いた守護大名。**博多**商人と組んで日明貿易を行う。寧波の乱後，貿易を独占するも，1551年滅亡。

□ **寧波の乱**
ニンポー

1523年，中国の寧波で**大内氏**と細川氏が貿易を巡って起こした争い。<u>勝利した**大内氏**が貿易を独占した。</u>

□ **後期倭寇**
こうきわこう

16世紀以降，中国・朝鮮に現れた海賊集団。大内氏の滅亡とともに活発化。多くが朝鮮・中国の人々であった。

日明貿易の貿易品です。日朝貿易の貿易品 (→ P.109) と混同しないようにしましょう。

■輸出品：**硫黄・銅・刀剣**など
■輸入品：**銅銭**（明銭を中心），**生糸・絹織物**など

Check! 入試問題

　将軍【　①　】は【　②　】貿易という形式に反対し，日明貿易を中断したが，将軍【　③　】は1432年にこれを復活させた。この貿易での日本側の利益は大きく，とくに大量の【　④　】が日本にもたらされ，国内経済に影響を与えた。15世紀後半になると幕府の権威は衰え，貿易の実権はしだいに【　⑤　】商人と結んだ細川氏や【　⑥　】商人と結んだ大内氏の手に渡っていった。両者は1523年，明の【　⑦　】で衝突し，大内氏が貿易を独占した。　　　(明治大)

[解答] ①足利義持　②朝貢　③足利義教　④銅銭　⑤堺　⑥博多　⑦寧波

原始・古代

中世

近世

近代

現代

朝鮮との貿易と沖縄・北海道での交易

> **20秒講義**　朝鮮半島には14世紀末に李成桂が朝鮮を建国した。日本と朝鮮との貿易は対馬の宗氏が統制した。応永の外寇で日朝貿易は中断したが間もなく再開し，三浦の乱で衰退するまで続いた。沖縄には琉球王国が建国され，中継貿易で栄えた。北海道では，アイヌのコシャマインが反乱を起こした。

□ **朝鮮**

1392年に**李成桂**が**高麗**を滅ぼして建国。

□ **李成桂**
（り せいけい）

朝鮮の初代国王。倭寇の禁圧に成果を上げ，高麗を滅ぼし，朝鮮を建国した。

□ **宗氏**
（そう し）

対馬の豪族。日本と朝鮮間の貿易を統制した。

□ **応永の外寇**
（おうえい）（がいこう）

1419年，朝鮮が倭寇の根拠地とされる**対馬**を襲撃した事件。日朝間の関係は悪化し，貿易は一時中断した。

□ **三浦の乱**
（さんぽ）（らん）

1510年，三浦で起こった日本人居留民の暴動。朝鮮との貿易において不当な扱いを受けていたことに日本人が反発。この暴動を機に日朝間の貿易は衰退。

□ **倭館**
（わかん）

朝鮮半島の三浦にある客館。日朝貿易の舞台となった。三浦とは富山浦・乃而浦・塩浦のこと。

□ **琉球王国**
（りゅうきゅうおうこく）

1429年，尚巴志が建国した琉球の統一王朝。**三山**（北山・中山・南山）を統一して建国した。首都は**首里**。中継貿易で栄えた。貿易の中心都市は**那覇**。1879年の琉球処分により消滅。

□ **中継貿易**
（なかつぎ）（ちゅうけい）

輸入した品を，そのままの状態で第三国に輸出すること。琉球王国は，東南アジアや東アジアの品を中国や日本に輸出・輸入することで栄えていた。

□ アイヌ	北海道にいた原住民。**和人**（わじん）と交易を行う。
□ コシャマイン	アイヌの大首長。1457年に反乱を起こした。和人がアイヌを圧迫したことへの反発。**蠣崎氏**（かきざき）（後の**松前氏**（まつまえ））が鎮圧した。

日朝貿易の貿易品です。先ほどの日明貿易の貿易品 (→ P.107) と混同しないようにしましょう。

- ■輸出品：**硫黄・銅，蘇木**（そぼく）**・香木**（こうぼく）（琉球からの輸入品）など
- ■輸入品：**木綿・大蔵経**（だいぞうきょう）など

朝鮮には，刀剣ではなく，**蘇木・香木**が輸出されています。これは日本で産出されたものではなく，**琉球**からの輸入品です。

また，朝鮮から輸入された**木綿**は，当時，日本にありませんでした。**木綿**は昔からあったように思うかもしれませんが，室町時代になってはじめて日本に入ってきたのです。

Check! 入試問題

1392年，朝鮮半島では，【 ① 】が【 ② 】（国名）を倒して朝鮮を建てた。朝鮮は日本に対して通交と倭寇の禁止を求め，両者の間で国交が開かれた。朝鮮は対馬の【 ③ 】氏を通して貿易の統制を図った。日朝貿易での日本からの輸出品には，【 ④ 】・硫黄などの鉱産物や工芸品，あるいは琉球貿易で入手した【 ⑤ 】・【 ⑥ 】などがあった。この貿易は1419年の【 ⑦ 】によって一時中断したものの，16世紀に入るまで非常に活発であったが，1510年に起こった日本人居留民の暴動である【 ⑧ 】の後はしだいに衰退した。

(南山大)

［解答］ ①李成桂　②高麗　③宗　④銅　⑤⑥蘇木・香木（順不同）　⑦応永の外寇　⑧三浦の乱

農業の発展

20秒講義

室町時代になると**二毛作**が各地に普及し，米・麦・そばの**三毛作**も始まった。**早稲・中稲・晩稲**が植えられ，肥料も**下肥**が普及した。商品作物や特産品も多様化し，年貢の銭納が普及した。また，**入浜式塩田**による製塩が始まった。

□ **三毛作**　　同じ田地で時期を変えて，**米・麦・そば**を栽培する。

□ **早稲・中稲・晩稲**　　品種改良された稲。時期をずらして収穫することができた。

□ **下肥**　　人糞尿の肥料。**刈敷・草木灰**に加えて普及。

□ **入浜式塩田**　　室町時代に始まった製塩法。従来の人力によって海水をくみ上げていた方法とは異なり，潮の干満を利用して塩田内の塩分濃度を高め，塩の結晶をとる方式。

室町時代の商品作物と特産品です。覚えるのではなく，こういうものがあったと知っておいてください。

■室町時代の商品作物：苧，桑・漆・茶・楮・藍など。

■室町時代の特産品：絹織物(加賀・丹後・常陸)，美濃紙(美濃)，杉原紙(播磨)，鳥の子紙(越前)，陶磁器(美濃・尾張)，酒造業(河内・大和・摂津)，刀剣(備前)，鍬(出雲)，鍋(河内)，釜(能登・筑前)

Check! 入試問題

室町時代になると農業技術は更にすすみ，米・麦・【 ① 】を植える【 ② 】が始まった。稲の品種の改良もなされ【 ③ 】・【 ④ 】・【 ⑤ 】の作付けも普及して，自然条件に沿った稲が作られた。肥料も【 ⑥ 】や生育中の植物を田畑にすき込む【 ⑦ 】に加え，下肥も登場するなど多様化して収穫高も次第に安定した。

(駒澤大)

[解答] ①そば　②三毛作　③④⑤早稲・中稲・晩稲（順不同）　⑥草木灰　⑦刈敷

商業の発展

○
20秒講義

六斎市が始まり行商人が増加した。運送業者では馬借・車借・廻船，仲買業では問屋，高利貸しでは土倉が生まれた。座も発展し，明銭の普及に伴い撰銭が行われたので，撰銭令が出された。

□ **六斎市**

月に6回開かれる定期市。鎌倉時代の**三斎市**に加えて開かれるようになり，見世棚と呼ばれる常設店舗も本格的に増加した。

□ 連雀商人・振売

商品をかついで売り歩く行商人。

□ 大原女・桂女

京都に現れた女性の行商人。大原女は炭や薪を売り歩き，桂女は鮎や朝鮮飴を売り歩いた。

□ **問屋**

仲買業。鎌倉時代の問（問丸）から発展した者が多い。

□ **土倉**

室町時代の高利貸し業者。酒屋や寺院などが高利貸しを兼ねることもあった。土倉役・酒屋役といった営業税が課せられた。

□ 代銭納

年貢などを銭で納めること。室町時代に普及し始める。

□ **座**

同業者による商工業者の組合。関銭が免除されたり独占販売権が与えられたりと，様々な特権を与えられた。

□ 座衆

座の構成員。**本所**（貴族や寺社など）に**座役**と呼ばれる営業税を支払うことで特権を得た。
主な座（本所）…**大山崎**の油座（石清水八幡宮），北野神社麹座（北野神社），**祇園社**綿座（祇園社）など。

□ **明銭**

明から輸入された貨幣。洪武通宝，永楽通宝，宣徳通宝など。**永楽通宝**は品質が非常に良いため，標準貨幣として，貨幣価値を決める基準となった。

□ 撰銭 （えりぜに）	品質の悪い貨幣を嫌い，良い貨幣を選ぶ行為。貨幣の流通を阻害する原因となる。
□ びた銭 （せん）	品質の悪い貨幣。**私鋳銭**といった正式な貨幣でないものも見られるようになり，これらの貨幣が撰銭の対象となった。
□ 撰銭令 （えりぜにれい）	貨幣の交換比率を決め，勝手な撰銭を禁止する法令。幕府や守護大名がしばしば出した。

室町時代の運送業者には、次のようなものがあります。

■**馬借**：馬を利用した運送業者
■**車借**：荷車を利用した運送業者
■**廻船**：船を利用した運送業者

Check! 入試問題

　農業の副業的な手工業も，需要の増大につれて自立し，手工業者の【 ① 】が登場した。これらは公家や寺社に保護されて奉仕する関係から脱して，保護を受ける代わりに【 ② 】を納める方向に発展し注文生産や市場商品の生産もするようになった。このように手工業の発達は市場の発生を生み，【 ③ 】や【 ④ 】といった行商人も現れ，京都には大原女や桂女といった女性の商人も登場した。また常設の店舗である【 ⑤ 】もしだいに増えた。貨幣は輸入銭が使用され，【 ⑥ 】・永楽・宣徳通宝などが使用された。また需要の増大とともに粗悪な私鋳銭も流通するようになり，【 ⑦ 】が行われて円滑な流通を阻害することもあった。

（駒澤大）

［解答］①座　②座役　③④連雀商人・振売（順不同）　⑤見世棚　⑥洪武　⑦撰銭

南北朝の文化と北山文化

○
20秒講義
　南北朝期は，南朝・北朝それぞれの立場から『神皇正統記』などの歴史書や軍記物語が記され，連歌や茶寄合・闘茶が流行した。金閣に代表される北山文化は足利義満の頃の文化で，観阿弥・世阿弥により能が大成され，五山・十刹の制が整えられた。

□ **神皇正統記**

南朝の立場から皇位継承の道理を説いた歴史書。**北畠親房**が著し，**後村上天皇**（後醍醐天皇の子）に献上した。

□ **梅松論**
□ **太平記**

室町幕府の成立を武家の立場から記した歴史書。

南北朝の動乱を記した南北朝期の軍記物語。

□ **連歌**

和歌の上の句と下の句をどんどん連ねていく歌。**二条良基**が中心となり，南北朝時代に流行した。

□ **二条良基**

南北朝期の連歌師。連歌集の『**菟玖波集**』は勅撰に準じられた。連歌の規則書である『**応安新式**』も著した。

□ **闘茶**

お茶の銘柄を当てる賭け事。茶寄合も流行した。

□ **金閣**

足利義満が京都の**北山**に建てた山荘。義満の死後，寺となり**鹿苑寺**となる。

□ **北山文化**

足利義満の時代の文化。義満が**北山**に建てた山荘にちなむ。
　北山文化：**明兆・如拙**（「**瓢鮎図**」）・**周文**
　東山文化：**雪舟**

□ **水墨画**

墨の濃淡により描かれた絵画。禅宗の僧侶が禅の精神を具体的に表現した絵画が始まり。東山文化の**雪舟**が大成。

□ **観阿弥・世阿弥**

足利義満の**同朋衆**。義満の保護を受け**猿楽能**を大成。多くの**謡曲**（能の脚本）を残した。**観阿弥**が父，**世阿弥**が子。
[注] 同朋衆：将軍に芸能などで従事する者。

原始・古代
中世
近世
近代
現代

☐ 風姿花伝(花伝書) _{ふうしかでん}	**世阿弥の著。** 能の神髄を記した。「花」「幽玄」などのことばで, 能が論じられている。
☐ 大和猿楽四座 _{やまとさるがくしざ}	能を行う四座。**観世座・宝生座・金春座・金剛座。** 興福寺を本所とした。
☐ 狂言	能と能の間に演じられる喜劇。東山文化の頃から盛んになる。
☐ **五山・十刹の制** _{ござん じっさつ せい}	室町幕府が臨済宗を保護するため行った制度。臨済宗の寺院を**五山, 十刹, 諸山**にランク分けした。中国の**官寺の制** _{かんじ}にならう。**僧録**_{そうろく}が管理。初代僧録は**春屋妙葩**。 _{しゅんおくみょうは}
☐ 五山文学	五山を中心に行われた儒学の研究や漢詩文の創作。代表的人物は**義堂周信・絶海中津**。 _{ぎどうしゅうしん ぜっかいちゅうしん}
☐ 五山版	五山で出版された禅の経典や漢詩文など。

南禅寺は, 京都五山の別格上位ですよ。
京都五山：天龍寺・相国寺・建仁寺・東福寺・万寿寺
_{てんりゅう しょうこく けんにん とうふく まんじゅ}
鎌倉五山：建長寺・円覚寺・寿福寺・浄智寺・浄妙寺
_{けんちょう えんがく じゅふく じょうち じょうみょう}

どちらも一位は貿易船の派遣された寺。三位は栄西が創建した寺です。京都五山の第二位の相国寺は水墨画の盛んな寺。鎌倉五山の第二位の円覚寺の舎利殿は禅宗様の代表的な建築物です。

Check! 入試問題

　南北朝時代になって【 ① 】は連歌を好み, 連歌の規則書を制定した。その規則書は当時の年号を冠して『【 ② 】』といわれた。1386年, 将軍【 ③ 】の時, 京都五山は【 ④ 】を五山の上とし, 天龍寺・相国寺・建仁寺・東福寺・【 ⑤ 】の5寺, 鎌倉五山は建長寺・円覚寺・【 ⑥ 】・浄智寺・浄妙寺の5寺があげられ, 五山の順が定まった。

（同志社大・学習院大）

[解答]　①二条良基　②応安新式　③足利義満　④南禅寺　⑤万寿寺　⑥寿福寺

東山文化と戦国時代の文化

○

20秒講義

東山文化は，銀閣に代表される**足利義政**の頃の文化で，雪舟が水墨画を大成し，宗祇が**正風連歌**を確立し，**侘茶・立花**が創出された。林下が登場し蓮如や日親の布教により**一向宗や日蓮宗**が盛んになった。一方，文化の担い手には**一条兼良**がおり，吉田兼倶による唯一神道の完成もあった。また，戦国時代，文化は地方に波及し，薩摩では桂庵玄樹が**薩南学派**をおこし，関東では**足利学校**が再興された。

原始・古代

中世

近世

近代

現代

□ **東山文化**

足利義政の時代を中心とした文化。義政が**東山**に山荘を作り**銀閣**を建てたことに由来。

□ **銀閣**

足利義政が**東山**につくった山荘に建てられた。義政の死後，**慈照寺**という寺院になる。

□ **東求堂同仁斎**

慈照寺にある4畳半の書斎。**書院造**を代表する建築物。

□ **書院造**

室町時代に完成した建築様式。「書院」とは書斎の意味で，**明障子**や床の間，**付書院**などが特徴。日本の現代の住宅建築につながる建築様式でもある。

□ **枯山水**

岩石と砂利を組み合わせた庭園。禅の精神を反映。代表的な庭園に，**龍安寺石庭**や大徳寺大仙院庭園がある。

□ **雪舟**

水墨画の大成者。「**四季山水図巻**」・「**秋冬山水図**」を描く。

□ **土佐派**

大和絵の一派。**土佐光信**が始めた。

□ **狩野派**

水墨画と**大和絵**を融合させた流派。**狩野正信**と**狩野元信**の父子が興した。桃山文化で全盛を迎える。

□ **後藤祐乗**

東山文化を代表する金工の作家。

□ **宗祇**

連歌師。応仁の乱のころ**正風連歌**を確立。連歌集『**新撰菟玖波集**』を編纂。宗長・肖柏と残した『**水無瀬三吟百韻**』は連歌の模範とされた。

□ 宗鑑	連歌師。俳諧連歌を創始。『犬筑波集』を編集。
□ 古今伝授	『古今和歌集』の解釈を口頭で伝承すること。宗祇が東常縁から伝承した。

□ 侘茶（侘び茶）

村田珠光が創始。茶室で心の静けさを求めた。茶に禅の精神を加えたもので，後の茶の湯につながる。

□ 立花

東山文化の頃に確立。池坊専慶が活躍。茶の湯同様，心の静けさを求めた。

□ 林下

幕府の保護を受けない禅宗諸派。臨済宗の大徳寺や妙心寺，曹洞宗の永平寺や総持寺などが代表。

□ 蓮如

浄土真宗（一向宗）の僧。本願寺を拠点に講という布教集団を作り，自らの教えをわかりやすく書いた御文という手紙をテキストとして用いて布教し，宗派の勢力を拡大した。

□ 日親

日蓮宗の僧侶。日蓮と同様に他宗批判を行い処罰された。

□ 法華一揆	日蓮宗の信者による組織。京都の商工業者を中心に形成され，一向宗の勢力を追い出し，一時は京都の町を運営した。
□ 天文法華の乱	1536年，延暦寺の僧兵が京都に侵入し，日蓮宗の信者たちが京都から追い出された事件。

□ 一条兼良

室町中期の公家。有職故実の『公事根源』や，政治意見書の『樵談治要』を著した。

□ 唯一神道

吉田兼倶が提唱。反本地垂迹説を土台に儒学や仏教を統合。

□ 桂庵玄樹

薩南学派を開いた儒学者。薩摩の島津氏に招かれた。

□ 足利学校

関東管領上杉憲実が再興した学校。「坂東の大学」と呼ばれ，非常に高度な教育が行われていた。下野国（栃木県）足利に置かれた。

□ 庭訓往来	武士の子弟の教科書。『貞永式目』も教科書として使用。

庶民の間には，次のような芸能がおこりました。

■『閑吟集』

16世紀前半に完成した小歌の歌集。

■幸若舞

中世の武家社会に受け入れられた舞。織田信長に愛好されたといわれる。幸若丸という人物が発祥とされ，日本に現存する古典芸能の中でも，かなり古くから続く舞。

■盆踊り

風流踊り（華やかな姿をして人々が踊る）と，**念仏踊り**を結びつけたもの。室町時代後期に流行した。

Check! 入試問題

　東山文化の頃になると，水墨画は【 ① 】によって最高の域に達した。また，書院造を取り入れた室町時代の遺構に，足利義政が営んだ【 ② 】がある。二条流（派）の歌人である【 ③ 】は宗祇に『古今和歌集』に関する秘事口伝を行った。これが形式のととのった【 ④ 】の始まりといわれている。宗祇が，後鳥羽天皇の廟所で1488年正月に連歌会を興行したときの連歌は，【 ⑤ 】といわれ連歌の典型とされている。宗祇，宗長と交わり『犬筑波集』を撰し，俳諧連歌へと導いたのは【 ⑥ 】であった。　　　（成城大・同志社大）

[解答] ①雪舟　②銀閣　③東常縁　④古今伝授　⑤正風連歌　⑥宗鑑

戦国大名の群雄割拠

20秒講義　　**戦国大名**は領国支配のための**分国法**や**家訓**を定める者が多かった。戦国大名には，**守護代**や**国人**から成り上がったものも多くおり，家臣を**寄親・寄子制**によって統制し，家臣の収入は貫高制で把握した。**指出検地**を行い，城下町発展のため**楽市**などを取り入れる戦国大名もいた。

□ **分国法**
　　戦国大名が，自分の統治する国に向けて制定した法令。

　□ **塵芥集**
陸奥の戦国大名**伊達氏**が制定した分国法。分国法の中でも最大級。

　□ **甲州法度之次第**
甲斐(山梨県)と**信濃**(長野県)の戦国大名**武田晴信(信玄)**が制定した分国法。**喧嘩両成敗**が規定されている。

　□ **今川仮名目録**
駿河・遠江(静岡県)の戦国大名**今川氏**が制定した分国法。勝手な婚姻を禁止する規定がある。

　□ **朝倉孝景条々**
越前(福井県)の戦国大名**朝倉氏**の家訓。朝倉氏以外の築城禁止と，家臣が**一乗谷**の城下に住むことを強制した。

　□ **新加制式**
阿波の戦国大名**三好氏**が制定した分国法。

□ **守護代**
　　守護に任じられて，守護の代わりにその国の管理を任された人物。上杉氏のように戦国大名に成り上がる者もいる。

□ **寄親・寄子制**
　　戦国大名の家臣の統制方法。**寄親**と呼ばれる有力家臣に，**寄子**と呼ばれる一般家臣の軍事から日常生活まで管理させた。血縁関係よりも地域での結合という側面が強い。

□ **貫高制**
　　戦国大名が家臣の収入を把握する方法。家臣の収入を銭に換算した貫高で家臣の収入を把握した。家臣の貫高が軍役を課す基準となった。

□ **指出検地**
　　土地の所有者の自己申告によって土地の面積や年貢高などを把握する方法。戦国大名や**織田信長**が行った。土地を実測した調査でないため，正確さに欠ける側面も。

□ 楽市 (らくいち)	自由な商取引を認めるもの。城下町に往来する商人が増加するため，多くの戦国大名が取り入れた。城下町を発展させるため関所の廃止や関銭の免除を行う戦国大名もいた。

▼主な戦国大名

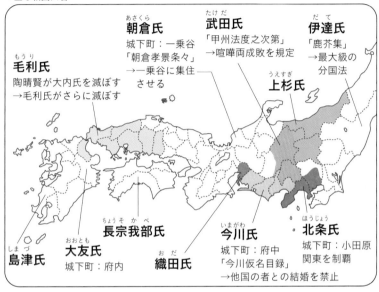

朝倉氏 (あさくら)
城下町：一乗谷
「朝倉孝景条々」
→一乗谷に集住させる

武田氏 (たけだ)
「甲州法度之次第」
→喧嘩両成敗を規定

伊達氏 (だて)
「塵芥集」
→最大級の分国法

毛利氏 (もうり)
陶晴賢が大内氏を滅ぼす
→毛利氏がさらに滅ぼす

上杉氏 (うえすぎ)

長宗我部氏 (ちょうそかべ)

今川氏 (いまがわ)
城下町：府中
「今川仮名目録」
→他国の者との結婚を禁止

北条氏 (ほうじょう)
城下町：小田原
関東を制覇

島津氏 (しまづ)

大友氏 (おおとも)
城下町：府内

織田氏 (おだ)

Check! 入試問題

　戦国大名の支配領域を【 ① 】と呼び，その統治方針は【 ② 】と呼ばれる法典に示されている。そこには家臣の【 ③ 】の禁止や所領の自由売買の禁止などが盛り込まれた。また家臣相互の争いを防ぐため【 ④ 】を定めた。罪の重い場合には家族や親類にも罪の及ぶ縁坐制があった。　　　　(関東学院大)

[解答] ①分国　②分国法　③私闘　④喧嘩両成敗

都市の発達

◎
20秒講義

　寺院や神社の門前に発展した町を門前町（もんぜんまち），浄土真宗の寺院を中心に形成された町を寺内町（じないまち）という。港町（みなとまち）も商業の中心として栄え，町人が自治的に運営する自由都市も生まれた。

□ **門前町（もんぜんまち）**

寺院や神社の門前に発展した町。伊勢神宮内宮（ないくう）の**宇治**や外宮（くう）の**山田**，善光寺の**長野**（信濃），延暦寺の**坂本**（近江）などがある。

□ **寺内町（じないまち）**

浄土真宗の寺院を中心に形成された町。越前の**吉崎**（よしざき）や，摂津（大坂）の**石山本願寺**（いしやま）の寺内町が有名。

□ **港町（みなとまち）**

海陸交通の要地に発達した港湾都市。
　堺（大阪府）・**博多**（福岡県）：日明貿易で栄えた。
　敦賀（つるが）・**小浜**（おばま）（ともに福井県）：日本海交易で栄えた。
　草戸千軒町（くさどせんげんちょう）（広島県）：近世に水没した港町。

□ **自由都市**

町人が自治的に運営する都市。
　堺：36人の会合衆（えごうしゅう）によって運営された。
　博多：12人の年行司（ねんぎょうじ）によって運営された。
　京都：町衆（ちょうしゅう）という商工業者が運営した。祇園会を復興。

Check! 入試問題

　次の①〜③の都市名をそれぞれ答えよ。
①15世紀の後半より，勘合貿易・南蛮貿易で繁栄した。36人の門閥豪商で権成される会合衆によって，自治が行われた。
②伊勢神宮への参詣人の増加と政治的保護により，中世以降とくに発展した。外宮の門前町である。
③1496年，蓮如がこの地に建設した道場。山科本願寺焼失のあと，ここに本尊が移され，市街地も大いに繁栄した。

（関西学院大）

［解答］①堺　②山田　③石山

近世

WORDBOOK OF JAPANESE HISTORY

ヨーロッパ人の来航

◎
20秒講義

　種子島に鉄砲が伝来し，フランシスコ＝ザビエルにより鹿児島からキリスト教が伝えられることで，南蛮人との交流が始まった。大名の中には洗礼を受けるキリシタン大名も現れ，南蛮貿易が盛んになった。

□ 鉄砲の伝来

1543年，鹿児島県の種子島に流れついたポルトガル人から，日本人が鉄砲を買ったのが始まり。

□ 鉄砲の国内生産

和泉（大阪府）の堺，紀伊（和歌山県）の根来，近江（滋賀県）の国友村が主な生産地。鉄砲伝来後間もなく生産を開始。

□ フランシスコ＝ザビエル

1549年，鹿児島に到着しキリスト教を伝えた。イエズス会の宣教師。九州を縦断してキリスト教を広めた。

□ ガスパル＝ヴィレラ

将軍足利義輝の許可で布教した。イエズス会宣教師。

□ ルイス＝フロイス

京都で信長に謁見したイエズス会宣教師。日本のことを記した『日本史』を著した。

□ セミナリオ

神学校。イエズス会の宣教師が設立した。有馬晴信が肥前に開いたものや，安土に開かれたものが有名。

□ コレジオ

宣教師の養成学校。イエズス会の宣教師が設立した。

□ 南蛮寺

キリスト教の教会堂。京都のものが有名。

□ 南蛮人

ポルトガル人・スペイン人のこと。安土・桃山時代に来日。

□ キリシタン大名

キリスト教の洗礼を受けた大名。信仰よりも南蛮貿易の利益が目的の者が多い。大村純忠（肥前長崎）・有馬晴信（肥前有馬）・大友義鎮（豊後）・黒田如水・高山右近など。

□ 天正遣欧使節

1582年，ヨーロッパに派遣された少年使節。宣教師ヴァリニャーニの勧めで大村純忠・有馬晴信・大友義鎮が派遣。正使：伊東マンショ・千々石ミゲル，副使：中浦ジュリアン・原マルチノ。ローマで教皇グレゴリウス13世に謁見。

□ **南蛮貿易** ┊ 安土・桃山時代に行われたヨーロッパ人との貿易。

南蛮貿易の輸出入品をチェックしておきましょう！

■**輸出：銀・銅・刀剣**など
■**輸入：鉄砲・火薬**など

中世までの貿易では**銅**が最大の輸出品でしたが，当時のヨーロッパ人は貨幣として**銀**を最重要視していたため，**銀**が輸出されるようになりました。輸入品では，従来の**銅銭**から戦国の世らしい**鉄砲**や**火薬**に変わっていますね。

Check! 入試問題

　大名たちの中にもキリスト教を保護し，また自らも信者となる者が現われた。こうした大名たちは【 ① 】大名と呼ばれるが，中でも，宣教師養成学校【 ② 】を領内に設けた豊後の【 ③ 】，長崎を開いた肥前の【 ④ 】，領内に神学校【 ⑤ 】を設けた肥前の【 ⑥ 】の3大名は1582年に宣教師【 ⑦ 】の勧めによって少年使節をローマ教皇のもとに派遣している。また，織田信長もキリスト教には寛容であり京都に教会堂【 ⑧ 】の設置を認めた。

(駒澤大)

[**解答**] ①キリシタン　②コレジオ　③大友義鎮　④大村純忠　⑤セミナリオ　⑥有馬晴信
　　　⑦ヴァリニャーニ　⑧南蛮寺

信長の全国統一事業

> **○ 20秒講義**
>
> 尾張の戦国大名だった**織田信長**は、桶狭間の戦いで**今川義元**を破り、足利義昭を将軍に立てて入京すると、延暦寺などの宗教勢力を打ちのめし、室町幕府を滅亡に追い込んだ。安土城を築き楽市令を出すなどしたが、**本能寺の変**で自害した。

□ **織田信長**

尾張（愛知県）出身。桶狭間の戦いで勝利し、京に入り室町幕府を滅ぼす。本能寺の変で自害。

□ **桶狭間の戦い**

東海地方で勢力を誇っていた**今川義元**を織田信長が倒す。

□ **稲葉山城の戦い**

織田信長が、**美濃**（岐阜県）の斎藤龍興を倒した戦い。稲葉山城を岐阜城と改称。拠点を移し、中部地方を制圧した。

□ **姉川の戦い**

織田信長と徳川家康が、**北近江**（滋賀県）の**浅井長政**と**越前**（福井県）の**朝倉義景**を破った戦い。

□ **延暦寺焼打ち**

1571年、織田信長が焼打ち。宗教勢力を黙らせた。

□ **石山戦争**

織田信長と石山本願寺との争い。10年にわたって続くが、1580年には、一向宗（浄土真宗）の中心寺院**石山本願寺**（大阪市）の顕如が屈服し終結。

注 一向一揆の平定：伊勢長島（三重県）、越前（福井県）など。

□ **安土宗論**

日蓮宗と浄土宗の宗教論争。日蓮宗の負けとし、織田信長が**日蓮宗**を弾圧した。

□ **長篠合戦**

1575年、織田信長の軍が**武田勝頼**の軍に圧勝した戦い。信長は足軽で構成される**鉄砲隊**を巧みに編成・配置し、武田軍の騎馬隊を撃破した。武田勝頼は武田信玄の子。

□ **安土城**

1576年、織田信長が安土（滋賀県）に築いた壮大な居城。

□ **足利義昭**

室町幕府15代将軍。13代将軍**足利義輝**の弟。織田信長が擁立して将軍になるが、信長に反発したため、1573年、信長によって京都から追放され、室町幕府は滅亡した。

□ **楽市令**
らくいちれい

座（→P.111）のもっている特権を排除し，新規の商人にも自由な営業を認めた法令。**戦国大名**が商人を自らの**城下町**に集めるために行われ，**織田信長**も岐阜城の美濃加納と，安土城の安土山下町に楽市令を出した。

□ **本能寺の変**
ほんのうじ

1582年，織田信長が家臣の明智光秀に攻められて自決した。

信長の主な政策を覚えておきましょう！
①指出検地（→P.118 参照）
②自由都市の堺を支配下に置く
③安土の城下町では楽市令を出し，関所を廃止

Check! 入試問題

1560年の桶狭間の戦いで【 ① 】を破った織田信長は，1567年には【 ② 】を追い，居城を稲葉山城に移し，【 ③ 】と改称し拠点とした。翌年には13代将軍【 ④ 】の弟義昭を奉じて入京した。織田信長は寺院勢力を徹底的に弾圧した。1571年，【 ⑤ 】を行い，ついで伊勢長島・越前などの【 ⑥ 】を鎮圧し，1579年の安土宗論によって【 ⑦ 】の勢力を弱体化させた。他方，キリスト教には保護を加え，宣教師のルイス＝フロイスに京都での布教を許し，この結果，京都に南蛮寺が建てられた。また，安土城下にはセミナリオが建てられて布教の根拠地となった。

(中央大・日本大)

[**解答**] ①今川義元　②斎藤龍興　③岐阜城　④足利義輝　⑤延暦寺焼打ち　⑥一向一揆　⑦日蓮宗

豊臣秀吉の全国統一事業

> **20秒講義**
>
> 豊臣秀吉（とよとみひでよし）は**明智光秀**（あけちみつひで）を倒し，**柴田勝家**（しばたかついえ）も破って信長の後継者としての地位を確立した。**関白・太政大臣**となって，全国の大名に**惣無事令**（そうぶじれい）を出し，全国統一を実現し，朝鮮出兵を行った。

□ **豊臣秀吉**（とよとみひでよし）

尾張（愛知県）の地侍出身。**織田信長**（おだのぶなが）の家臣として頭角を現し，1590年に全国統一を成し遂げた。

□ **山崎の合戦**（やまざき）
□ **賤ヶ岳の戦い**（しずがたけ）

1582年，本能寺の変の直後，**豊臣秀吉**が**明智光秀**を倒した。
1583年，豊臣秀吉が，織田信長の最有力家臣だった**柴田勝家**（しばたかついえ）を破り北陸を平定した。

□ **大坂城**
□ **小牧・長久手の戦い**（こまきながくて）

豊臣秀吉の居城。1583年，**石山本願寺**（いしやまほんがんじ）の跡地に建設を開始。
1584年，**織田信雄**（のぶかつ）（信長の子）・徳川家康と争う。間もなく和解が成立し，秀吉が信長の後継者の地位を確立。

□ **惣無事令**（そうぶじれい）

全国の戦国大名に対して，戦いをやめて，領国の分配を豊臣秀吉に任せろと命じた。秀吉が，全国を支配する権利を天皇から与えられたと解釈して発令。

□ **聚楽第**（じゅらくだい）

豊臣秀吉が京都に営んだ邸宅。**後陽成天皇**（ごようぜい）を招いて，全国の諸大名に，天皇と秀吉への忠誠を誓わせた場所。

□ **朝鮮出兵**（ちょうせんしゅっぺい）

豊臣秀吉による朝鮮派兵。**文禄の役**（ぶんろく）と**慶長の役**（けいちょう）の総称。朝鮮が日本に従うことを拒否したため行われた。

□ **文禄の役**（ぶんろく）

朝鮮出兵の最初の出兵，**漢城**（かんじょう）（現在のソウル）・**平壌**（ピョンヤン）を占領し，加藤清正の率いる軍は朝鮮の最北端まで進軍。しかし，**李舜臣**（りしゅんしん）の**朝鮮水軍**や，民衆が組織した**朝鮮義兵**，明からの援軍により，戦況は不利に転じ，和平交渉を行う。和平交渉で秀吉は，①明は日本に敗戦したことを認めること，②朝鮮半島の南部を日本に譲ることを要求した。

□ **慶長の役**

朝鮮出兵の2度目の出兵。和平交渉の決裂がきっかけ。日本軍は最初から苦戦。秀吉の病死をきっかけに撤退。

■信長が**安土城**を築城⇒長篠合戦の直後
　　　　　　　　　　　（武田氏を破る）
■秀吉が**大坂城**を築城⇒賤ヶ岳の戦いの直後
　　　　　　　　　　　（柴田勝家を破る）

武田氏は戦国最強の武将，柴田勝家は信長の後継者の最有力候補です。彼らを破ることによって，事実上，天下の支配者となったという証としてこれらの城を建築していくわけです。

■秀吉　天下統一の年譜

1585年	秀吉，**関白**に任じられる
1585年	四国平定（**長宗我部元親**を下す）
1586年	秀吉，**太政大臣**に任じられ，**豊臣**の姓を賜る
1587年	九州平定（**島津義久**を服属させる）
1590年	**小田原攻め**（北条氏を滅ぼす）
1590年	奥州平定（**伊達政宗**を服属させる。全国統一）

原始・古代

中世

近世

近代

現代

Check! 入試問題

　地侍の子として生まれた秀吉は，今川氏の家臣に仕えたのち【 ① 】に仕えると，次第に重用され，天正元年近江浅井氏の遺領18万石を与えられた。中国平定の任を負い，天正10年，備中高松城を包囲中に，主君【 ① 】が亡くなると急遽毛利氏と和議を結び，ひきかえして光秀を【 ② 】の合戦で破った。天正11年【 ③ 】を敗死させた段階でほぼ天下の実権をにぎり，天正13年【 ④ 】となり，翌年【 ⑤ 】となり，【 ⑥ 】氏を称した。天正13年四国の【 ⑦ 】氏を，同15年九州の【 ⑧ 】氏を服属させ，同18年北条氏を滅ぼして天下を統一した。

（学習院大）

［解答］①織田信長　②山崎　③柴田勝家　④関白　⑤太政大臣　⑥豊臣　⑦長宗我部　⑧島津

秀吉の政策

> ◎
> 20秒講義
>
> 　　豊臣秀吉は，太閤検地を行い石高制を採用，一地一作人の原則を取り入れ荘園制を崩壊させた。バテレン追放令を出す一方で海賊取締令を出し，貿易は奨励した。また，刀狩令や人掃令で民衆を統制・掌握した。蔵入地という直轄地を支配し，五奉行，五大老を置いて政務を行った。

□ **太閤検地**

豊臣秀吉が行った検地。担当の役人が実際に現地まで行って土地調査を行った。新しい統一的な単位を使って，土地の面積，**石盛**，土地の耕作者を調査し，**検地帳**に記録。これにより**一地一作人の原則**が取られ，**荘園制は崩壊**した。**天正の石直し**とも呼ばれる。

　□ **京枡**

豊臣秀吉が統一した米を量る枡。

注 後三条天皇が延久の荘園整理令の際に定めた宣旨枡（→P.70）と混同しやすい。

□ **石高**

土地の生産力を米の生産量で数値化したもの。農民は，この石高に応じて年貢を納めた。米の収穫量を支配者が把握。

　□ **石盛**

１反あたりの収穫高。石高は，石盛×面積で表示。

□ **一地一作人の原則**

土地の耕作者のみを年貢負担者とすること。間に入って利益を得る層を完全に否定し，荘園制は完全に崩壊した。

□ **バテレン追放令**

宣教師（＝バテレン）に20日以内の国外退去を命じたもの。1587年に発令。九州を平定した際，**大村純忠**が，**長崎**をイエズス会の教会に寄進していたことがきっかけ。

□ **海賊取締令**

倭寇をはじめとする海賊を取り締まる法令。**朱印状**という渡航許可証を発行し，朱印状を持っている人しか貿易ができないようにした。1588年に発令。

□ **刀狩令**
かたながり

方広寺の大仏鋳造に用いるという名目で農民から武器を取り上げ，農業に専念させると同時に一揆を防止した。

□ **人掃令**
ひとばらい

武士が身分を移ることと，農民が職を変えることを禁止。武士の特権階級化と農業人口の確保が目的。**兵農分離**の機能を果たした。この際の戸口調査が朝鮮出兵の兵力確保に。

□ **蔵入地**
くらいりち

豊臣政権の直轄地。200万石以上あった。全国の主な鉱山や街道，重要都市を直轄地にした。

□ **五奉行**
ごぶぎょう

豊臣秀吉の有力家臣。浅野長政，**石田三成**，前田玄以，長束正家，増田長盛。

□ **五大老**
ごたいろう

秀吉政権における有力大名。筆頭は**徳川家康，毛利輝元・前田利家**・上杉景勝・宇喜多秀家・小早川隆景で，小早川隆景の死後，五大老と呼ばれる。

バテレン追放令は，キリスト教の禁止ではありません。宣教使の国外追放を定めた法令です。キリスト教の禁止は，江戸時代に出された**禁教令**（→P .142）です。

Check! 入試問題

　豊臣秀吉は，大規模な検地を全国的に実施した。この検地を【 ① 】検地，または【 ② 】と呼んでいる。秀吉はまず面積の単位を統一して，単位面積あたりの標準的な収穫量を米で表した。これを【 ③ 】といい，【 ③ 】を各面積に乗じて得られた量を【 ④ 】という。耕地・屋敷の所持者は【 ⑤ 】に登録され，その耕作権を保障されたが，年貢を負担する義務を負うとともに，土地にしばりつけられた。これによって今までの【 ⑥ 】制が崩壊した。

（東北学院大）

[解答] ①太閤 ②天正の石直し ③石盛 ④石高 ⑤検地帳 ⑥荘園

桃山文化

> **20秒講義**
>
> 織田信長から豊臣秀吉の頃の文化を桃山文化という。城郭建築が流行し，内部には壮麗な障壁画が描かれた。茶道は千利休が大成し，慶長版本などの活字印刷も生まれた。出雲阿国は歌舞伎の始祖となった。

☐ **桃山文化**
織田信長から豊臣秀吉の頃の文化。晩年に秀吉が住んでいた**伏見城**の地が，後に「桃山」と呼ばれたことが由来。

☐ **城郭建築**
戦国大名が築いた豪華で雄大な城。
・城郭の中心：**天守**がある**本丸**
・城郭の周囲：**郭**と呼ばれる土塁や堀（外敵の侵入を防ぐ）
・城郭の内部：**書院造の居館**

☐ **障壁画**
城郭内部の居館の襖や壁に描かれた華麗な絵画。

　☐ **濃絵**
障壁画に多く用いられた絵画の手法。金地に緑青や朱の彩色で描く，非常に色鮮やかな絵。

　☐ **狩野永徳**
「**唐獅子図屏風**」や「**洛中洛外図屏風**」を描く。弟子の**狩野山楽**などとともに**狩野派**の全盛期を創出。

　☐ **欄間彫刻**
天井と鴨居のあいだの部分に施された木の彫刻。**透し彫**などの高度な技術が用いられた。

　☐ **南蛮屏風**
南蛮人の様子を描いた絵画。狩野派が得意とした。

☐ **千利休**
茶道の大成者。村田珠光以来の**侘茶**（侘び茶）を受け継ぎ大成させた。茶道は豊臣秀吉など当時の権力者にも好まれた。

　☐ **妙喜庵待庵**
千利休が作った2畳敷きの茶室。

　☐ **北野大茶湯**
豊臣秀吉が京都で開いた大規模な茶会。

☐ **慶長版本**
朝鮮出兵の際，朝鮮から日本に伝えられた活版印刷技術で印刷された活字の本。

☐ キリシタン版	**ヴァリニャーニ**によって伝えられた活字印刷技術で印刷された出版物。『**平家物語**』『**伊曽保物語**』など。
☐ お国焼き	朝鮮半島から連れてこられた陶工によって，各地で焼かれた陶磁器。
☐ 出雲阿国	歌舞伎の始祖とされる女性。**阿国歌舞伎**というかぶき踊りで人気を集めたとされる。
☐ 三味線	琉球（今の沖縄）から伝わった，蛇皮線を改良したもの。
☐ 隆達節	高三隆達が節づけした小歌。桃山文化の頃流行した。

侘茶について，時代順にまとめます。

■応仁の乱の頃：**村田珠光**(侘茶の創始者)
■戦国時代　　：**武野紹鴎**
■桃山文化　　：**千利休**　(侘茶の大成者)

Check! 入試問題

　桃山文化を特徴づけるものは城郭建築であった。交通・経済の要所に築かれた平城・平山城には，【 ① 】のある本丸，あるいは城主の居館を兼ねた【 ② 】の殿舎が作られた。これらの建築の内部は伝統的な土佐派の大和絵に代わって，【 ③ 】派による【 ④ 】と称される金碧濃彩画で飾られた。また京都の名所・民衆の風俗を描いた【 ⑤ 】は，歴史研究の資料としても重視されている。

(専修大)

[解答] ①天守　②書院造　③狩野　④濃絵　⑤洛中洛外図屏風

江戸幕府の大名統制策

> ◯
> **20秒講義**
> 　関ヶ原の戦いで勝利した**徳川家康**は，江戸幕府を開き，間もなく子の徳川秀忠に将軍職を譲ると，大坂の役で豊臣秀頼を滅ぼした。また，幕府は大名統制のため，一国一城令，武家諸度を制定。3代将軍徳川家光は参勤交代を制度化し，鎖国政策を進めた。

□ **関ヶ原の戦い**

徳川家康側の東軍と，**石田三成**らの西軍とに分かれた天下を二分する戦い。1600年に起こる。東軍の勝利に終わる。

　□ 石田三成

五奉行の1人。豊臣政権存続派で，関ヶ原の戦いで敗死。

□ **江戸幕府**

1603年，徳川家康が征夷大将軍に就任し，開かれた武家政権。1867年の大政奉還まで続いた。

□ **徳川秀忠**

江戸幕府2代将軍。徳川家康の子。1605年，家康から将軍職を譲られたが，家康は**大御所**として背後で実権を握った。

□ **大坂の役**

江戸幕府が豊臣氏を滅ぼした戦い。1614年の大坂冬の陣と，翌1615年の大坂夏の陣からなる。京都の**方広寺**の鐘銘を口実に開戦。

□ **豊臣秀頼**

豊臣秀吉の子。母は**淀殿**。大坂夏の陣で滅ぶ。

□ **一国一城令**

大名の居城を1つに限るとする法令。1615年発令。

□ **武家諸法度**

大名に対する統制法令。将軍の代替わりごとに出された。
◆**元和令**：1615年に徳川家康が出した武家諸法度。当時の将軍は徳川秀忠。起草は**崇伝**（家康の顧問を務めた僧）。
◆**寛永令**：1635年，将軍徳川家光のもとで出された武家諸法度。①**500石**以上の船の建造禁止，②参勤交代の制度化が定められた。

□ 徳川家光（いえみつ）　江戸幕府3代将軍。秀忠の子。**鎖国（さこく）政策**をとった。

□ 参勤交代（さんきんこうたい）　大名に，妻子を江戸に住まわせることや，1年ごとの地元と江戸との往復を義務づけた。往復の経費，江戸の滞在費など，出費は大名の自腹。

□ 改易（かいえき）　大名家の取りつぶし。広島城主**福島正則（ふくしままさのり）**など関ヶ原の戦いの功労者であっても，違反などがあれば例外なく行われた。**減封（げんぽう）**（大名の石高（こくだか）を減らす）や**転封（てんぽう）**（大名の所領の配置換え）も行われた。

武家諸法度は，将軍の代替わりごとに出されます。将軍がこれからの方針を述べるものですが，江戸時代後半になると，内容はほぼ同じになります。大きく変化したのは3回です。

■**元和令**（2代徳川秀忠）：最初の武家諸法度
■**寛永令**（3代徳川家光）：参勤交代の制度化，鎖国へ向けた大船建造禁止
■**天和令（てんな）**（5代徳川綱吉（つなよし））：文治政治の表明

Check! 入試問題

1590年以降，関東に移った徳川家康は約250万石を領する最大の大名で隠然たる勢力をもっていた。これに対して五【　①　】の一人石田三成は挙兵し，【　②　】の戦いが起こった。これに勝って権力を確立した家康は，【　③　】年，征夷大将軍に任じられ，ここに260年余にわたる江戸幕府が開かれた。だが大名の地位に落ちたとはいえ，大坂にいた【　④　】の勢力は侮りがたいものがあった。そこで京都【　⑤　】の鐘銘事件を開戦の口実として大坂冬の陣，夏の陣を起こし，豊臣氏を滅ぼした。また秀忠も安芸広島城主であった【　⑥　】などを処分して幕府の基礎を固めた。

（関西学院大）

[解答]　①奉行　②関ヶ原　③1603　④豊臣秀頼　⑤方広寺　⑥福島正則

幕藩体制の成立

○
20秒講義

江戸幕府は幕藩体制をとった。幕府が莫大な幕領を持ち，大名は親藩・譜代・外様に分類され，老中などの重職は譜代大名から選出された。大名の領地は藩と呼ばれ，家臣の給与は地方知行制から俸禄制に移行した。

□ **幕藩体制**　　幕府が諸大名を支配することで，全国の領地や人々の全てを間接的に支配する形式。江戸幕府の全国支配の方法。

□ **幕領（天領）**　　江戸幕府の直轄地。400万石あった。旗本知行地と合わせると700万石となり，全国の4分の1を占めた。

　□ **旗本知行地**　　幕府の領地のうち旗本に与えられる土地。

□ **大名**　　将軍と主従関係を結んだ1万石以上の武家。親藩・譜代・外様の3種類に分類。領地の石高に応じて，**軍役**などを負担した。
　　　親藩：徳川氏一門の大名。
　　　譜代：関ヶ原の戦い以前から徳川氏の家臣であった大名。
　　　外様：関ヶ原の戦い以降に徳川氏の家臣となった大名。

　□ **御三家**　　親藩のうち，**紀伊**（和歌山県）・**水戸**（茨城県）・**尾張**（愛知県）の3家のこと。

　□ **旗本**　　将軍直属の1万石未満の家臣のうち将軍に会える者。
　□ **御家人**　　将軍直属の1万石未満の家臣のうち将軍に会えない者。

□ **老中**　　幕政を統轄。**譜代大名**から選出。

　□ **大老**　　江戸幕府の最高職。臨時に設置され，**譜代大名**から選出。
　□ **若年寄**　　老中の補佐役。旗本の監督・取締りも行う。**譜代大名**から選出。
　□ **目付**　　旗本・御家人の監視役。若年寄の下に置かれた。
　□ **大目付**　　大名の監視を行う。老中の下に置かれた。旗本から選出。
　□ **郡代・代官**　　年貢を集める役職。勘定奉行の下に置かれた。

□ 三奉行	**寺社奉行・町奉行・勘定奉行**の総称。老中とともに幕府の重要事項について話し合った。
□ 評定所	幕府の最高司法機関。三奉行と老中が幕府の重要事項について話し合った。

□ 藩

全国の諸大名の領地。大名が土地と人々を支配した。
　　家老：藩政を統轄。
　　勘定奉行：藩の財政を担当。
　　郡奉行，代官：直轄地の管理。
　　藩士：藩に仕える武士。

□ 地方知行制

藩士に藩内の領地の支配権を給与として与える形式。江戸時代初期にとられた。

□ 俸禄制

藩士に年貢として藩が集めた俸禄米を支給する形式。地方知行制から徐々に移行した。

譜代大名と旗本のいずれから選出される役職かを覚えておきましょう！

■**将軍直属の役職**（譜代大名より選出）
　大老・老中・若年寄・寺社奉行・京都所司代・大坂城代

■**老中直属の役職**（旗本より選出）
　大目付・町奉行・勘定奉行・遠国奉行・城代

Check! 入試問題

　幕府の職制は，将軍を頂点として組み立てられており，最高の官職であるが臨時に置かれる【　①　】を別とすると，常置の最高執政機関は【　②　】であり，【　②　】や三奉行はそれぞれ2名以上いて月番制によって交代で政務をとった。とくに重要な政務は，幕府の最高司法機関である【　③　】で合議した。大目付は【　②　】に所属して【　④　】を，目付は【　⑤　】に所属して【　⑥　】・【　⑦　】を，それぞれ監察した。　　　　　　　　　　　　（東京経済大）

[解答] ①大老　②老中　③評定所　④大名　⑤若年寄　⑥⑦旗本・御家人（順不同）

朝廷や寺院の統制

○ 20秒講義

朝廷は**禁中並公家諸法度**で統制されていたが，幕府は**紫衣事件**をきっかけにその統制を強化した。寺院も**寺院法度**により幕府の統制下に置かれ，**寺請制度**のもと全ての人が**檀家**になることでキリスト教が広まるのを防いだ。

☐ **禁中並公家諸法度**
朝廷や公家（貴族）に対する統制法令。1615年発令。金地院崇伝が起草。

☐ **禁裏御料**
皇室の領地。当初1万石，最終的に3万石まで増加。

☐ **武家伝奏**
朝廷と幕府の間の連絡役を務める公家。

☐ **紫衣事件**
後水尾天皇が幕府に無断で出した紫衣の勅許を，幕府が無効にした事件。**大徳寺**の僧**沢庵宗彭**が反発して処罰される。後水尾天皇は娘の**明正天皇**に譲位。

☐ **寺院法度**
寺院の統制法令。全国の寺院を幕府の統制下に置いた。

☐ **本末制度**
全国の寺院を宗派ごとに，**本山**（中心になる寺院）と**末寺**（それ以外の寺院）に分け，本山が末寺を管理する制度。

☐ **寺請制度**
全ての人を強制的にどこかの寺院に**檀家**として所属させる制度。キリスト教と**日蓮宗不受不施派**を信仰させないことが目的。

☐ **寺請証文**
寺院が，檀家であることを認めた証明書。

☐ **宗旨人別帳**
寺院の檀家が記された帳簿。

Check! 入試問題

　江戸幕府は，人々が幕府の公認する仏教寺院の【 ① 】となることで，キリスト教徒でないことを証明させる【 ② 】制度を創設した。これによって禁教の徹底をはかるための宗門改めが実施され，人々は家族を単位として宗旨と檀那寺を記載した【 ③ 】に登録されていった。

(法政大)

[解答] ①檀家　②寺請　③宗旨人別帳

農民の統制

> **20秒講義**
>
> 村の運営は村方三役が中心となって行った。農民は，本途物成，小物成といった税や，国役や伝馬役といった夫役を負担した。農民は村法や田畑永代売買の禁令などで統制を受けた。

□ **村方三役**　　　**名主**（村役人の代表者），**組頭**（名主を補佐する），**百姓代**（名主・組頭の監視役）の総称。

□ 村役人　　　村の運営を行う有力農民。本百姓より選ばれた。
□ 本百姓　　　土地を所有し，検地帳に登録されている農民。
□ 水呑　　　**本百姓**から小作（土地を借りて耕作）する農民。
□ 名子　　　**本百姓**に隷属する農民。被官，家抱とも呼ばれた。
□ 村請制　　　年貢を村単位で納める制度。
□ 五人組　　　農民を5戸ごとに組織させ，年貢を納入する際に連帯責任を負わせる制度。

□ **本途物成**　　　年貢のこと。検地を受けた土地からの収穫を上納した。収穫した米のうち4〜5割が徴収。江戸時代の税の中心。

□ **小物成**　　　山林や副業にかかる雑税。

□ **国役**　　　国単位で課せられる労役。**夫役**の一種。

□ **伝馬役**　　　輸送のための人や馬の労役。街道沿いの村々に課した。**夫役**の一種。

□ **村法**　　　村の規約。破った者は村民から制裁を受けた。

□ 村八分 （むらはちぶ）	村法を破った制裁措置。葬式・火災時以外は一切の交際を絶つという制裁。
□ 結（もやい） （ゆい）	農民が共同作業を行って助け合うこと。春の田植えや秋の稲刈りなどの際行われた。
□ 入会地 （いりあいち）	村民が共同で利用する土地。
□ 田畑永代売買 の禁令 （でんばたえいたいばいばい）（きんれい）	農地の売買を禁じた法令。1643年に発令。
□ 田畑勝手作の禁令 （でんばたかってづくり）	本田畑に商品作物を植えることを禁じた法令。1643年発令。
□ 分地制限令 （ぶんちせいげんれい）	分割相続のやりすぎによる土地の細分化を禁止した法令。1673年発令。

■農民統制の流れ

1643年	田畑永代売買の禁令…土地の売買禁止 （でんばたえいたいばいばい）（きんれい）
1643年	田畑勝手作の禁令…本田畑での商品作物栽培を禁止 （でんばたかってづくり）
1673年	分地制限令…分割相続のやりすぎを禁止 （ぶんちせいげんれい）

Check! 入試問題

　近世の村は50～60戸からなっており，名主・【 ① 】・【 ② 】からなる村方三役を中心とする【 ③ 】によって運営された。村民は数戸ずつ【 ④ 】に編成され，年貢納入や犯罪防止に連帯責任を負わされた。また，【 ⑤ 】の共同利用，用水や山野の管理・修復，治安や防災などの仕事が自主的に行われた。百姓には，田畑にかけられる【 ⑥ 】，山野河海の利用や農業以外の副業などにかかる税である【 ⑦ 】，一国単位で賦課される治水工事での夫役労働などの【 ⑧ 】，街道近辺の村々では公開交通に人や馬を差し出す【 ⑨ 】などが課せられ，零細な百姓にとっては重い負担となった。

（青山学院大）

[解答]　①②組頭・百姓代（順不同）　③村役人　④五人組　⑤入会地　⑥本途物成　⑦小物成　⑧国役　⑨伝馬役

町人の生活と身分制度

○
20秒講義

　町人のうち**家持**のみが町政に参加できた。町人は**地子銭**や**運上・冥加**を負担したが税負担は軽かった。**えた・ひにん**といった賤民身分もあった。女性の社会的地位は**三従の教え**などもあり低かった。

□ **町人**
都市に生活する商工業者。厳密には土地や屋敷を持つ**家持**のみ指し，家持のみが町の運営に携わることができた。
　地借：家持から屋敷地を借りている人。
　店借：借家住まいの人。多くは**長屋**(集合住宅)に住んだ。

□ **町役人**
町政の中心となった人々。**町名主・町年寄・月行事**などと呼ばれた。

□ **町法（町掟）**
町の秩序を維持するための規約。

□ **地子銭**
町人の税負担のうち，屋敷の間口の大きさに応じて賦課されるもの。**運上**や**冥加**という営業税を納める場合もあった。

□ **えた・ひにん**
江戸時代における被差別階級。

□ **武士**
江戸時代における支配者階級。主君と家臣の主従関係があった。**苗字帯刀**の特権をもった。

□ **商人**
商売を営む者。商家に奉公すると丁稚・手代・番頭の順に出世した。

右側: 原始・古代 / 中世 / 近世 / 近代 / 現代

Check! 入試問題

　都市には，宅地の屋敷を持つ家持ちの住民である町人と宅地を借りて家を建てる【 ① 】，家屋ごと借りて住む【 ② 】などがいた。町政は，町人の代表である町名主，【 ③ 】，月行司などを中心に町掟にもとづいて運営された。町人の税負担は，屋敷の間口に賦課される【 ④ 】，営業税である【 ⑤ 】・【 ⑥ 】などがあった。
　支配層の武士は，【 ⑦ 】【 ⑧ 】を許され，切捨御免などの特権をもっていた。士農工商の下には居住地や衣服，髪型などで他の被支配身分から区別され蔑視の対象とされた【 ⑨ 】・【 ⑩ 】が置かれた。
(日本大)

[解答] ①地借　②店借　③町年寄　④地子銭　⑤⑥運上・冥加 (順不同)　⑦⑧苗字・帯刀 (順不同)
⑨⑩えた・ひにん (順不同)

江戸時代初期の外交

> ○
> 20秒講義
>
> ポルトガルとの貿易は糸割符制度で統制された。スペインとの通交はドン゠ロドリゴにより回復した。紅毛人との交流はリーフデ号来航を契機に始まり，東南アジアには日本町が形成された。

☐ **糸割符制度**

糸割符仲間という特定の商人が価格を決めて，中国産の**生糸**を一括購入する制度。日本側の商人が組んで価格を決定することで，ポルトガル人の利益独占を抑制した。

補 糸割符仲間：京都・堺・長崎の商人団体（のち江戸・大坂も加わる）。

☐ **ドン゠ロドリゴ**

スペイン領だった**ノビスパン**（現：メキシコ）へ向かう途中の1609年，上総（千葉県）に漂着。徳川家康と謁見。

　☐ **田中勝介（勝助）**

京都の商人。徳川家康の命でドン゠ロドリゴに同行し，**ノビスパン**に派遣された。

　☐ **支倉常長**

仙台藩士。仙台藩主**伊達政宗**の命で，**慶長遣欧使節**としてスペインに派遣された。

☐ **紅毛人**

オランダ人や**イギリス人**のこと。南蛮人と区別された。

☐ **リーフデ号**

オランダ船。1600年に豊後の臼杵に漂着。乗船していたヤン゠ヨーステン（オランダ人）と，ウィリアム゠アダムズ（イギリス人）は，家康の外交・貿易の顧問となる。

ヤン゠ヨーステンには「**耶揚子**」，ウィリアム゠アダムズには「**三浦按針**」という日本名が与えられました。

Gakken

大学合格へと導く目的別映像講座

学研のプライム講座

あなたにぴったりの講座が
きっとみつかる!

小論文
学研小論文
個別指導講座

**AO・推薦
万全**
学研 AO・推薦ゼミ

難関大突破
学研プライムゼミ

英検合格
学研 英検ゼミ

医学部着実
学研 医学部ゼミ
スタンダード

基礎固め
MyGAK

9300005975

学研のプライム講座 で合格をめざそう！

https://gpzemi.gakken.jp/

1 本気で難関大学をねらうなら

学研プライムゼミ

東大・京大といった難関国公立大、早慶・上智といった超難関私大合格をめざすあなたにはこの講座。

2 英語外部試験対策をしたい

学研 英検®ゼミ

今後、大学入試で避けて通れない英語の外部試験。外部試験でオススメの英検で合格をめざすならこの講座。

3 AO・推薦で進学したい

学研 AO・推薦ゼミ

AO・推薦入試をねらうならこの講座。映像講座と丁寧な添削指導でAO・推薦対策を万全にします。

4 私大医学部に合格したい

学研 医学部ゼミ スタンダード

大学によって出題に癖のある私大医学部。この難関受験を、大学別の対策講座でしっかりサポートします。

5 基礎から勉強しなおしたい

MyGAK

大学入学をあきらめるのはまだ早い！ 英数国の基礎学習からスタートして、大学合格まで導きます。

6 小論文でしっかり高評価をねらうなら

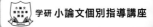

学研 小論文個別指導講座

入試小論文で確実に得点をとるコツは？ 丁寧な添削指導で入試小論文の書き方を徹底トレーニングします。

□ オランダ	1609年に平戸に商館を置いて日本と貿易を行う。バタヴィア（現：ジャカルタ）を拠点。江戸時代を通じて唯一通交を持っていたヨーロッパの国。
	注 イギリスも1613年に平戸に商館を置くが，1623年に撤退。
□ 日本町 <small>に ほんまち</small>	東南アジア各地に作られた，日本人が多く移住し自治を行った町。
□ 山田長政 <small>やま だ ながまさ</small>	シャム（タイ）の王室に重用され，シャムの**リゴール**の太守となった日本人移民。

おもな朱印船商人もおさえておきましょう！

■長崎：**末次平蔵** <small>すえつぐへいぞう</small>
■摂津平野：**末吉孫左衛門** <small>せっ つ ひら の　すえよしまご ざ え もん</small>
■京都：**角倉了以・茶屋四郎次郎** <small>すみのくらりょう い　ちゃ や　し ろう じ ろう</small>

■紅毛人（オランダ人・イギリス人）との外交

1600年	オランダ船**リーフデ号**が漂着
	①**豊後**(大分県)に着く <small>ぶん ご</small>
	②ヤン=ヨーステン(オランダ人)が乗船
	③ウィリアム=アダムズ(イギリス人)が乗船
1609年	**オランダ**　平戸商館開設
1613年	**イギリス**　平戸商館開設

Check! 入試問題

　1600年，リーフデ号が豊後の【 ① 】へ漂着した。そのときの航海長で，後に家康の外交顧問となったウィリアム=アダムズの手引きで，1613年，【 ② 】との交易が始まった。一方，幕府は京都の【 ③ 】，大坂の【 ④ 】らの豪商に朱印状を与え，海外との交易を進めた。そのような中でシャムの【 ⑤ 】の太守として活躍した山田長政のような人物も生まれた。　（関西大）

[**解答**] ①臼杵　②イギリス　③角倉了以（茶屋四郎次郎も可）　④末吉孫左衛門　⑤リゴール

鎖国の完成

○
20秒
講義

　1610年代に幕府は**禁教令**を出した。1620年代にはスペイン船の来航が禁止された。1630年代には**奉書船制度**を設けるなど貿易を制限するも，**島原の乱**が起こると，**ポルトガル船**の来航が禁止され，**オランダ人**は**出島**に移住させられた。

☐ **奉書船制度**

朱印状を持っている貿易船を，もう一度老中が審査して，**老中奉書**という渡航許可書を発行する制度。

☐ **島原の乱**

九州の**島原・天草**で起こったキリスト教徒による大規模な農民一揆。島原・天草地域でのキリスト教の徹底弾圧に対する反発。**天草四郎時貞**という少年を首領に，**原城跡**に立てこもったが，2年かけて鎮圧された。

☐ **出島**

長崎にあった外国人居住地。最初，ポルトガル人を居住させたが，1641年以降，オランダ人を居住させた。

☐ **オランダ風説書**

海外の様子をまとめた文書。出島にいたオランダ商館長が作成して幕府に提出することが義務づけられていた。

☐ **唐人屋敷**

長崎郊外に作られた中国人居住地。1688年より中国人の居住をここに限定した。

出島は，最初ポルトガル人の居住地域として作られました。オランダ人が出島に移住させられるのは1640年代になってからです。ちなみに清国人（中国人）は出島ではなく，**唐人屋敷**という，現在でいう中華街のような居住地域に居住させます。

■鎖国年表

1612年	**禁教令**（幕領に）
1613年	**禁教令**（全国に）
1616年	ヨーロッパ船の寄港を**平戸**・**長崎**に限定
1623年	**イギリス**が日本との貿易から撤退
1624年	**スペイン**船の来航禁止
1631年	**奉書船**制度
1633年	**奉書船**以外の海外渡航禁止
1635年	**日本人**の海外渡航と，在外日本人の帰国を禁止
1637年	**島原の乱**（〜1638）
1639年	**ポルトガル船**の来航禁止
1641年	**オランダ商館**を平戸から長崎港内の**出島**に移転

Check! 入試問題

　キリスト教に対しては，江戸幕府は当初の黙認の政策を改めて1612年以降禁教令を出したが，さらにこれを徹底するため，1633年に【 ① 】以外の海外渡航を禁止し，1635年には【 ② 】の海外渡航を禁止した。そして1637年，肥前・肥後に信徒を主力とする【 ③ 】の勃発をみるに及んで重ねて禁教令を出し，1639年【 ④ 】船の来航を禁止するに至った。続いてオランダ商館を【 ⑤ 】に移した。　　　　　　　　　（立命館大）

[解答] ①奉書船　②日本人　③島原の乱　④ポルトガル　⑤出島

朝鮮・琉球・アイヌとの交易

<table>
<tr><td>20秒講義</td><td>朝鮮とは己酉約条が結ばれて国交が回復し，通信使が来日した。琉球王国は薩摩の島津家久に征服され，**慶賀使と謝恩使を**幕府に派遣した。蝦夷地では松前藩の支配に対し**シャクシャイン**の戦いなどが起こったが鎮圧され，**場所請負制**のもと交易場も和人が支配した。</td></tr>
</table>

□ **己酉約条**　1609年，対馬藩主の宗氏と朝鮮との間で結ばれた通商条約。朝鮮との国交が回復した。釜山には倭館が置かれて交易を行った。

□ **通信使**　徳川将軍の代替わりごとに派遣された，朝鮮からの使節。

□ **島津家久**　初代薩摩藩主。1609年に琉球を征服。

　□ **慶賀使**　琉球から江戸幕府に派遣された使節。徳川将軍の代替わりごとに将軍就任を祝う意味で派遣。

　□ **謝恩使**　琉球から江戸幕府に派遣された使節。琉球国王の代替わりごとに国王就任を感謝する意味で派遣。

□ **松前氏**　蝦夷地を支配していた蠣崎氏が改称。松前藩を支配する大名となる。

　□ **商場知行制**　松前藩がアイヌとの交易の権利を家臣に与えた制度。

□ **シャクシャインの戦い**　アイヌの総首長であるシャクシャインが中心となって起こした蜂起。アイヌと日本の交易がアイヌにとって不利なものであったため，その不満から起こった。松前藩に鎮圧され，松前藩によるアイヌ支配を強める結果となった。

　□ **場所請負制**　アイヌとの交易場を，和人の商人に請け負わせる制度。18世紀後半より一般的となった。

Check! 入試問題

　家康は，対馬の【 ① 】氏を通して，朝鮮との国交回復を図った。1609年，【 ② 】約条が結ばれ，朝鮮から将軍の代替わりに【 ③ 】が来日するようになり，対馬藩では朝鮮外交のため雨森芳洲のような儒学者を招き，また朝鮮の釜山にあった【 ④ 】では対馬から派遣された役人らが外交・貿易を行っていた。

(関西大)

[解答] ①宗 ②己酉 ③通信使 ④倭館

江戸時代初期の文化

○
20秒講義

　江戸時代初期は，狩野探幽の**狩野派**や土佐光起の**土佐派**の他にも**装飾画**の俵屋宗達が現れた。建築では権現造と数寄屋造が現れ，本阿弥光悦といった文化人も登場した。文学では仮名草子が登場した。

□ **狩野探幽**
江戸時代初期の狩野派の画家。幕府の御用絵師として活躍。

□ **土佐光起**
江戸時代初期の土佐派の画家。朝廷の絵師として活躍。

□ **俵屋宗達**
江戸時代初期の装飾画の画家。「**風神雷神図屛風**」にみられるような大胆な構図による新様式を生み出した。

□ **権現造**
江戸時代初期の建築様式。徳川家康を祀る**日光東照宮**に代表される霊廟建築。

□ **数寄屋造**
江戸時代初期の建築様式。**書院造**や茶室建築の流れをくむ。**桂離宮**や**修学院離宮**などがある。

□ **本阿弥光悦**
江戸時代初期の文化人。「**舟橋蒔絵硯箱**」などの蒔絵を残したほか，京都の**鷹ヶ峰**に芸術村を作った。

□ **酒井田柿右衛門**
江戸時代初期の陶芸家。**有田焼**で**赤絵**の技法を完成させた。

□ **仮名草子**
やさしいかな文字で書かれた，啓蒙・教訓を含む娯楽短編小説。東山文化期に流行した**御伽草子**の流れをくむ。

Check! 入試問題

　狩野永徳の孫である【 ① 】は，江戸に出て，幕府の御用絵師となった。その門人で，のちに破門されたといわれる久隅守景は，農民や庶民の生活風俗を画題とした，すぐれた作品を残した。京都の上層商人であった【 ② 】は，料紙や装丁に美術的な匠をこらした嵯峨本を出版した。京都の建仁寺に伝わる「風神雷神図屛風」を描いた【 ③ 】は【 ② 】と親戚関係にあるともいわれるが確証はない。

(関西大)

[解答] ①狩野探幽　②本阿弥光悦　③俵屋宗達

文治政治の始まり

> ○
> 20秒講義
>
> 幼少の徳川家綱が4代将軍に就任すると，慶安の変と呼ばれる牢人反乱が起こったため，幕府は末期養子の禁の緩和などを行い文治政治に転換した。明暦の大火も起こり，幕府の財政は窮乏化した。

□ **徳川家綱**
江戸幕府4代将軍。3代将軍**徳川家光**の子。11歳で将軍に就任。保科正之らの補佐で文治政治を行う。

□ **慶安の変**
由井正雪を中心とした牢人反乱。将軍が替わったすきを狙い，幕府転覆を図るが失敗。文治政治転換のきっかけ。

□ **末期養子の禁の緩和**
末期養子とは大名が死ぬ直前に養子を迎えること。禁止されていたが，**慶安の変**を契機に緩和。当主が50歳未満であれば末期養子を可能とした。

　□ **殉死**
主君の死を追って家臣が自殺すること。江戸時代初期は美風とされたが，**徳川家綱**の頃に禁止された。

　□ **大名証人制**
将軍が大名から人質を取ること。**徳川家綱**の頃に廃止。

□ **文治政治**
4代将軍**徳川家綱**の頃から行われた，法律や制度を整備し，儒教的教化に基づいた政治。従来の**武断政治**から転換した。

□ **明暦の大火**
4代将軍**徳川家綱**のときに江戸で起こった大火災。江戸の半分が焼け落ち，幕府の財政は急激に苦しくなった。

Check! 入試問題

4代将軍【 ① 】が就任した1651年，牢人達による幕府転覆計画である【 ② 】が発生したことなどが契機となって，幕政は儒教的徳治主義で治めようとする【 ③ 】政治に移行した。具体的には【 ④ 】の禁を緩和し50歳未満の大名にそれを認め，牢人の増加を防止しようとした。また，【 ⑤ 】を禁止したり，大名が幕府に人質を出す【 ⑥ 】を廃止するなどの政策を実行した。

(明治大)

[解答] ①徳川家綱　②慶安の変　③文治　④末期養子　⑤殉死　⑥大名証人制

文治政治の展開

○
20秒講義
　5代将軍徳川綱吉は学問を奨励するとともに，財政難を補うために元禄小判を発行したがインフレとなった。正徳の政治では正徳小判を発行するとともに，海舶互市新例で金の海外流出を防いだ。

□ **徳川綱吉**

江戸幕府5代将軍。**犬公方**と呼ばれる。**徳川家綱**の養子。当初は大老**堀田正俊**を登用したが暗殺されたため，**側用人**柳沢吉保が登用された。

□ **柳沢吉保**

5代将軍徳川綱吉の**側用人**。側用人とは将軍の側近で，将軍と老中との橋渡しをする役職。

□ **林信篤（鳳岡）**

徳川綱吉のもとで**大学頭**となり，幕府の学問所を統括した。江戸に**湯島聖堂**（孔子を祀る聖堂）を作った。閣 孔子は儒学の祖。

□ **生類憐みの令**

5代将軍徳川綱吉が発令。殺生をきらう仏教の教えに従って，動物の愛護を命じた。綱吉の死後廃止。

□ **元禄小判**

従来の小判よりも金の含有量が少ない小判。5代将軍徳川綱吉の時に，**勘定吟味役**の荻原重秀の進言で発行された。1枚当たりに使う金の量を減らして小判の発行量を増やしたが，これにより，急激にインフレーションが進行した。

□ **正徳の政治**

6代将軍**徳川家宣**から7代将軍**徳川家継**にかけての政治改革。新井白石（**儒学者**で**侍講**）と間部詮房（**側用人**）が中心に行った。将軍職の権威を高めることに力点が置かれた。

□ **閑院宮家**

正徳の政治で幕府が費用を出して新しく設置した宮家。天皇家の財政難から皇子や皇女の多くが出家せざるをえない状況から創設された。

□ **朝鮮通信使の待遇簡素化**

通信使が将軍を呼ぶ際に「**日本国大君**」から「**日本国王**」と改めさせ，将軍が日本の支配者であるということを強調すると同時に，通信使の待遇を簡素化した。

□ 正徳小判 しょうとく こ ばん	正徳の政治で発行された小判。**元禄小判**の発行を中止して，金の含有量を慶長小判の当時の状態に戻した。
□ 海舶互市新例 かいはく ご し しんれい	1715年発令。清船とオランダ船の貿易額制限を行った。輸入超過による金・銀の海外流出を防ぐ目的。清船は年間30隻・銀6000貫，オランダ船は年間2隻・銀3000貫を上限とした。

学問の奨励により，新しい役職がもうけられました。
- ■ **大学頭**：**林信篤** （儒学者）
- ■ **歌学方**：**北村季吟**（歌学者，俳人）
  か がくかた　　きたむら き ぎん
- ■ **天文方**：**渋川春海**（**貞享暦**を作成）
  てんもんかた　しぶかわはるみ　じょうきょうれき

Check! 入試問題

　5代将軍に就任した【 ① 】は，はじめ大老【 ② 】を用い幕政を引き締めた。しかし，【 ② 】が暗殺された後は，側用人【 ③ 】を重用し，将軍専制の傾向を一層強めて放埒な政治を続けるようになった。1709年，【 ① 】が亡くなって【 ④ 】が将軍に就任し，その4年後には【 ⑤ 】が跡を継いだ。この時代，儒学者【 ⑥ 】は，側用人【 ⑦ 】と協力して，強い意思をもって幕政の刷新を図った。
（法政大）

［解答］ ①徳川綱吉　②堀田正俊　③柳沢吉保　④徳川家宣　⑤徳川家継　⑥新井白石　⑦間部詮房

農林水産業の発展

○
20秒講義
江戸時代になると**新田開発**が盛んに行われ，**町人請負新田**が増加した。備中鍬，千歯扱など農具も改良され，**金肥**も導入された。宮崎安貞により『**農業全書**』などの農書も書かれ，**二宮尊徳**などの農政家も生まれた。

□ **町人請負新田**

有力な町人（商人）が自分の資産を元手に開発した新田。幕府が奨励したため増加した。
注 江戸時代の農業用水：箱根用水（芦ノ湖から），
　　　　　　　　　　　見沼代用水（利根川から）

□ **備中鍬**

江戸時代に開発された農具。鍬をフォーク型に改良したもの。力が効率よく地面に伝えられるため，深く耕すことができるようになった。

□ **千歯扱**

江戸時代に開発された脱穀（もみを穂から外す）道具。くし状になっており大量に脱穀できるようになった。**後家倒し**とも呼ばれ，**扱箸**に代わって用いられた。

□ **唐箕**

江戸時代に開発された選別（米粒ともみ殻を分ける）道具。もみに風を当て，もみ殻のみを吹き飛ばし米粒と分けた。

□ **千石どおし**

江戸時代に開発された選別（米粒ともみ殻を分ける）道具。網の上に米粒を流してふるいにかけ，米粒の選別をした。

□ **踏車**

江戸時代に開発された揚水道具。**竜骨車**に代わって用いられた。

□ **金肥**

購入した肥料のこと。イワシを干した干鰯，菜種の油粕や，〆粕などの油のしぼりかすなど。

□ **宮崎安貞**

17世紀の終わりの農学者。日本初の本格的な農書『農業全書』を著した。

□ **大蔵永常**

19世紀の半ばの農学者。『**広益国産考**』や『**農具便利論**』を著した。

◆その他の農政家：**二宮尊徳**（**報徳仕法**を唱えた）・**大原幽学**

作物や産業は，次のものをおさえておきましょう。

■商品作物
四木・三草：江戸時代を代表する商品作物。四木（楮・桑・漆・茶），三草（藍・麻・紅花）など。産地では，出羽（紅花），駿河・山城（茶），阿波（藍），備後（藺草）が有名。

■漁業
上方漁法：網を使って大量に魚を取る漁法。大坂の沿岸を中心に行われていたが，江戸時代の中期ごろ各地へ広まった。上総の九十九里浜では地曳網を用いたイワシ漁が行われた。

俵物：蝦夷地（北海道）の海産物。いりこ・ほしあわび・ふかのひれを俵に詰めたもの。清へ大量に輸出された。

■主な鉱山
金山：佐渡（新潟県）・伊豆（静岡県）
銀山：石見（島根県）・生野（兵庫県）
銅山：足尾（栃木県）・別子（愛媛県）・阿仁（秋田県）

■主な林業
ヒノキ（木曽＝長野県），**スギ**（秋田県）

■製塩業　室町時代に始まった**入浜式塩田**が広く普及。

Check! 入試問題

　江戸時代になると新しい農業技術の導入がみられる。農具は田の荒おこしに深耕を可能にした【 ① 】が用いられ，脱穀には俗称「後家倒し」と呼ばれた【 ② 】が，【 ③ 】に代わって用いられ，穀物の選別などには傾斜した金網を用いる【 ④ 】や，4枚の扇板の風力による【 ⑤ 】が用いられた。灌漑には小形の揚水車である【 ⑥ 】がとくに用いられたが，これは中世から伝来した揚水車（竜骨車）とくらべ破損の少ないものであった。肥料には厩肥をはじめとする自給肥料に加えて，【 ⑦ 】などの金肥が用いられた。

(駒澤大)

[解答] ①備中鍬　②千歯扱　③扱箸　④千石どおし　⑤唐箕　⑥踏車　⑦干鰯（油粕，〆粕も可）

交通の整備

> ○
> 20秒講義
>
> 江戸時代は三都を中心に発展した。江戸を起点とした五街道には宿駅や関所が置かれ，脇街道も整備された。角倉了以や河村瑞賢は水路の整備を行い，南海路などが発達した。

☐ **三都**

江戸・大坂・京都のこと。

注 江戸：「将軍のお膝元」人口100万人の政治の中心地。
　大坂：「天下の台所」経済の中心地。
　京都：「千年の都」朝廷の所在地。

☐ **五街道**

江戸を起点とする，幕府直轄の街道。**東海道・中山道・甲州道中・日光道中・奥州道中**からなる。

☐ **宿駅（宿場）**

街道に2〜3里ごとに設置。人足や馬を交替できる**問屋場**と，宿泊施設がある。東海道は**53宿**，中山道は**67宿**が置かれた。宿泊施設には以下のものがある。
本陣・脇本陣：大名が利用
旅籠屋・木賃宿：一般旅行者が利用

☐ **関所**

街道沿いに置いて通行人をチェックした。東海道の**箱根・新居**，中山道の**碓氷・木曽福島**，甲州道中の**小仏**，日光道中・奥州道中の**栗橋**などがある。

☐ **飛脚**

書簡や金銀を送り届ける運送業者。**継飛脚**（幕府が利用）・**大名飛脚**（大名が利用）・**町飛脚**（町人が営業）があった。

☐ **脇街道**

全国の主要都市を結ぶ街道。**北国街道・伊勢街道・長崎街道**など。

☐ **角倉了以**

京都の豪商。富士川・保津川・高瀬川を開発し新たな水路を作った。

□ 河村瑞賢 （かわむらずいけん）　西廻り航路（にしまわり）・東廻り航路（ひがしまわり）を改良した。

□ 南海路 （なんかいろ）　大坂～江戸間の定期航路。江戸時代前期は主に菱垣廻船（ひがきかいせん）が就航したが，徐々にスピードの速い樽廻船（たるかいせん）が中心となった。

□ 北前船 （きたまえぶね）　蝦夷地・東北・北陸から西廻り航路を就航した船。

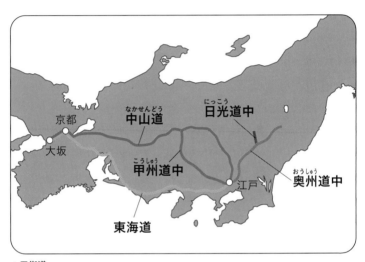

▲ 五街道

Check! 入試問題

　徳川幕府は，江戸を中心にして各方面に道路を開き，そのうちの【 ① 】を直轄とし，宿泊・運輸・通信のための施設を整えた。主要な交通路には宿駅が置かれた。これは，およそ【 ② 】里おきに設けられ，江戸・【 ③ 】間には53宿があった。幕府は治安維持の目的から交通の要所に関所を設けた。主要なものとしては，東海道の箱根・【 ④ 】，中山道の【 ⑤ 】・【 ⑥ 】などがある。幕府の公用の書状は，【 ⑦ 】と呼ばれる宿場の人足が運んだ。民間のための通信機関も発達し，江戸・京都・大坂の【 ⑧ 】を結ぶ【 ⑨ 】は，片道6日を要し，月3度営業した。

（津田塾大）

［解答］①五街道　②2～3　③京都　④新居　⑤⑥碓氷・木曽福島（順不同）　⑦継飛脚　⑧三都　⑨町飛脚

商業の発展と貨幣

> ○
> 20秒講義
> 　江戸時代の商品は蔵物と納屋物に大別される。江戸や大坂には大規模な市が開かれ，商業の発展とともに株仲間が生まれた。貨幣は三貨のうち江戸では計数貨幣の金貨が，大坂では秤量貨幣の銀貨が流通し，藩内では藩札が流通した。

□ **蔵物**　幕府や大名が領地から徴収した年貢米や特産品を商品としたもの。幕府や藩の財源となった。

□ **納屋物**　蔵物以外の商品。主に農民の余剰生産物。民間の商人の手で販売された。

　□ 蔵元　蔵物の販売取引を行う商人。
　□ 掛屋　蔵物の売却代金を国許へ送る商人。蔵元が兼任する場合もあった。
　□ 蔵屋敷　蔵米などの蔵物を貯蔵する場所。大坂の中之島には蔵屋敷が集まった。

　□ 札差　旗本・御家人の俸禄米を売却した商人。

□ **株仲間**　幕府に営業税（運上や冥加）を支払って，株という独占販売権を手に入れる仲間（同業者組合）。
　二十四組問屋：大坂の荷積み問屋の仲間
　十組問屋：江戸の荷受け問屋の仲間

江戸時代の主な市をあげておきましょう。
■米市：大坂の堂島
■魚市：大坂の雑喉場，江戸の日本橋
■青物市：大坂の天満，江戸の神田

□ 三貨 （さんか）	江戸時代に流通した金貨・銀貨・銭貨のこと。金貨は東日本，銀貨は西日本で使用された。 注 金貨：計数貨幣（枚数が数えられる貨幣）。小判 　銀貨：秤量貨幣（重さを量って用いる貨幣）。丁銀・豆板銀 　銭貨：計数貨幣（寛永通宝など）
□ 藩札 （はんさつ）	藩内に限って流通する紙幣。藩の財政が苦しくなったときに藩が支払手段として発行した。江戸時代中期以降発行。

三貨の単位は次のように決められていました。

■金貨：1両（りょう）＝4分（ぶ）＝16朱（しゅ）

■銀貨：1貫（かん）＝1000匁（もんめ）

■銭貨：1貫（かん）＝1000文（もん）

Check! 入試問題

　大名は税として徴収した年貢米や領内の産物を貨幣に換えるため，大坂や江戸に設けた【 ① 】に送り，蔵元や【 ② 】などの商人にその売却や代金の保管を任せた。また，江戸には蔵米を受け取る旗本・御家人のために，浅草の幕府の米蔵の前に米の売却などを扱う【 ③ 】がいて便宜をはかった。【 ① 】に集められた【 ④ 】のほか，各地の商人によって集荷・販売される【 ⑤ 】も次第に市場に出回るようになった。

(立正大)

［解答］①蔵屋敷　②掛屋　③札差　④蔵米（蔵物）　⑤納屋物

㊱元禄文化

元禄文化

> ○ 20秒講義
>
> **元禄文化**は上方を中心に花開いた。浮世草子を創始した井原西鶴や人形浄瑠璃の脚本を書いた近松門左衛門が登場した。俳諧では松尾芭蕉が活躍。野郎歌舞伎が流行し、**琳派**の尾形光琳や**浮世絵**の菱川師宣も登場した。

☐ **浮世草子**

元禄文化期の大衆小説。**井原西鶴**が大成。室町時代の**御伽草子**の流れを引いた**仮名草子**が変質したもの。

☐ **井原西鶴**

浮世草子の大成者。大坂の町人出身。以下が代表作。
- **好色物**（男女の仲を描いた）：『**好色一代男**』
- **町人物**（町人が題材）：『**日本永代蔵**』『**世間胸算用**』
- **武家物**（武士が題材）：『**武道伝来記**』

☐ **人形浄瑠璃**

浄瑠璃と三味線に合わせて人形が演じる芸能。

  ☐ 義太夫節

人形浄瑠璃のナレーションとして語られた。大坂の**竹本義太夫**によって始められた。

☐ **近松門左衛門**

人形浄瑠璃の脚本家。以下が代表作。
- **世話物**（江戸時代の世相を反映）：『**曽根崎心中**』
- **時代物**（歴史を題材とした）：『**国性（姓）爺合戦**』

☐ **松尾芭蕉**

正風（蕉風）俳諧を確立。代表作は、俳諧紀行文の『**奥の細道**』や『**笈の小文**』。言葉にできない余情（**幽玄**）を重んじた。

> 江戸時代初期の俳諧では言葉のおもしろ味を重視していました。
>
> ■**貞門派（松永貞徳）**：滑稽を重んじた俳諧
> ■**談林派（西山宗因）**：奇抜さを狙った俳諧

□ **野郎歌舞伎**

成人の男性が演じる歌舞伎。**女歌舞伎**, **若衆歌舞伎**が風紀を乱すと規制され成立した。

・上方の歌舞伎役者…
　坂田藤十郎（和事：男女の仲を柔軟に演じた）,
　芳沢あやめ（女形：男性が女性を演じた）
・江戸の歌舞伎役者…市川団十郎（荒事：勇壮活発な演技）

□ **尾形光琳**

琳派の創始者。装飾画の影響を受けた。代表作に「**紅白梅図屏風**」「**燕子花図屏風**」や, 蒔絵の「**八橋蒔絵螺鈿硯箱**」。

□ **菱川師宣**

元禄文化期の浮世絵師。浮世絵版画の作品を残す。代表作の「**見返り美人図**」は肉筆画。

混乱しないようにしましょう！

■「舟橋蒔絵硯箱」→本阿弥光悦
■「八橋蒔絵螺鈿硯箱」→尾形光琳

また, 元禄文化の工芸品は, ほかに次のものもチェックしておきましょう！
■「京焼」→野々村仁清が祖
■「友禅染」→宮崎友禅が創始

Check! 入試問題

　元禄文化を代表するものは京都や大坂などの上方の町人文芸であった。大坂の町人井原西鶴は【 ① 】の流れをうけた江戸初期の【 ② 】を発展させて, 【 ③ 】と呼ばれる新しい小説の世界を切り開いた。彼の作品としては『好色一代男』などの好色物, 『【 ④ 】』などの武家物, 『【 ⑤ 】』・『【 ⑥ 】』のような町人物などがある。浄瑠璃節では元禄時代に語り手として【 ⑦ 】が現れ, 近松門左衛門は世話物の『【 ⑧ 】』や, 時代物の【 ⑨ 】などが有名である。

(中央大)

[解答] ①御伽草子　②仮名草子　③浮世草子　④武道伝来記　⑤⑥日本永代蔵・世間胸算用（順不同）
　　　　⑦竹本義太夫　⑧曽根崎心中　⑨国性(姓)爺合戦

学問―儒学の興隆

> ◎
> 20秒講義
>
> 江戸時代の儒学は朱子学，陽明学，古学派に分かれた。朱子学は京学と南学に分かれた。古学派からは堀川学派と古文辞学派が生まれた。本草学や和算も発展した。

□ 朱子学

宋の朱熹が始めた儒学。「君臣・父子の別」や，「主従・上下の秩序」を重んじる内容のため，幕府の官学となった。

□ 藤原惺窩

京学（朱子学の一派）の祖。相国寺の僧侶で，徳川家康に儒学を講義した。弟子に林羅山と松永尺五ら。

□ 林羅山

江戸時代初期の朱子学者。藤原惺窩の門人として幕府に重用。子孫は代々儒学の専門家として幕府に仕えた。子の林鵞峰とともに，歴史書『本朝通鑑』を編纂。

□ 木下順庵

松永尺五の弟子。加賀の前田綱紀に仕えて藩政改革に活躍。弟子に新井白石，室鳩巣。

□ 新井白石

木下順庵の弟子。正徳の政治を行う。著書に歴史論の『読史余論』や，屋久島に潜入したイタリア人宣教師シドッチに西洋の様子を尋問して書いた『西洋紀聞』・『采覧異言』がある。

□ 陽明学

明で大成された儒学。行動を伴わない知識は本物ではないという知行合一の立場をとり，実践を重視した。

□ 中江藤樹
□ 熊沢蕃山

日本の陽明学の祖。近江聖人と呼ばれる。

陽明学者。中江藤樹の弟子。池田光政が登用。『大学或問』を著し，朱子学とそれに基づく幕政を「理想論」と批判したことで，処罰を受けた。

□ 古学派

孔子や孟子の真意に迫ろうとする儒学。

□ 山鹿素行

古学派を興した。自らの学問を聖学と称し，『聖教要録』を著し朱子学を批判したため，幕府に処罰された。

□ 南学

朱子学の一派。祖は戦国時代の南村梅軒。海南学派とも。

□ 山崎闇斎

南学の朱子学者。日本古来の神道に朱子学の精神を融合させた垂加神道を始めた。保科正之が登用した。

□ 堀川学派

古学派の一派。伊藤仁斎，伊藤東涯の親子が京都堀川で古義堂という私塾を開いた。

□ 古文辞学派

古学派の一派。堀川学派に影響を受けた荻生徂徠が始めた。儒学の古典を成立当初の意味で解釈しようとした

□ 荻生徂徠

古学派の学者。古文辞学派を創始。柳沢吉保と8代将軍徳川吉宗に仕えた。経世論を説き，吉宗に『政談』を献上し，武士土着論を展開した。

□ 太宰春台

古文辞学派の学者。荻生徂徠の弟子。徂徠の考えを受け継いで『経済録』を著した。

その他の学問は，次のものをチェックしておきましょう！

①本草学…貝原益軒・稲生若水
②和算…吉田光由・関孝和
③国文学…契沖『万葉代匠記』
④天文学…渋川春海（貞享暦）

Check! 入試問題

　寛永の頃,のちに近江聖人と呼ばれた【 ① 】は,明の頃に始まる【 ② 】を学び実践を重視する立場から朱子学の矛盾を追及した。彼の門人【 ③ 】は岡山の【 ④ 】に仕えたが，時勢を批判して下総の古河に幽閉された。一方，孔子・【 ⑤ 】の経典を直接研究しなければ，儒学の真意を極められないとする【 ⑥ 】派が現れた。『中朝事実』を著した【 ⑦ 】がその先駆で，京都の町人学者【 ⑧ 】・東涯父子が一世を風靡した。荻生徂徠の門人【 ⑨ 】は，師の経世論を発展させ，藩営専売の必要性を主張した。　　　　（立命館大）

[解答] ①中江藤樹　②陽明学　③熊沢蕃山　④池田光政　⑤孟子　⑥古学　⑦山鹿素行
⑧伊藤仁斎　⑨太宰春台

享保の改革①

○
20秒講義

　8代将軍徳川吉宗の政治改革を享保の改革という。経済政策では，上げ米をはじめ，年貢米の増産を目指したが，享保の飢饉で挫折した。また足高の制などによる人材登用や，公事方御定書などの法の整備も行った。

□ 徳川吉宗

江戸幕府8代将軍。紀伊藩主から将軍となる。享保の改革を行い，米将軍と呼ばれた。

　□ 相対済し令

武士・商人間の金銭貸借に関する訴訟は，評定所では受けず，当事者同士で解決するとした。

　□ 目安箱

庶民からの意見を受け付けるため評定所に設けられた。目安箱の意見から小石川養生所（療養施設）がつくられた。

□ 上げ米

大名に対して，石高1万石当たり100石の米を幕府に献上することを命じた令。参勤交代のときに江戸にいなければならない期間を，従来の1年間から半年間に減らした。1720～1730年に実施された。

　□ 定免法

毎年，一定量の年貢を納めさせる方法。享保の改革で採用。従来は，その年の米の出来を見てから決定する検見法であった。

享保の改革の経済政策を整理してみましょう！

①上げ米を大名に課す
②定免法に変更
③五公五民（税率50％）に増税（従来は四公六民）
④町人請負新田の奨励
⑤株仲間の公認
⑥大坂堂島米市場の公認
⑦倹約令（支出の抑制）

原始・古代

中世

近世

近代

現代

□ **享保の飢饉** _{きょうほう き きん}	1732年に発生した飢饉。西日本で「うんか（米食い虫）」の大量発生をきっかけに起こった。
□ **足高の制** _{たしだか せい}	享保の改革の人材登用制度。石高の低い武士を，それ以上の石高が設定された役職に就ける際は，在職中だけ差額分を支給した。**大岡忠相**が**江戸町奉行**に抜擢された。 _{お お か ただすけ} _{え ど まち ぶ ぎょう}
□ **公事方御定書** _{く じ かた お さだめがき}	刑罰や裁判のルールが定められた法典。**大岡忠相**を中心に編纂。下巻の『御定書百箇条』は判例集。 _{お さだめがきひゃっ か じょう}
□ 御触書寛保集成 _{お ふれがきかんぽうしゅうせい}	従来からの法令や裁判の判例を整理し編纂したもの。

享保の改革で登用された人たちもおさえておきましょう。
■**大岡忠相**（江戸町奉行・寺社奉行に）
■**室鳩巣**（朱子学者），**荻生徂徠**（古文辞学派）
_{むろきゅうそう} _{おぎゅう そ らい}
■**田中丘隅**（農政家。治水事業で業績を上げた）
_{た なかきゅうぐ}

また，実学を重視した吉宗は，**漢訳洋書の輸入制限**
_{かんやくようしょ}
を緩和し，オランダ語を学んだ**青木昆陽**に**甘藷**（サツ
_{あおき こんよう} _{かんしょ}
マイモ）の栽培を命じました。

Check! 入試問題

　8代将軍となった吉宗は，享保の改革と呼ばれる一連の政策を遂行した。吉宗は，役職ごとに定められた知行高に満たない有能な人材を登用するために，在職期間中だけ不足分を支給することで役職に就任できるように【 ① 】を定め，農政家の【 ② 】や，町奉行として活躍した【 ③ 】を登用した。吉宗は役人の綱紀粛正と民意を施政に生かすことを目的として【 ④ 】を設けたが，その成果の一つが【 ⑤ 】の開設であった。吉宗は，諸大名の参勤交代の江戸在府期間を半分にする代わりに，諸藩に1万石に付き100石の割合で米を差し出させた【 ⑥ 】を定めた，また検見法に代えて過去の収穫高を基準に一定の年貢を納めさせる【 ⑦ 】を導入した。また，サツマイモの栽培を【 ⑧ 】に命じた。
（日本大）

[解答] ①足高の制　②田中丘隅　③大岡忠相　④目安箱　⑤小石川養生所　⑥上げ米　⑦定免法
　　　　⑧青木昆陽

田沼時代の政治

○
20秒講義

　9代将軍徳川家重の頃から側用人政治が復活し，10代将軍徳川家治は，側用人田沼意次を登用した。田沼意次は，**株仲間**の奨励など積極的な商業政策を行ったが，**天明の飢饉**で挫折した。

□ **田沼意次**
　たぬまおきつぐ

　□ **田沼意知**
　　おきとも
　□ **工藤平助**
　　くどうへいすけ

10代将軍**徳川家治**の**側用人**。**老中**に出世し政権を掌握した。

田沼意次の子。**若年寄**になるが暗殺された。
『**赤蝦夷風説考**』の著者。これを読んだ田沼意次は，**最上徳内**を蝦夷地に派遣し，北方を探検させた。

□ **天明の飢饉**
　てんめい　ききん

東北地方で発生した冷害が原因で起こった大飢饉。北関東で浅間山が大噴火したことで被害が拡大し，各地で**打ちこわし**（庶民が米商人の家などを襲撃すること）が発生。

田沼時代の重商政策を整理しておきましょう！

①**株仲間**を積極的かつ大規模に認めた
②直営の**座**（銅・鉄・真鍮・朝鮮人参の**専売**）の設置
③**長崎貿易**の拡大（銅や**俵物**で支払いを行う）
④**蝦夷地**の開発（**俵物**の生産地）
⑤**ロシア**との貿易計画（最上徳内を蝦夷地に派遣）
⑥**印旛沼・手賀沼**（下総）の干拓に着手

Check! 入試問題

　10代将軍【 ① 】のもとで【 ② 】から老中に昇進し幕府の実権を握った【 ③ 】は，幕府直営の座を設けて，銅・鉄・真鍮・朝鮮人参などの商品を【 ④ 】制にするとともに，【 ⑤ 】を積極的に公認して販売や製造などの特権を与える代わりに，彼らから冥加・運上金を徴収した。さらに，蓄積された商人の資金に注目して新田開発を奨励し，下総の【 ⑥ 】や手賀沼の干拓を企てた。

(駒澤大)

［解答］ ①徳川家治　②側用人　③田沼意次　④専売　⑤株仲間　⑥印旛沼

原始・古代
中世
近世
近代
現代

寛政の改革と百姓一揆

20秒講義

11代将軍徳川家斉のもとで，老中松平定信は寛政の改革を行った。囲米で米の備蓄を図り，救済策として棄捐令や七分積金，人足寄場の設置や旧里帰農令を行ったほか，寛政異学の禁など思想面の改革も行った。一方，百姓一揆も頻発した。

□ **松平定信**
老中首座として11代将軍徳川家斉のもと，寛政の改革を主導した。白河藩主。徳川吉宗の孫。

□ **囲米**
1万石当たり50石の米を各藩に備蓄させた。米は，義倉・社倉に保管された。

□ **棄捐令**
札差に，旗本や御家人へ貸していたお金を放棄させた。6年以上前の借金は全て返済免除とし，それ以後の借金は利息を下げて毎年分割払いとした。

□ **七分積金**
町入用（江戸町内の経費）を節約して，節約した分の7割を積み立てよという命令。貧しい人の救済を目的とした。

□ **人足寄場**
江戸の石川島に設けられた浮浪人や無宿人の収容施設。彼らの手に職を付けさせ，自力更生を図った。

□ **旧里帰農令**
農民たちに資金を与えて，農村に帰ることを奨励した法令。

□ **寛政異学の禁**
聖堂学問所で朱子学以外の講義を禁止した禁令。朱子学を正学と位置づけ，朱子学以外の儒学を異学とした。

□ 寛政の三博士
柴野栗山・尾藤二洲・岡田寒泉（後に古賀精里に交代した）という3人の朱子学者。

□ 昌平坂学問所
湯島にあった聖堂学問所が官学化されて改称。

□ 林子平
著書『海国兵談』で「海岸の守備を固めることの必要性」を唱え，寛政の改革で処罰された。
図 洒落本作家の山東京伝も，『仕懸文庫』で処罰を受けた。

18世紀ごろの藩政改革をチェックしておきましょう！
■熊本藩：**細川重賢**（ロウソクの原料である櫨の生産を促進）
■米沢藩：**上杉治憲**（米沢織を興す）
■秋田藩：**佐竹義和**（諸産業の保護・奨励）

□ **百姓一揆**
江戸時代に起こった農民たちの反抗運動。

□ 打ちこわし
暮らしに困った町人が，裕福な商人や金融業者，米商人の家屋・家財を破壊する運動。天明の飢饉以降頻発した。

□ 国訴
地方の商人が中心となった運動。独占販売権を有する株仲間に反発して，農民と一緒に起こした。

江戸時代の百姓一揆は，起こされた時期によってパターン分けできますよ。
■前期：**代表越訴型一揆**（義民が代表で直訴）
■中期：**惣百姓一揆**（広範囲にわたる大規模な一揆）
　　　　村方騒動（貧農が富農・村役人の不正を追及）

Check! 入試問題

松平定信は，幕府財政を立て直すため，農業人口の確保に力を入れ，【 ① 】を出して，江戸に流入した農村出身者の帰農をすすめた。また飢饉に備えて，都市や農村に【 ② 】・【 ③ 】を設けさせ，【 ④ 】に米穀を貯蔵させた。江戸では，【 ⑤ 】の節約分の7割を積み立てさせ，飢饉や災害に備えさせた。これを【 ⑥ 】という。定信はまた，江戸の治安維持のため，石川島に【 ⑦ 】を設けて，浮浪人や無宿者を収容し，職業技術をさずけて，正業に就くよう指導した。

(中央大)

[**解答**] ①旧里帰農令　②③義倉・社倉（順不同）　④囲米　⑤町入用　⑥七分積金　⑦人足寄場

19世紀前半の政治①—大御所時代

○
20秒講義

　19世紀前半，11代将軍徳川家斉が実権を握った時代を**大御所時代**という。関東取締出役など治安維持のための組織が作られたが，放漫政治により，社会の乱れや財政悪化が進んだ。天保の飢饉の発生をきっかけに，大塩の乱が起こった。

□ **徳川家斉**
とくがわいえなり

江戸幕府11代将軍。50年間将軍に在位した。子の**徳川家慶**に将軍職を譲った後も**大御所**として実権を握り続けた。

□ **関東取締出役**
かんとうとりしまりしゅつやく

無宿人や博徒の犯罪を取り締まることができる役職。関東全域でその土地の領主に関係なく取り締まることができた。

□ **寄場組合**
よせばくみあい

近隣の村々からなる組合。連帯して農村の治安や風俗の乱れを取り締まった。

□ **天保の飢饉**
てんぽうのききん

19世紀の前半に起こった飢饉。長雨・洪水・冷害による大凶作で全国的に米不足となり，餓死者が相次いだ。

□ **大塩の乱**
おおしおのらん

飢饉に対して無策であった町奉行所の体質に憤慨した**大塩平八郎**が，門弟たちと起こした反乱。1日で鎮圧された。

□ **大塩平八郎**
おおしおへいはちろう

陽明学者。大坂町奉行所の元**与力**（下級役人）。大塩の乱を起こす。

□ **生田万**
いくたよろず

越後（新潟県）の**国学者**。大塩の乱に呼応し，貧民救済を掲げて反乱を起こした。

Check! 入試問題

　11代将軍【 ① 】は，1837年に将軍職を【 ② 】に譲ってからも，【 ③ 】として幕府の実権を握り続けた。関東の村々では治安の乱れが著しくなったため，幕府は1805年，【 ④ 】を設けて犯罪者の取締りにあたらせ，さらに1827年には，幕領・私領の区別なく，近隣の村々を組み合せた【 ⑤ 】を作らせ，地域の治安や風俗取締りなどにあたらせた。

(駒澤大)

[解答] ①徳川家斉　②徳川家慶　③大御所　④関東取締出役　⑤寄場組合

19世紀前半の政治②─天保の改革

○
20
秒
講
義

　12代将軍徳川家慶の元で，老中水野忠邦が行った政治改革
を天保の改革という。改革では経済の引き締めを行い，株仲間
解散令や，上知令，人返しの法が出されるが，反発を受け挫折
した。

□ **水野忠邦**
みず の ただくに

12代将軍徳川家慶の元で老中となり，天保の改革を行った。

□ **株仲間解散令**

天保の改革の政策。物価引き下げを狙うが，モノの流通が
混乱し，かえって物価が上昇したため，1851年廃止。

□ **上知令**
じょう ち れい
あげ ち

江戸・大坂周辺の**50万石**の地を直轄化する命令。諸大名
や旗本たちの反対により実行できず，水野忠邦は失脚した。

□ **人返しの法**
ひと がえ ほう

江戸に出稼ぎに来ていた貧しい農民に，帰郷を強制した。
天保の飢饉で荒廃した農村を立て直すことが目的。

天保の改革で行われた経済政策をまとめておきます。
①**倹約令**　②**物価引き下げ令**　③**棄捐令**(→P.162)
④**株仲間解散令**　⑤**御用金**(三都の商人から徴収)

天保の改革では風俗取り締まりも行われました。
①**柳亭種彦**(合巻)の処罰　②**歌舞伎**を浅草に移す
りゅうていたねひこ
③高価な菓子・料理の禁止　④**寄席**を減らす

Check! 入試問題

　水野忠邦は，風俗・出版に対しても厳しい統制を加え，作家の【 ① 】ら
を処罰した。ついで【 ② 】を発して江戸に流入した農民を強制的に帰村さ
せて農村の再建を図り，物価を引き下げて旗本・御家人を救済するため棄捐
令を出した。水野は【 ③ 】を出して仲間外の商人や在郷商人にも自由な取
引を認めたが，流通機構は混乱した。また，1843年に出した【 ④ 】で，【 ⑤ 】・
【 ⑥ 】周辺を直轄化しようとしたが失敗し，失脚した。　　　　(中央大)

[**解答**] ①柳亭種彦（為永春水も可）　②人返しの法　③株仲間解散令　④上知令　⑤⑥江戸・大坂（順不同）

原
始
・
古
代

中
世

近
世

近
代

現
代

19世紀の藩政改革

○
20秒講義

19世紀前半の藩政改革には，**薩摩藩**の調所広郷や，**長州藩**の村田清風，**佐賀藩**の鍋島直正が行ったものがある。これら改革を行った薩摩・長州・土佐・肥前（佐賀）などの藩は，幕末に**雄藩**として討幕の原動力となった。

☐ **調所広郷**

19世紀前半，**薩摩藩**の藩政改革を行った。奄美諸島の**黒砂糖**の専売を強化したほか，**琉球**との貿易を活発にした。

☐ **村田清風**

19世紀前半，**長州藩**の藩政改革を行った。**紙**や**蠟**の専売強化（のち緩和）や，**越荷方**の設置を行った。

　☐ **越荷方**

下関を通る船を相手に，荷物を担保に資金を貸し付けたり，荷物の委託販売をしたりする役所。

☐ **鍋島直正**

19世紀前半の**佐賀藩**主。自ら藩政改革に乗り出した。**均田制**の採用や，**陶磁器**の専売強化，**大砲製造所**の建設を行った。

　☐ **均田制**

土地の一部を藩に返却させた後，農民に均等に再分配した。年貢の徴収が安定してできるようになった。

その他にも，藩政改革を行った藩がありました。
水戸藩：藩主の**徳川斉昭**が改革を行う。
土佐藩：「**おこぜ組**」が支出を抑えて財政再建を図った。

Check! 入試問題

薩摩藩では【 ① 】が1827年から藩政改革に着手した。奄美三島の【 ② 】の専売を強めるなどを行った。長州藩では【 ③ 】が藩政改革を行った。下関などに設置した【 ④ 】でその荷の委託販売をすることで収入の増加を図り，財政再建を成功させた。

(近畿大)

[解答] ①調所広郷　②黒砂糖　③村田清風　④越荷方

外国船の接近

> **20秒講義**
>
> **ロシア**は**ラクスマン**と**レザノフ**があいついで来日して通商を求めたが，幕府はこれを拒否した。**イギリス**のフェートン号事件などを受けて異国船打払令が出されたため，モリソン号事件が起こった。

□ **ラクスマン**

ロシア人。1792年，北海道の根室に来航し，日本との通商を要求した。**大黒屋光太夫**を送還した。

□ **レザノフ**

ロシア人。1804年，**長崎**に来航して，日本との通商を要求した。幕府は，鎖国を理由に要求を拒否した。

□ 近藤重蔵

探検家。択捉島を探査した際に「**大日本恵登呂府**」の柱を建て，日本の領土であることを示した。

□ 間宮林蔵

探検家。樺太を探査し，樺太が島であることを確認した。後に**間宮海峡**と呼ばれる海峡を発見した。

□ ゴローウニン事件

1811年，国後島に上陸したロシア軍艦の艦長**ゴローウニン**が，幕府の役人によって捕らえられた。ロシアは報復として，日本人の商人**高田屋嘉兵衛**を捕らえたが，高田屋嘉兵衛の尽力によってゴローウニンも釈放され，日露関係は改善した。

□ **フェートン号事件**

1808年，オランダ船を追いかけてきたイギリス軍艦のフェートン号が長崎に侵入，薪水や食料を強奪した。

□ **異国船打払令**

1825年発令。**清・オランダ・朝鮮・琉球**以外の外国船を無条件に撃退することを定めた。イギリスによる薪水や食料の相次ぐ強奪が背景。

□ モリソン号事件	1837年，日本人の漂流民を送り届けるとともに，通商を求めるために来航したアメリカの商船**モリソン号**を，幕府が異国船打払令に基づいて撃退した。
□ 蛮社の獄 ばんしゃ ごく	モリソン号事件を批判した人物が処罰された事件。**渡辺崋山**が わたなべ かざん 『**慎機論**』で，**高野長英**が『**戊戌夢物語**』で，幕府の排外政策を しん き ろん　　　　たか の ちょうえい　　　　ぼ じゅつゆめものがたり 批判したため処罰された。

この単元は時期でおさえるとよいです。

■1790年代：露　ラクスマン
■1800年代：露　レザノフ
　　　　　　英　フェートン号事件
■1810年代：露　ゴローウニン事件
■1820年代：日　異国船打払令
■1830年代：米　モリソン号事件

Check! 入試問題

　ロシアは南下政策をとって，1792年には使節【　①　】が根室に来航し，次いで1804年には同国の使節【　②　】が長崎に来航して通商を求めてきた。幕府は北方問題を重視し，1798年，【　③　】と最上徳内に千島を探査させた。幕府は次いで，間宮林蔵に【　④　】とその対岸を探査させた。一方，イギリスの軍艦がオランダ船を追って長崎に侵入し，商館員を捕えるという【　⑤　】事件が起こった。その後も諸外国による脅威が絶えないので，幕府は1825年，【　⑥　】令を出し，【　⑦　】・朝鮮・琉球・オランダ以外の外国船をすべて撃退することを命じた。

(日本女子大)

[解答] ①ラクスマン　②レザノフ　③近藤重蔵　④樺太　⑤フェートン号　⑥異国船打払　⑦清

国学と蘭学の発展

○
20秒講義
　日本古来の精神を学ぶ**国学**は，荷田春満と賀茂真淵が発展させ，伊勢の本居宣長は『**古事記伝**』を著した。蘭学はオランダ語を通じて伝わった西洋の学問で，**前野良沢・杉田玄白・大槻玄沢・稲村三伯**らが登場した。

□ **国学**

日本古来の精神を学ぶ学問。元禄の頃の国文学の研究から発達した学問。

□ **荷田春満**

天国学の学校建設を徳川吉宗に提言した。著書に『**創学校啓**』がある。

□ **賀茂真淵**

天国学者。荷田春満の弟子。『万葉集』の研究を行い，『**万葉考**』・『**国意考**』を著した。

□ **本居宣長**

天国学の大成者。賀茂真淵の弟子。『**古事記**』を研究し，国学を思想的に深めた。日本古来の精神である「**真心**」に返ることを主張し『**古事記伝**』を著す。著書に随筆集『**玉勝間**』，国学書『**秘本玉くしげ**』がある。

□ **塙保己一**

天国学者。賀茂真淵の弟子。目が見えないにもかかわらず，書物の研究にあたる。古代から江戸初期に至る和漢の書物を分類・編集した『**群書類従**』を著した。**和学講談所**で書物の研究を行う。

□ **平田篤胤**

化国学者。**本居宣長**の影響を受け，仏教などの影響を受ける前の，日本古来の考え方を研究し**復古神道**を大成。復古神道は幕末の**尊王論**につながって展開した。

江戸時代後期の文化は「**天明・宝暦期**」と「**化政期**」に分かれます。
■天明・宝暦期：18世紀後半
■化政期　　　：19世紀前半
※天明・宝暦期の文化は天，化政期の文化は化と記しています。

原始・古代
中世
近世
近代
現代

□ 蘭学	オランダ語を通じて伝わった西洋の学問。西洋の学問はすべて基本的に蘭学として日本へ入ってきた。
□ 解体新書	🏯解剖に関するオランダ語の本（『ターヘル＝アナトミア』）を翻訳したもの。**前野良沢**と**杉田玄白**が中心に翻訳した。
□ 杉田玄白	🏯蘭学者。『解体新書』の翻訳者。翻訳のときの苦労を『蘭学事始』に残す。
□ 大槻玄沢	🏯蘭学者。前野良沢・杉田玄白の弟子。蘭学の入門書である『蘭学階梯』を著し、**芝蘭堂**という蘭学塾を開いた。
□ 稲村三伯	🏯蘭学者。**大槻玄沢**の弟子。日本初の蘭日辞書である『**ハルマ和解**』を作った。

8代将軍**徳川吉宗**が漢訳洋書の輸入制限を緩和したことを皮切りに、西洋の学問も盛んに研究されるようになりました。

Check! 入試問題

鎖国後、ヨーロッパの文化は我が国にはほとんど入らなくなったが、8代将軍【 ① 】は西洋文化摂取のため【 ② 】の輸入制限を緩和した。その結果西洋の技術や学問に関心が向けられた。その中で画期的な成果は1774年【 ③ 】・【 ④ 】らによって訳された『解体新書』で、これによって本格的な蘭学への道が開かれた。その後この2人に学んだ【 ⑤ 】は江戸に芝蘭堂を開いて門人を育て、自らも蘭学の入門書である『【 ⑥ 】』を著し、その門人【 ⑦ 】は初めて蘭日辞書である、『【 ⑧ 】』を作った。　　　　　（皇學館大）

[解答] ①徳川吉宗　②漢訳洋書　③④前野良沢・杉田玄白（順不同）　⑤大槻玄沢　⑥蘭学階梯
　　　　⑦稲村三伯　⑧ハルマ和解

西洋知識の導入と学問の発展

○
20秒講義
　江戸時代後期になると，洋学などの学問が発展した。洋学では西川如見や志筑忠雄が，社会思想では，心学のほか，安藤昌益・海保青陵・本多利明が思想や政策を論じ，伊能忠敬は『大日本沿海輿地全図』を作成した。また水戸学などで尊王論も発展し，明和事件なども起こった。

□ 西川如見
　図天文・地理学者。『華夷通商考』を著し，海外事情を伝えた。

□ 志筑忠雄
　古蘭学者。『暦象新書』で地動説を紹介。オランダ商館医師ケンペルが書いた『日本誌』の一部を翻訳し，「鎖国論」として発表した。

□ 心学
　図石田梅岩が京都で興した学問。儒教の道徳をベースに，商売の正当性と商人の存在意義などの町人道徳を説いた。

□ 安藤昌益
　図八戸の医師。身分制度の厳格な社会自体を否定し，『自然真営道』を著して，すべての人が農業を行って生活する社会を理想と捉えた。

□ 海保青陵
　古19世紀半ばに『稽古談』を著し，藩専売制の採用を説いた。

□ 佐藤信淵
　古『経済要録』を著して産業の国営化を主張した。

□ 本多利明
　古『西域物語』を著して海外との積極的な貿易を勧めた。

□ 伊能忠敬
　古全国を測量し，『大日本沿海輿地全図』を作成した。

□ 水戸学
　江戸時代後期に水戸藩で興った学問。朱子学の上下関係を重視するという考え方から発展し，天皇を尊敬する尊王論へと展開した。

□ 会沢安
　古水戸学の学者。徳川斉昭に仕え，『新論』を著した。

☐ 明和事件

☐ 宝暦事件

図1767年，江戸で尊王論者の山県大弐が幕府政治を批判し死罪になった。

図1758年，京都で竹内式部が公家たちに尊王論を説いて弾圧された。

この頃，天文方に設置された**蛮書和解御用**という施設で，**高橋景保**を中心に洋書の翻訳が行われました。高橋景保は，ドイツ人医師**シーボルト**が帰国する際，持ち出し禁止の日本地図を渡したとして処罰された人物です。（**シーボルト事件**）

Check! 入試問題

　八戸の医師【 ① 】は万人が自ら耕作して生活する自然世を理想とし，武士が支配して農民から収奪する社会や身分社会を否定し，封建社会を厳しく批判した『【 ② 】』を著した。また海保青陵は藩財政の立て直しをするには消極的な倹約政策でなく，商品経済に対応した藩営専売などの積極策をとるべきだと『【 ③ 】』で述べている。【 ④ 】は蝦夷地の開発や西洋諸国との交易による富国策を論じた『西域物語』，『経世秘策』を著した。　(青山学院大)

[解答] ①安藤昌益　②自然真営道　③稽古談　④本多利明

教育機関の設立

○
20秒講義

　城下町には藩学，城下町を離れた場所には郷学が設置され，藩士の子弟の教育にあたった。庶民の子どもは寺子屋で学び，大坂には懐徳堂や適塾が，豊後には咸宜園，長崎には鳴滝塾が開かれた。

□ 藩学
　城下町に設けられた藩士の子弟を教育する学校。

□ 郷学
　城下町を離れた場所に藩・町人らが設置した学校。藩士の子弟や庶民を対象としていた。岡山藩の**閑谷学校**が代表。

□ 寺子屋
　庶民の子どもを対象とした教育施設。全国各地で武士・僧侶・神官・医師などが運営した。「**読み・書き・そろばん**」という初等教育が行われ，日本の識字率を高めた。

□ 懐徳堂
　図**大坂**で町人によって開かれた私塾。『**出定後語**』の**富永仲基**や，『**夢の代**』の**山片蟠桃**を輩出。

□ 適塾（適々斎塾）
　図大坂で**緒方洪庵**が開いた私塾。出身者に**大村益次郎**，**福沢諭吉**らがいる。

Check! 入試問題

　18世紀以降，多くの藩では藩士子弟を教育するための【 ① 】が新たに設立された。民間でも私塾が開かれた。中でも18世紀前半に【 ② 】町人の出資で設立された私塾の【 ③ 】は朱子学や陽明学を講義していた。その中からは『出定後語』を書いた【 ④ 】や『【 ⑤ 】』を書いた山片蟠桃などの学者も現れた。19世紀になると豊後の広瀬淡窓の咸宜園や大坂の緒方洪庵の【 ⑥ 】，萩の吉田松陰の松下村塾などからも幕末の思想家や志士が育った。19世紀の初めには，庶民の初等教育機関である【 ⑦ 】が数多く作られ，「読み・書き・【 ⑧ 】」などの日常生活に必要な教育が行われるようになった。 （オリジナル）

[解答] ①藩学　②大坂　③懐徳堂　④富永仲基　⑤夢の代　⑥適塾　⑦寺子屋　⑧そろばん

原始・古代　中世　近世　近代　現代

江戸時代後期の美術

○
20秒講義
浮世絵版画は，天明・宝暦期に錦絵が創始されて化政期に全盛期を迎えた。大首絵の手法を用いた美人画や役者絵が描かれた。円山応挙は写生画を始め，文人画も盛んになった。西洋画も描かれ，司馬江漢は銅版画を創始した。

□ **錦絵**　多色刷の浮世絵版画。**鈴木春信**が開発した。

　□ 喜多川歌麿　🈩18世紀末の浮世絵師。**美人画**を得意とした。
　□ 東洲斎写楽　🈩18世紀末の浮世絵師。**役者絵**を得意とした。
　□ 葛飾北斎　🈔19世紀の浮世絵師。「**富嶽三十六景**」などの**風景画**で有名。
　□ 歌川広重　🈔19世紀の浮世絵師。「**東海道五十三次**」など**風景画**で有名。

□ **大首絵**　浮世絵の手法。顔の部分を強調して描く手法。

□ **写生画**　西洋の遠近法を取り入れた写実的な技法を用いた絵画。**円山応挙**が始めた。

　□ 円山派　🈩**円山応挙**が興した写生画の画派。四条派は呉春（**松村月溪**）が分派して形成したもの。

□ **文人画**　詩人や学者などが描いた絵の総称。中国の影響を受け，18世紀後半以降，**池大雅**や**与謝蕪村**によって大成された。

おもな文人画家もおさえておきましょう！

池大雅・与謝蕪村（『**十便十宜図**』の作者）
田能村竹田（豊後），**谷文晁**（江戸），
渡辺崋山（江戸，谷文晁に学ぶ。「**鷹見泉石像**」の作者）

□ **司馬江漢**
しばこうかん

天西洋画家。**平賀源内**に学ぶ。蘭学の知識を手がかりに**銅版画**を創始した。

□ 平賀源内
ひらがげんない

天蘭学者。**エレキテル**を製作した。**西洋画**も描く。浄瑠璃の台本も書き，日本初の博覧会を開催した。

江戸時代の浮世絵の変遷を整理しましょう！

■**元禄期**：**菱川師宣**
ひしかわもろのぶ

■**天明期**：**鈴木春信**（錦絵を創始）
てんめい

■**寛政期**：**喜多川歌麿・東洲斎写楽**（大首絵）

■**天保期**：**葛飾北斎・歌川広重**（風景画）

Check! 入試問題

　浮世絵は18世紀中頃に【 ① 】が錦絵を創始し，天明・寛政の頃，喜多川歌麿が【 ② 】に，また【 ③ 】は役者絵などに個性的な筆致を示した。また天保の頃には葛飾北斎や歌川広重が出て【 ④ 】に新しい境地を開いた。
　円山応挙は写生を重んじて日本画に新生面を開き，円山派と呼ばれた。応挙の弟子松村月渓（呉春）は【 ⑤ 】派を開いた。西洋画では田沼時代には【 ⑥ 】が西洋画を学び，その影響をうけた【 ⑦ 】は銅版画を創始した。

(実践女子大)

[解答] ①鈴木春信　②美人画　③東洲斎写楽　④風景画　⑤四条　⑥平賀源内　⑦司馬江漢

江戸時代後期の文芸

> ○
> **20秒講義**
>
> 寛政の改革で処罰された洒落本や黄表紙，天保の改革で処罰された人情本，合巻などの小説が書かれた。俳諧では与謝蕪村や小林一茶が活躍したほか，川柳や狂歌も流行し，竹田出雲などによって**人形浄瑠璃**や**歌舞伎**の脚本も書かれた。

□ **洒落本**

🈖18世紀後半，江戸の遊里を舞台に「粋」を描いた小説。**寛政の改革**で，社会の風俗を乱すとして弾圧を受け，衰退した。『**仕懸文庫**』の作者である**山東京伝**などがいる。

□ **黄表紙**

🈖18世紀末の風刺を滑稽に描いたイラスト入りの小説。**寛政の改革**で，幕政批判であるとして弾圧を受け，衰退した。『**金々先生栄花夢**』の作者である**恋川春町**などがいる。**草双紙**が発展したもの。

□ **滑稽本**

🈴さし絵入りで，庶民生活をおもしろおかしく描いた小説。**十返舎一九**の『**東海道中膝栗毛**』や，**式亭三馬**の『**浮世風呂**』・『**浮世床**』が代表。

□ **人情本**

🈴恋愛を扱った小説。**為永春水**の『**春色梅児誉美**』が代表。為永春水は**天保の改革**で処罰された。

□ **合巻**

🈴**黄表紙**が長編化し，数冊とじ合わされたもの。**柳亭種彦**の『**修紫田舎源氏**』が代表。柳亭種彦は**天保の改革**で処罰された。

□ **読本**

🈴文章主体の小説。寛政の改革の頃，イラスト入りの小説に対して書かれ始めた。江戸時代初期の仮名草子の流れを汲む。代表作に**上田秋成**の怪奇小説『雨月物語』や，**曲亭馬琴**の『**南総里見八犬伝**』がある。

□ **与謝蕪村**

🈖18世紀後半の天明期に活躍した俳人。絵画的で，しみじみとした味わいのある句を読んだ。

□ 小林一茶 こ ばやしいっ さ	化 化政期に活躍した俳人。庶民的な感覚のある句を詠んだ。
□ 川柳 せんりゅう	天 俳諧の形式を用いて，社会や政治を鋭く皮肉った短詩。 **柄井川柳**が始めた。
□ 狂歌 きょう か	化 和歌の形式を用いて，社会や政治を鋭く皮肉った短歌。 **大田南畝（蜀山人）** などが代表。
□ 竹田出雲 たけ だ い ず も	天 浄瑠璃の作者。代表作に「**菅原伝授手習鑑**」「**義経千本 桜**」「**仮名手本忠臣蔵**」など。
□ 近松半二 ちかまつはん じ	天 浄瑠璃の作者。代表作に「**本朝廿四孝**」「**妹背山婦女庭訓**」。
□ 鶴屋南北 つる や なんぼく	化 歌舞伎の脚本作家。代表作に『**東海道四谷怪談**』。
□ 河竹黙阿弥 かわたけもく あ み	化 歌舞伎の脚本作家。**白浪物**と呼ばれる盗賊を主人公とする作 品を得意とした。
□ 唄浄瑠璃 うたじょう る り	天 人形浄瑠璃から歌の部分だけを独立させたもの。**新内節・清 元節・常磐津節**が広く普及した。

元禄期に上方の町人中心に流行した小説が
浮世草子でしたね。（→ P.155）。それに対し
化政文化の中心は江戸でした。

Check! 入試問題

　町人文芸は19世紀初めの文化・文政時代に最盛期を迎えた。文芸では元禄の【 ① 】に代わって江戸を中心に各種の小説が興った。【 ② 】世紀の後半には，子どものための絵本である草双紙が発展して【 ③ 】と呼ばれる風刺や滑稽を主題とした大人の絵入り読物になった。【 ③ 】とならんで遊里の世界を写実的に描写した【 ④ 】も盛んに作られた。しかし【 ⑤ 】の改革のとき，幕府は【 ④ 】など遊里物の出版を禁止したので，これに代わって滑稽本や，男女の愛欲をテーマとした【 ⑥ 】，勧善懲悪をモチーフとする歴史物の【 ⑦ 】などが主流となり，黄表紙は長編の絵物語である【 ⑧ 】に変化した。

(中央大)

[解答] ①浮世草子　②18　③黄表紙　④洒落本　⑤寛政　⑥人情本　⑦読本　⑧合巻

近代

WORDBOOK OF JAPANESE HISTORY

開国へのあゆみ①

> ○
> 20秒講義
>
> アヘン戦争を契機に薪水給与令を出した幕府は，依然として鎖国を堅持していたが，ペリーが来航し，老中阿部正弘は日米和親条約を締結した。ロシアとも日露和親条約が結ばれ，同様の条約が**イギリス・オランダ**とも結ばれた。

□ **アヘン戦争**	1840年に起こった清とイギリスとの戦争。イギリスの勝利に終わり，イギリスが**香港**を租借した。
□ **薪水給与令** （天保の薪水給与令）	1842年，老中**水野忠邦**が発令。漂着した外国船に対して，燃料や水・食料などを与える内容の法令。
□ オランダ国王の 開国勧告	1844年，オランダ国王から幕府に対して送られた，開国を勧告する国書。
□ ビッドル	**アメリカ人**。1846年**浦賀**に来航して通商を要求したが，幕府から拒否された。
□ **ペリー**	1853年，アメリカから軍艦4隻を率いて，**浦賀**沖に来航。アメリカ大統領**フィルモア**の国書を幕府に提出し，開国を迫った。1854年，軍艦7隻を率いて再来日。日米和親条約を締結。
□ **阿部正弘**	ペリー来日時の老中首座。**安政**の改革を行った。ペリー来航に対し，朝廷をはじめ，外様大名も含む諸大名・幕臣などから広く意見を聞いた。
□ 安政の改革	老中**阿部正弘**の政治改革。新たな人材の登用のほか，江戸湾に大砲を設置する**台場**を築き，**大船建造の禁**を廃止するなど，国防の強化を図った。

□ **日米和親条約**
にちべい わ しん

1854年にアメリカと結んだ，日本の開国を内容とする条約。
①**下田・箱館**の開港
②**薪水**（燃料と水）・**食糧**の供給，難破船の救助
③アメリカに一方的な最恵国待遇（不平等な内容）
④**領事**を下田と箱館に駐在させる

□ **最恵国待遇**
さいけいこくたいぐう

他国との条約で，その国により有利な条件を与えたら，自動的
にその条件が締結国にも適用されること。

□ **日露和親条約**
にちろ わ しん

1854年にロシアと締結。日米和親条約の内容に加えて**長
崎**の開港も約束。**択捉島**以南を日本領，**得撫島**以北をロシ
ア領と定め，**樺太**は両国民雑居の地として国境を定めなか
った。

□ **プゥチャーチン**

1853年，**長崎**に来航したロシア人。翌1854年，日露和親条約
を締結した。

老中のトップは**阿部正弘**から**堀田正睦**へと交代し，ア
メリカからは**ハリス**が交渉にやってきます。流れを見
てみましょう。

阿部正弘（老中）：ペリー来航→日米和親条約
堀田正睦（老中）：ハリスが通商を要求するが，
　　　　　　　　　　天皇の勅許が得られず失敗
井伊直弼（大老）：ハリスが再び通商を要求→日
　　　　　　　　　　米修好通商条約

Check! 入試問題

　幕府が鎖国の方針を固守して，わが国を海外からほとんど隔離した地位に
置いている間に，世界の状勢は大きく変動し，開国を求めるものが次第に生
じるようになった。1853年6月，ペリーの率いる4隻の「黒船」が【 ① 】
に現れ幕府に開国を迫った。ペリー退去後，ロシア使節【 ② 】も【 ③ 】
に入港し，開国を要求した。ときの幕府の首班は天保の改革の失敗で退いた
【 ④ 】のあとをうけた老中【 ⑤ 】であった。翌年1月再び来航したペリ
ーは，前年申し入れた開国の要求を受諾するよう迫った。そこで，交渉の結
果3月に【 ⑥ 】の締結となった。わが国の開国の糸口はこのようにしてア
メリカによって作られ，同年中には【 ⑦ 】・ロシア，翌年には【 ⑧ 】と
の間にも条約が結ばれた。

(近畿大)

[解答] ①浦賀 ②プゥチャーチン ③長崎 ④水野忠邦 ⑤阿部正弘 ⑥日米和親条約 ⑦イギリス
⑧オランダ

開国へのあゆみ②

> ○
> 20秒講義
>
> 徳川家定が亡くなると，南紀派と一橋派で将軍継嗣争いが起こり，井伊直弼が大老になると徳川家茂が将軍となった。井伊が勅許なしに結んだ日米修好通商条約は協定関税の採用や領事裁判権の容認をふくむ不平等条約であった。

□ 徳川家定	江戸幕府13代将軍。病弱な上，子どもがいなかったため，**将軍継嗣問題**が起こった。
□ 南紀派	家柄を重視し，紀伊藩主**徳川慶福**を将軍に推した党派。井伊直弼ら譜代大名が中心。
□ 一橋派	政治手腕に優れた一橋家の**一橋慶喜**（前水戸藩主**徳川斉昭**の子）を将軍に推した党派。越前藩主**松平慶永**や薩摩藩主**島津斉彬**ら改革派が中心。
□ 井伊直弼	**彦根藩主。大老**に就任し，一橋派の反対を押しきって**徳川慶福**を将軍に立てる。勅許なく**日米修好通商条約**を結び，**安政の大獄**を行ったため，**桜田門外の変**で暗殺された。
□ 徳川家茂	江戸幕府14代将軍。紀伊藩主徳川慶福。**和宮**と結婚し，**公武合体**を実現。第二次長州征討中に病死した。
□ 日米修好通商条約	1858年，大老井伊直弼が勅許を得ないままに調印。 ①**神奈川・長崎・新潟・兵庫**の開港　②**江戸・大坂**の開市 ③通商は**自由貿易**　④開港場に**居留地**を設置 ⑤**協定関税制**の採用　⑥**領事裁判権**
□ ハリス	アメリカの初代**総領事**。下田に着任し，通商条約（外国との商取引を定める条約）を締結させた。
□ アロー戦争	1856年，清がイギリス・フランスと争い敗北。**天津条約**という不平等条約が締結された。この東アジアの動揺を背景に，ハリスは幕府へ通商条約の締結を迫った。

<table>
<tr><td>□ <ruby>協定関税<rt>きょうていかんぜい</rt></ruby></td><td>外国との協定によって関税（貿易時に輸入国・輸出国が掛ける税金）率が決められること。日本の関税は両国が話し合って決めるとされた。**関税自主権**の欠如を意味する不平等な内容。</td></tr>
<tr><td>□ <ruby>領事裁判権<rt>りょうじ</rt></ruby></td><td>日本国内で罪を犯した外国人は，日本に駐在している領事が裁判するという規程。外国人による犯罪を日本の裁判所が裁くことができず，**<ruby>治外法権<rt>ちがいほうけん</rt></ruby>**を認める不平等な内容。</td></tr>
</table>

□ 安政の五カ国条約 : 日本が**アメリカ・オランダ・ロシア・イギリス・フランス**と結んだ通商条約。

□ <ruby>新見正興<rt>しんみまさおき</rt></ruby> : **外国奉行**。日米修好通商条約の批准のためアメリカに派遣された。

□ <ruby>咸臨丸<rt>かんりんまる</rt></ruby> : 幕府の軍艦。日米修好通商条約の批准に同行。艦長は**<ruby>勝義邦<rt>かつよしくに</rt></ruby>**（<ruby>海舟<rt>かいしゅう</rt></ruby>）。<ruby>福沢諭吉<rt>ふくざわゆきち</rt></ruby>らも乗船し渡米した。

清の敗戦は，日本に脅威を与えました。
日本の開国との関連を整理しましょう！

■**アヘン戦争**→薪水給与令
■**アロー戦争**→日米修好通商条約

Check! 入試問題

13代将軍【 ① 】には子がなく，その跡目をめぐり，紀伊藩の【 ② 】を推す派と水戸藩の【 ③ 】の子徳川慶喜を推す派による将軍継嗣の問題が起こるなかで，1858年4月【 ④ 】藩主である井伊直弼が【 ⑤ 】に就任し，6月勅許を得ないままで条約調印を断行した。ついで，【 ⑥ 】・ロシア・【 ⑦ 】・【 ⑧ 】との間に日米間のそれに倣った通商条約を結ぶにいたった。以上5カ国との間の通商条約は俗に【 ⑨ 】の名で呼ばれている。 （近畿大）

[解答] ①徳川家定 ②徳川慶福 ③徳川斉昭 ④彦根 ⑤大老
⑥⑦⑧オランダ・イギリス・フランス（順不同） ⑨安政の五カ国条約

開国後の貿易

> ○
> **20秒講義**
>
> 　横浜・長崎・箱館で始まった開国後の貿易は，貿易額は横浜が，貿易相手国は**イギリス**がトップとなった。物価が上昇したので，幕府は五品江戸廻送令を出し，万延小判を鋳造したが，効果はなかった。

□ **開国後の貿易**

1859年に**横浜**（貿易額1位）・**長崎**・**箱館**の3港で開始。貿易相手国1位は**英**，2位は**仏**。主な輸出品は**生糸・茶・蚕卵紙**，輸入品は**毛織物・綿織物・鉄砲**や**軍艦**で輸出超過。

□ **五品江戸廻送令**

雑穀・水油・蠟・呉服・生糸の5品目の開港場への直送を禁止。必ず江戸の問屋を通すよう命じた。**在郷商人**（地方在住の商人）や，外国人がこの命令を無視したため，結果は出なかった。

□ **万延小判**

1860年に鋳造された，含まれる金の量と重量を少なくした小判。外国に大量の金が流出したため鋳造された。物価のさらなる高騰を招いた。

> 五品江戸廻送令にはお茶が入らないのがポイントです！

Check! 入試問題

　日米修好通商条約では，新たに神奈川・【　①　】・新潟・兵庫の開港が取り決められ，1859年に【　②　】・【　①　】・【　③　】で貿易が始まった。貿易量は圧倒的に【　②　】が多く，1865年の時点で【　②　】港での貿易相手国は，輸出では【　④　】が第1位で，【　⑤　】がこれに続き，輸入では【　④　】にオランダが続いた。輸出品は，産地から開港地に直送されたため，それまでの流通機構は破綻し物価の高騰を招いた。幕府は【　⑥　】を出して，生糸などの開港場への直送を禁じたが，効果はなかった。

（立命館大）

[解答]　①長崎　②横浜　③箱館　④イギリス　⑤フランス　⑥五品江戸廻送令

桜田門外の変と坂下門外の変

◎
20秒講義

安政の大獄で改革派を処罰した**井伊直弼**は，桜田門外の変で暗殺された。老中首座となった**安藤信正**は公武合体を推進し，和宮を**徳川家茂**に嫁がせたが，坂下門外の変で襲われた。

□ **安政の大獄**

井伊直弼による抵抗勢力の弾圧。通商条約調印に反対する**一橋派**などが処罰され，幕政を批判した**橋本左内**（越前藩士）や，**吉田松陰**（長州藩士）が処刑された。

□ **桜田門外の変**

1860年，井伊直弼が江戸城の桜田門外で暗殺された事件。安政の大獄に対する**尊王攘夷派**の怒りが背景。

語 尊王攘夷：天皇を敬い，外国を排斥する思想。後に討幕運動に発展。

□ **安藤信正**

井伊直弼が暗殺された後の**老中**首座。公武合体を推進したが，坂下門外の変で襲撃され老中を辞した。

□ **公武合体**

朝廷と幕府が協力して国政を行うという政策。**安藤信正**が推進，和宮が**徳川家茂**に嫁いだ。

□ **和宮**

孝明天皇の妹。公武合体を実現させるため，江戸幕府14代将軍**徳川家茂**に嫁いだ。

□ **坂下門外の変**

安藤信正が，江戸城の坂下門外で尊王攘夷派に襲われた事件。安藤信正は負傷し，老中を辞任した。

Check! **入試問題**

　尊王攘夷運動は井伊直弼による【 ① 】での弾圧で一時後退したが，【 ② 】で井伊が暗殺されると，再び勢力をもりかえした。幕府はこれを抑えるため，【 ③ 】天皇の妹【 ④ 】を14代将軍【 ⑤ 】の夫人に迎えようとした。この政策を推し進めようとした老中の【 ⑥ 】が，尊王攘夷派の志士に襲われ負傷する【 ⑦ 】という事件が起きた。

（東北学院大）

[解答] ①安政の大獄　②桜田門外の変　③孝明　④和宮　⑤徳川家茂　⑥安藤信正　⑦坂下門外の変

薩摩藩・長州藩の動き

◎
20秒講義

　　薩摩藩は，文久の改革を進めたが，生麦事件への報復として起こった薩英戦争を契機に，**イギリス**と接近した。**長州藩**は，八月十八日の政変後，禁門の変の敗北と四国艦隊下関砲撃事件を契機に，藩論を尊王攘夷から討幕に転換した。

□ 文久の改革

島津久光を中心とした幕政改革。公武合体政策を推進。将軍後見職に一橋慶喜，政事総裁職に松平慶永，京都守護職には会津藩主の**松平容保**を登用した。

□ 島津久光

薩摩藩主島津忠義の父。幕府・朝廷のみならず，雄藩とも協力した公武合体を主張。勅使（天皇の使者）とともに江戸へ向かい文久の改革を行う。帰りに生麦事件を起こす。

□ 生麦事件

島津久光が，江戸から薩摩に帰る途中，自分の行列を横切った**イギリス人**を切り捨てた事件。薩英戦争のきっかけ。

□ 薩英戦争

生麦事件の報復。イギリス軍艦が薩摩藩を砲撃した。薩摩藩は攘夷の不可能を悟りイギリスと接近。この頃**西郷隆盛・大久保利通**ら藩政改革派の下級武士が実権を握った。

□ 八月十八日の政変

幕府と薩摩藩・会津藩が，**長州藩士**と三条実美ら急進派の公家を京都から追放した。

□ 禁門の変（蛤御門の変）

池田屋事件に怒った長州藩が京都に攻め込んだ事件。**薩摩・会津**連合軍と対戦し，長州藩は完敗。長州藩は朝廷に鉄砲を向けた朝敵というレッテルを背負うことになった。

□ 池田屋事件

京都に残っていた尊攘派の勢力を排除した事件。**新撰組**（京都守護職の下で京都警備を担当）が，池田屋に集まっていた尊攘派たちを抹殺・捕縛した。

□ 第一次長州征討

禁門の変に対する制裁措置。長州に出兵した。

□ 四国艦隊下 しこくかんたいしものせき 関砲撃事件	外国船が下関を砲撃した事件。前年の外国船砲撃事件に対する報復。**イギリス・フランス・アメリカ・オランダ**の4カ国による。
□ 外国船砲撃事件	尊王攘夷派であった長州藩が**下関**で外国船を砲撃した事件。翌年,報復として四国艦隊下関砲撃事件が起こった。
□ 奇兵隊 きへいたい	長州藩の高杉晋作らが組織した非正規軍。これにより,長州藩は高杉晋作や桂小五郎といった下級武士が実権を握り,藩の立場は尊王攘夷から**討幕**に転換した。

■薩摩藩・長州藩の討幕への流れ

1862年	生麦事件（薩摩藩） ┐
1863年	薩英戦争（薩摩藩） ←┘ 報復
	八月十八日の政変（長州藩）→長州藩の追放
1864年	禁門の変（長州藩）←長州藩, 京に攻め上る
	四国艦隊下関砲撃事件（長州藩）←外国船砲撃事件の報復

Check! **入試問題**

　1864年8月, イギリス・アメリカ・【 ① 】・【 ② 】の四国連合艦隊は下関砲台を攻撃し,【 ③ 】藩に打撃を与えた。同藩は前年の【 ④ 】で宮門警備を解任されていた。しかし, 勢力の回復を図って藩兵を上京させたが,【 ⑤ 】で敗北した。その後, 同藩の【 ⑥ 】・桂小五郎らは,【 ⑦ 】などの武力を背景に藩政の実権を握った。

(駒澤大)

[**解答**] ①②オランダ・フランス（順不同）③長州 ④八月十八日の政変 ⑤禁門の変（蛤御門の変）
⑥高杉晋作 ⑦奇兵隊

❹⑧ 幕末の動乱

雄藩の連合と討幕

> ○
> **20秒講義**
> 　薩長連合が結ばれた頃，幕府は列強と改税約書を締結し，不平等が拡大した。**孝明天皇**が亡くなると，**討幕の密勅**が出されたため，公武合体派は**大政奉還**を行ったが，**王政復古の大号令**が出され，幕府は廃止された。

☐ **薩長連合**

薩摩藩と長州藩の間で秘密裏に結ばれた軍事同盟。土佐藩出身の下級武士**坂本龍馬**と**中岡慎太郎**が仲介した。薩摩藩は**西郷隆盛**，長州藩は**木戸孝允**が中心。

☐ 第二次長州征討

討幕へ態度を変えた長州藩に対して，幕府が加えた制裁。薩長連合が結ばれていたため，征討はうまくいかなかった。

☐ **改税約書**

1866年，幕府と英・仏・米・蘭が締結した条約。日本側がかける関税率を引き下げる内容となり，条約の不平等さが拡大した。前年，**孝明天皇**は通商の勅許を出した。

☐ ロッシュ

フランス公使。幕府を支援。15代将軍**徳川慶喜**と組んで，さらなる幕政の立て直しに努めた。

☐ パークス

イギリス公使。薩摩藩や長州藩に接近し，天皇を中心とした雄藩連合政権の実現に力を貸した。

☐ **討幕の密勅**

幕府を討てという勅命。武力倒幕を目指す**薩摩・長州連合**が，公家の**岩倉具視**と組んで手に入れた。公武合体運動の中心であった**孝明天皇**が亡くなり明治天皇が即位したことが契機。

☐ **大政奉還**

徳川慶喜が，朝廷に政権を返すことを申し入れた。土佐藩の**坂本龍馬・後藤象二郎**の提案を，土佐藩の前藩主**山内豊信（容堂）**が将軍徳川慶喜に伝えて実現した。**公議政体論**の実現が目的であった。

☐ 徳川慶喜
とくがわよしのぶ

江戸幕府15代将軍。**徳川斉昭**の子。一橋派が14代将軍に推した。
なりあき
将軍後見職となり，**徳川家茂**の急死後将軍に。**大政奉還**を行った。
いえもち

☐ 公議政体論
こうぎせいたいろん

朝廷を中心に，将軍が議長となり，藩主で構成される議会の設
立を発案した主張。公武合体派の土佐藩が提案。

☐ 王政復古の
おうせいふっこ
大号令
だいごうれい

摂政・関白・幕府を廃止し，天皇中心の新政府を作ること
を定めた命令。

☐ 小御所会議
こごしょかいぎ

王政復古の大号令を出した日の深夜に行われた，新政府のトップ
による初めての会議。徳川慶喜に対して**辞官納地**（内大臣の
じかんのうち
辞退と領地の返上）を決定した。

■江戸幕府滅亡の流れ

1866年1月	薩長連合
5月	改税約書調印
6月	第二次長州征討 ←
1867年10月	大政奉還 ↔ 討幕の密勅
12月	王政復古の大号令 ←

Check! 入試問題

1866年，公武合体論者の【 ① 】天皇が急逝した。朝廷では公武合体派
の公家の【 ② 】が討幕派の公卿と和解し，諸国の志士と連絡を取り，武力
による討幕の計画を進め，【 ③ 】天皇の即位を機に，翌年10月14日【 ④ 】
が下ったが，同日将軍は機先を制して【 ⑤ 】を上奏した。12月9日に【 ⑥ 】
が出され，その深夜に【 ⑦ 】が行われ，徳川慶喜の辞官納地が求められた。

(早稲田大)

[解答]　①孝明　②岩倉具視　③明治　④討幕の密勅　⑤大政奉還　⑥王政復古の大号令　⑦小御所会議

明治政府の発足

> **20秒講義** 戊辰戦争で優勢に立った新政府は，五箇条の誓文で基本方針を示し，五榜の掲示で民衆統治の方針を示した。旧大名に版籍奉還で領地領民を返上させ，廃藩置県で中央集権体制が確立した。

□ 戊辰戦争

旧幕府勢力と新政府による争い。新政府の勝利に終わる。

□ 鳥羽・伏見の戦い

旧幕府軍が京都に進撃。新政府軍に敗れ，**徳川慶喜**は江戸に敗走。新政府は，慶喜を朝敵として追討することを決め，**東征軍**が江戸に派遣された。

□ 江戸城の無血開城

徳川慶喜の命を受けた旧幕府の**勝海舟**が，東征軍の**西郷隆盛**と交渉。旧幕府勢力が江戸城を明け渡すことで決着。

□ 奥羽越列藩同盟

新政府に抵抗し，旧幕府側の東北諸藩が結成。会津若松城で敗戦し，崩壊した。

□ 五稜郭の戦い

戊辰戦争の最後の戦い。箱館の**五稜郭**で**榎本武揚**の軍が降伏し，戊辰戦争は終結した。

□ 五箇条の誓文

明治新政府の基本方針。**天皇親政**（天皇が直接政治を執る），**公議世論**（幅広い人々の声）の尊重，**開国和親**（外国を受け入れる）に重点が置かれた。明治天皇が公家や武士たちを率いて神に誓う形式で発表した。**由利公正**と**福岡孝弟**が下書きし，**木戸孝允**が最後に修正した。

□ 五榜の掲示

高札で掲示された民衆統制のガイドライン。儒教道徳の遵守と，一揆・キリスト教の禁止などが記された。

□ 政体書

新政府の基本組織を定めた法。新設した**太政官**に国家権力を集中させ，アメリカの制度にならった**三権分立**を導入。立法機関として議政官が設置された（議政官は上局・下局の２院で構成）。

□ **版籍奉還**（はんせきほうかん） 全国の旧藩主が，**版**（領地）と**籍**（戸籍＝領民）を天皇に返上した改革。旧大名は，**知藩事**（ちはんじ）という役職に就き，**家禄**（かろく）を与えられた。**木戸孝允**（きど）・**大久保利通**（おおくぼとしみち）が中心。

□ **廃藩置県**（はいはんちけん） 藩を完全に廃止して代わりに府・県を置くことを強行する改革。**薩摩・長州・土佐**の3藩から徴集した**御親兵**（ごしんぺい）を東京に集結させ，その武力を背景に実施。**知藩事**は辞めさせられ，府には**府知事**，県には**県令**（けんれい）が新政府から着任した。最初1使3府302県，後に1使3府72県，最終的に1道3府43県。

□ **藩閥**（はんばつ） **薩摩・長州・土佐・肥前（佐賀）**（ひぜん）の4藩の出身者による政治派閥。明治維新の中心となった。

明治政府の動きと組織を覚えておきましょう！

■**新政府の動き**
　①江戸を**東京**と改めた（政府を京都から東京に移した）
　②**明治**に元号を代えた
　③**一世一元の制**（一人の天皇につき元号は1つとする）

■**明治政府の組織**
　版籍奉還：**神祇官**（じんぎかん）・**太政官**（だじょうかん）の下に6省が置かれる
　廃藩置県：**太政官**を**正院**（せいいん）・**左院**（さいん）・**右院**（ういん）の3院制に改組

Check! 入試問題

　明治維新政府は1869年，長州藩の【 ① 】と薩摩藩の【 ② 】らの画策で，版籍奉還の上表を提出した。これをうけて新政府は全藩主の領地，領民を国家の支配下に置き，旧大名には【 ③ 】を与えるとともに，【 ④ 】に任命し，そのまま藩政にあたらせた。さらに1871年には，【 ⑤ 】・【 ⑥ 】・【 ⑦ 】の3藩から【 ⑧ 】をつのって，この軍事力を背景にして廃藩置県を断行した。

（専修大）

[**解答**] ①木戸孝允　②大久保利通　③家禄　④知藩事　⑤⑥⑦薩摩・長州・土佐（順不同）　⑧御親兵

経済的な刷新

> **20秒講義**
> 太政官札・民部省札を発行していた明治政府は，兌換銀行券の発行を目指し，新貨条例と国立銀行条例を制定した。一方，地租改正条例で財政を安定させ，秩禄処分で秩禄の負担を無くした。

□ **太政官札・民部省札**

明治政府が発行した**不換紙幣**（金や銀と交換できない紙幣）。太政官札は1868年，民部省札は1869年に発行。

□ **新貨条例**

1871年公布。**十進法の円・銭・厘**という新しい貨幣単位を定めた。欧米にならう。**1円＝100銭，1銭＝10厘**とした。

□ **国立銀行条例**

渋沢栄一が中心となり**国立銀行**の創設を定めた。**アメリカのナショナル・バンク**を見本にした。金本位制を目指すが，アジアでは銀本位制であったため**金銀複本位制**となった。

注 金本位制：紙幣の金兌換を定める。
金銀複本位制：紙幣の金・銀の両方との兌換を定める。

□ 国立銀行

兌換銀行券（金や銀と交換できる紙幣）を発行できる民間銀行。国営銀行ではない。正貨兌換義務（発行した紙幣は必ず金と交換する）があったため，設立は**4行**に留まる。

□ **地租改正条例**

土地所有者が，地価の**3％**を地租（所有する土地に課せられる税）として現金で納める内容。政府の税収安定が目的。

□ 地券

地価（土地の価格）が表示された証書。土地の所有者に発行された。1872年に発行された地券を**壬申地券**という。

□ 地租改正反対一揆

地租改正に反対する一揆。地租の税率が従来の年貢収入よりも減らないように設定されたため起こる。1877年に地租が**2.5％**に引き下げられた。

□ 秩禄処分	1876年実施。秩禄を全廃した。秩禄の受給者全員に，**金禄公債証書**（後に換金できる証明書）が与えられた。
□ 秩禄	家禄と賞典禄のこと。**家禄**は華族・士族に，**賞典禄**は新政府誕生の際に活躍した者に与えられた俸禄。
□ 秩禄奉還の法	1873年発令。秩禄奉還希望者には秩禄の支給をやめる代わりに，まとまった一時金を出した。
□ 四民平等	封建的身分制度の廃止。大名・公家は**華族**，一般の武士は**士族**，その他の農民・職人・商人は**平民**となる。職業選択の自由や，身分の違う者同士の結婚も許された。
□ 廃刀令	**士族**が刀を取り上げられた令。これにより，士族は苗字・帯刀や家禄といった特権を，完全に失った。

日本の開国との関連を整理しましょう！

■**江戸時代の貨幣単位**：四進法(両・分・朱)
■**明治時代の貨幣単位**：十進法(円・銭・厘)

■ 地租改正の歩み

1871年	**田畑勝手作りの禁**の廃止
1872年	**田畑永代売買の禁**の廃止(→地券の発行)
1873年	地租改正条例で地租３％
1877年	地租2.5%に引き下げ(←1876年　地租改正反対一揆)

Check! 入試問題

　明治政府が1871年に定めた【 ① 】に基づいて，新貨幣は【 ② 】進法による円，銭，【 ③ 】の単位に統一され，発行された。【 ④ 】本位制を採用したが，貿易銀と称する1円銀貨も鋳造されていたため，事実上，【 ⑤ 】本位制であった。明治政府は，1868年に最初の政府紙幣である【 ⑥ 】を発行し，翌1869年には小額の【 ⑦ 】を発行した。近代的金融機関の設立では，【 ⑧ 】(国名)のナショナル・バンクの制度にならって，1872年，【 ⑨ 】が公布され，国立銀行が設立された。しかし，資本金の6割を大蔵省に預け，4割を金兌換用の正貨で準備しなければならなかったので，設立されたのは【 ⑩ 】行に留まった。

(青山学院大)

［解答］①新貨条例　②十　③厘　④金　⑤金銀複　⑥太政官札　⑦民部省札　⑧アメリカ
　　　　⑨国立銀行条例　⑩4

近代制度の創設

○
20秒講義

　明治政府は神仏分離令を出し、神道国教化を目指した。**国民皆兵**を目指し徴兵令が、**国民皆学**を目指し学制が出された。殖産興業の推進は**内務省**が担当し、鉱山などの経営は**工部省**が管轄した。

□ **神仏分離令**

神仏習合を禁じ、神と仏が別のものであると改めて示した。各地で仏像などが破壊される**廃仏毀釈**が起こった。

□ **大教宣布の詔**

神道の国教化（国の公的な宗教とすること）が定められたが、間もなく転換された。
◆祝祭日：**紀元節**＝神武天皇の即位の日
　　　　　天長節＝明治天皇の誕生日

□ **徴兵令**

満20歳以上の士族・平民の男子に、3年間の兵役を義務づけた法令。**国民皆兵**のスローガンのもとで出された。**フランス**の制度にならう。**血税反対一揆**が起こった。

□ **学制**

1872年制定。小学校教育の充実が図られ、**国民皆学**（国民はみんな学校へ行って勉強するということ）と小学校の義務教育化の方針が示された。**文部省**が新設された。

□ 東京大学

高等教育を行う官立の学校。1877年創立。江戸幕府の**蛮書和解御用**や**昌平坂学問所**をルーツとした。多くの外国人教師が招かれ、欧米の進んだ知識や技術が学ばれた。

この頃、私立の高等教育機関も設立されています。
■**慶應義塾**：福沢諭吉が創立。
■**同志社**：新島襄が創立。

□ **殖産興業** しょくさんこうぎょう	産業を盛んにし，生産を増やそうとした政策。明治政府のスローガン。
□ **内務省** ないむしょう	地方行政，道路や河川の改良，警察などを担当する省庁。**大久保利通**が中心。官営模範工場（政府が作った近代的な工場のお手本）の設置や，1877年の**内国勧業博覧会**の開催を行った。
□ 富岡製糸場 とみおか	官営模範工場。1872年に**群馬県**に設置。**フランス**の技術を導入した。1877年には**新町紡績所**，1878年には**愛知紡績所**が設立された。
□ **工部省** こうぶしょう	鉱山や炭鉱の経営を行う省庁。主に工業や鉱業を担当。
□ 鉄道	1872年，東京・横浜間に開通した。工部省の管轄。イギリス資本によって実施される。三菱会社が保護。

この頃，近代的な通信・郵便制度の整備も始まります。

■**電信**：東京〜横浜間で開通。
■**郵便制度**：前島密が創設。
　　　　　まえじまひそか

Check! 入試問題

　明治維新後，明治政府は，まず工場や鉱山の官営化を行った。官営工業の中心となったのは軍事（軍需）産業であった。繊維工業の部門では，官営模範工場として1872年に【 ① 】が開設され，さらに1877年には【 ② 】紡績所が，1878年には【 ③ 】紡績所が設立された。官営の工場や鉱山の経営にあたったのは主として【 ④ 】省であった。殖産興業政策を推進したのは【 ⑤ 】省であった。　　　　　　　　　　　　　　　　　　（立教大）

[解答] ①富岡製糸場　②新町　③愛知　④工部　⑤内務

明治初期の外交

○
20秒講義
　清と日清修好条規を結んだ明治政府は，琉球帰属問題を契機に台湾出兵を行うとともに，琉球処分を行った。朝鮮とは日朝修好条規が，ロシアとは樺太・千島交換条約が結ばれた。

□ **日清修好条規**

1871年締結。対等な条約であったため，日本政府にとっては満足できないものだった。

□ **台湾出兵**

明治政府の海外派兵。琉球漁民が台湾で殺害された事件が契機。交渉での和解に失敗した日本は，1874年**西郷従道**が中心となって台湾に出兵。日本が勝利を収め，清は賠償金を支払った。**木戸孝允**は，台湾出兵に反対して下野。

□ **琉球処分**

1879年，**琉球藩**（1872年に設置）と琉球王国を廃止し，沖縄県の設置を強行した政策。清はこれに反発した。

□ **日朝修好条規**

1876年締結。朝鮮を開国させる。**領事裁判権**や**無関税特権**を日本に認めたもので，朝鮮に不利な条約だった。

□ **江華島事件**

日本の軍艦雲揚が朝鮮の江華島沖で挑発し，朝鮮が雲揚に発砲して起きた事件。日朝修好条規締結のきっかけとなる。

□ **樺太・千島交換条約**

1875年日露間で締結された条約。**千島**は全て日本領，**樺太**はロシア領と定められた。

Check! 入試問題

　1874年，日本は琉球の漁民が台湾で殺害された事件を口実に【 ① 】に出兵した。また，日本は軍艦を【 ② 】付近に近づけ，朝鮮側から発砲があったという口実で【 ③ 】を結んだ。一方，ロシアとの間では【 ④ 】条約が締結され，それ以前の協定で日本の領土は【 ⑤ 】列島の択捉島以南となっていたのを変更して，全島を日本領とし，【 ⑥ 】をロシア領とした。　（南山大・立命館大）

[解答] ①台湾　②江華島　③日朝修好条規　④樺太・千島交換　⑤千島　⑥樺太

1870年代前半—自由民権運動の始まり

○
20秒講義

　征韓論が挫折すると，征韓派は下野し，板垣退助らが中心となって，民撰議院設立の建白書を提出した。これに対し，政府は大阪会議を開き，漸次立憲政体樹立の詔を出した一方で，讒謗律・新聞紙条例を出し，政府に逆らう民権運動を弾圧した。

□ 征韓論

朝鮮を開国させるためには武力行使も辞さないという考え。**大久保利通**と**木戸孝允**は，国内政治の整備を優先すべきだと捉えて反対したため，**征韓派が下野**した。

□ 佐賀の乱

征韓派の江藤新平が1874年に起こした士族反乱。間もなく鎮圧され，江藤新平は処刑された。

□ 江藤新平

肥前藩（佐賀藩）出身の政治家。明治維新後，司法卿となり司法制度の近代化に努める。征韓論により下野。**佐賀の乱**を起こし敗れる。

□ 板垣退助

土佐藩出身の政治家。征韓論により下野。**民撰議院設立の建白書**を提出するなど自由民権運動を指導し，**自由党**を結成。第2次伊藤博文内閣・第1次大隈重信内閣では内務大臣を務めた。

□ 民撰議院設立の建白書

1874年征韓論で下野した参議を中心に政府の**左院**に提出された建白書。上級の役人による専制政治（独裁的な政治）を有司専制と非難，人々が選ぶ議員による議会の設立を要求。土佐藩の**板垣退助・後藤象二郎**，肥前藩の**江藤新平・副島種臣**が中心。東京で結成された愛国公党が提出した。

□ 後藤象二郎

土佐藩出身の政治家。土佐藩主山内容堂に大政奉還を建白させる。征韓論により下野。自由民権運動に参加し，大同団結運動を展開。

□ 立志社

土佐（高知県）に帰郷した板垣退助を中心に1874年に結成された政社。翌年，大阪で全国組織の愛国社に発展。

| □ 大阪会議 | 1875年，大久保利通が開いた会議。**板垣退助**と**木戸孝允**が政府に復帰した。 |

①**元老院**（憲法の制定を準備する）の設置。
②**大審院**（現在の最高裁判所にあたる）の設置。
③**地方官会議**（府知事・県令による会議）の開催。
④漸次立憲政体樹立の詔が出され，国会開設の方針が決まる。

| □ 大久保利通 | **薩摩藩**出身の政治家。西郷隆盛らと討幕の中心となる。岩倉使節団より帰国後，政府の中心となり，初代内務卿となり活躍。西南戦争の翌年暗殺された。 |

| □ 讒謗律 | 政府による弾圧法令。政府を中傷する者に対する取り締まり。**新聞紙条例**とともに出された。 |

下野（政府を辞めること）した征韓派参議を整理しましょう！

■薩摩藩：**西郷隆盛**
■土佐藩：**板垣退助・後藤象二郎**
■肥前藩（佐賀藩ともいう）：
江藤新平・副島種臣

Check! 入試問題

1874年，征韓論で下野していた元参議板垣退助らは，【　①　】を提出し，藩閥専制政治を攻撃し，国民の世論を政治に反映させるべきであると主張した。板垣は同年，土佐で【　②　】を作り，翌年には大阪で【　③　】を結成して，自由民権運動を全国に広めようとした。そこで政府の【　④　】は，台湾出兵に反対して下野していた【　⑤　】とともに，板垣らに会い，徐々に立憲政治に進むことを約束する一方，【　⑥　】・【　⑦　】などを制定して，民権派の反政府運動を厳しく取り締まった。

(慶應義塾大)

[解答] ①民撰議院設立の建白書　②立志社　③愛国社　④大久保利通　⑤木戸孝允
　　　　⑥⑦讒謗律・新聞紙条例（順不同）

1870年代後半の不平士族の反乱と民権運動

> ○
> 20秒講義
>
> 西南戦争の敗北を受け，自由民権運動は国会開設に絞られた。政府は集会条例で弾圧したが，開拓使官有物払下げ事件で政府への批判が高まると，政府は国会開設の勅諭を出した。これを受け，自由党などが結成されたほか，数々の私擬憲法が作られ，中江兆民などの民権運動家の影響が広がった。

□ **西南戦争**

1877年に鹿児島で起こった最大規模の**不平士族の反乱**。参議を下野した**西郷隆盛**が首領。敗北し西郷は敗死。

　□ 西郷隆盛

薩摩藩出身の政治家。薩長同盟に尽力し，討幕運動を推進。江戸城を無血開城させた。征韓論により下野，**西南戦争**に敗れ自刃。

　□ 立志社建白

片岡健吉が中心。**西南戦争**の最中に，立志社が天皇に提出しようとした。すぐに却下されたが，その後の民権運動に影響を与えた。

□ **集会条例**

1880年発令。政治集会・政治結社に対する取り締まり法令。国会期成同盟の結成が背景となって出された。

　□ 国会期成同盟

1878年に再興された**愛国社**が1880年に改称して設立した政社。目的を国会開設の一点に集中させた。集会条例で弾圧される。1881年の自由党創立の母体。

□ **開拓使官有物払下げ事件**

1881年に問題化した事件。開拓使長官**黒田清隆**が，同じ薩摩藩出身の**政商五代友厚**に北海道の官有物を安く払い下げようとした。政府に反発する世論が高まり，**大隈重信**が罷免された。

□ **国会開設の勅諭**

1881年に出された。政府が**10年後**の国会開設を約束した。

□ **自由党**

1881年に板垣退助が総理となり結成した政党。**国会期成同盟**が母体。**フランス**流の急進的な自由主義を主張し，地方農村に支持された。1884年に解党した。

☐ 立憲改進党	1882年，大隈重信らが組織。イギリス風の議会政治を主張し，都市の実業家や知識層に支持された。
☐ 立憲帝政党	1882年に結成された政府側の政党。福地源一郎が中心。

☐ 私擬憲法

民間の人たちによる憲法の試案。憲法の制定を踏まえて作成された。

☐ 植木枝盛	明治時代の民権運動家。『天賦人権弁』・『民権自由論』を著し，私擬憲法「東洋大日本国国憲按」を作成した。

☐ 中江兆民

明治時代の民権運動家。『民約訳解』を著し，「東洋のルソー」と呼ばれた。

☐ 民約訳解	中江兆民が，ルソー (フランス革命に影響を与えた思想家) の『社会契約論』の一部を翻訳したもの。
☐ 加藤弘之	『人権新説』を著し，自由民権論に反対。加藤はもともと，天賦人権論 (全ての人間は生まれながらに自由・平等で，幸福を追求する権利を持つという思想) という自由民権運動の基盤となる思想を日本に紹介した人物で，明六社のメンバー。

■不平士族の反乱 （政府によって，全て鎮圧された）

1876年	敬神党の乱 (熊本県)：熊本鎮台を襲撃
1876年	秋月の乱 (福岡県)
1876年	萩の乱 (山口県)：前参議の前原一誠が中心
1877年	西南戦争 (鹿児島県)

Check! 入試問題

　1880年，第4回愛国社大会の決議で【 ① 】が組織され，国会の開設を請願する運動が活発となった。これに対し，政府は【 ② 】を公布して弾圧を図ったが，薩摩藩出身の開拓使長官【 ③ 】が，不当に安い価格で同藩出身の政商【 ④ 】に開拓使の官有物を払い下げようとした事件が起こり，政府は世論の激しい攻撃を受けた。政府は，世論の攻撃を緩めるために【 ⑤ 】を出して【 ⑥ 】年後の国会開設を約束した。

(駒澤大)

[解答] ①国会期成同盟　②集会条例　③黒田清隆　④五代友厚　⑤国会開設の勅諭　⑥10

1880年代前半―松方正義と激化事件

> ○
> 20秒講義
>
> 大蔵卿松方正義は，**デフレ政策**を行ったため，寄生地主が誕生するなど，農村の二極化が進行し激化事件が起こった。中央銀行として設立された日本銀行で日本銀行券が発行され，日本は銀本位制となった。

☐ **松方正義**

1881年，**大隈重信**の大蔵卿辞任にともない**大蔵卿**に就任。デフレ政策を行う。のちに2度首相に。

☐ 松方財政

松方大蔵卿の行った，世の中に流通している貨幣の量を減らすことで**デフレ**を起こす政策。大幅な**増税**と**軍事費以外の歳出を徹底的に抑えた。**米や繭の価格が下がり，小作農が増加する一方，寄生地主が誕生し，農村の二極化が進行した。

☐ **寄生地主**

自身は耕作せずに小作農に耕させて収益を上げる大地主。農民たちが手放した土地を地主が買い占めたことが背景。

☐ **激化事件**

自由党員と農民たちが団結して起こした，政府に対する武力的な行動。民権運動への弾圧やデフレ政策下での重税などに反発した。農村の困窮が背景。**自由党**は解党した。
①福島事件（福島県）②高田事件（新潟県）③群馬事件（群馬県）④加波山事件（茨城県）⑤秩父事件（埼玉県）など。

☐ 福島事件

1882年，福島県で起こった激化事件。県令**三島通庸**の圧政に反発。福島自由党の**河野広中**を中心に起こした。

☐ 秩父事件

1884年，埼玉県で起こった最大規模の激化事件。困窮した農民が**困民党**を結成し，負債の免除を要求して起こした武装蜂起。鎮圧には軍隊を必要とするほどであった。

☐ 大阪事件

朝鮮の保守政権を武力で打倒し，その勢いで日本の改革を促そうと計画したが，事前に発覚し，大阪で捕まった事件。自由党員だった**大井憲太郎**や**景山（福田）英子**が中心。

□ 日本銀行	1882年に設立された日本初の**中央銀行**。銀行券（紙幣）の発行を行った。大蔵卿の**松方正義**が行う。
□ 日本銀行券	1885年に発行が開始された，日本銀行による紙幣。**銀兌換**（銀と交換できる）紙幣であった。

■銀本位制の歩み

1882年	**日本銀行**の創立
1883年	**国立銀行**の紙幣発行をやめさせた（国立銀行は**普通銀行**に）
1885年	**日本銀行券**（日本銀行による紙幣）発行開始
1886年	政府が発行していた紙幣の銀兌換の開始（**銀本位制**が確立した）

Check! 入試問題

　1881年，【 ① 】のあとをついで，大蔵【 ② 】に就任した【 ③ 】は，不換紙幣の整理と【 ④ 】費を除く緊縮財政を行うことにより，デフレ政策を推進した。また，【 ⑤ 】年には日本銀行を創設し，我が国の【 ⑥ 】銀行とした。1883年には銀行券発行権を【 ⑦ 】銀行から取りあげ，【 ⑧ 】銀行とし，1885年には日本銀行によって【 ⑨ 】兌換の銀行券が発行されるようになった。

(日本大)

[解答] ①大隈重信　②卿　③松方正義　④軍事　⑤1882　⑥中央　⑦国立　⑧普通　⑨銀

内閣制度と民権運動の展開

> ○
> 20秒講義
>
> 　内閣制度が始まると，国会開設に向け，民権派は**大同団結運動**や**三大事件建白運動**を展開した。政府はこれを**保安条例**で弾圧した。その後，**黒田清隆内閣**の下，**大日本帝国憲法**を発布した。

□ **内閣制度**

内閣総理大臣を中心とする行政制度。1885年，**太政官制**を廃止してスタートさせた。

　□ 第1次伊藤博文内閣

日本で最初に成立した内閣。**伊藤博文**が初代**内閣総理大臣**に就任して組閣。**大同団結運動**が起こったため，保安条例の制定などを行った。

□ **大同団結運動**

民権運動を再び盛り上げるために，民権運動家に東京に集まるように呼びかけた運動。自由党出身の**星亨**が提唱し，**後藤象二郎**が継承した。

□ **三大事件建白運動**

地租の軽減，**言論・集会**の自由，**外交**失策の回復を政府に訴えた。外交失策とは**井上馨**外務大臣の条約改正交渉をさす。

□ **保安条例**

政府の弾圧法令。民権運動家を皇居の周辺**3里**から，**3年**間追放するもの。

□ **黒田清隆内閣**

大日本帝国憲法発布時の内閣。超然主義を唱えた。

　□ 超然主義

政党の意向に左右されることなく，超然として政治を行うという考え。**大日本帝国憲法**発布時に**黒田清隆**首相が表明した。

Check! 入試問題

　自由民権運動は，1886年10月，【 ① 】らが【 ② 】を唱え，翌年条約改正問題に国論がわきたつと，片岡健吉らは【 ③ 】運動を起こした。これに対し，政府は【 ④ 】を制定し，尾崎行雄・中江兆民らの民権論者を皇居から【 ⑤ 】里の地に追放した。
（学習院大・近畿大）

[解答] ①星亨　②大同団結　③三大事件建白　④保安条例　⑤3

近代法典の整備

> ◎
> 20秒講義
>
> 大日本帝国憲法は，天皇に絶大な権限があり，内閣は天皇の輔弼機関とした。また，天皇の協賛機関として帝国議会が定められ，貴族院と衆議院の二院制とした。国民は臣民と呼ばれた。各種の法律が整備され，民法では民法典論争が起こった。

☐ **大日本帝国憲法**

明治政府が作成した憲法（国家の基本となる最高法規）。天皇が作成した憲法という形式をとる**欽定憲法**で，ドイツ（プロシア）流。ドイツ人の法律顧問**ロエスレル**のもとで，伊藤博文が中心となり，**井上毅，金子堅太郎，伊東巳代治**らと憲法の草案を作り上げ，**枢密院**で審議。**黒田清隆内閣**のもとで1889年に発布された。

☐ **帝国議会**

大日本帝国憲法で定められた立法機関。貴族院と衆議院の二院制。両院の間に上下関係はなく対等。

☐ **貴族院**

大日本帝国憲法下の議院。選挙ではなく，皇族や華族，天皇が任命した者が議員となった。

☐ **衆議院**

貴族院とともに定められた議院。議員は選挙によって選ばれた。予算先議権をもつ。

☐ 衆議院議員選挙法

衆議院議員の選挙の方式を定めた法律。選挙権は**25歳**以上の男子で，直接国税を**15円**以上納めている者に限ったため，選挙権を持っていたのは，国民の**1%**にすぎなかった。

☐ **民法**

人の財産や身分に関する法律。政府の法律顧問で**フランス人法学者のボアソナード**が中心となって起草。公布されたが，民法典論争が起こり，施行が延期された。大幅に修正された後に明治民法として施行。

□ **民法典論争**（みんぽうてんろんそう）	フランス流の民法に国内の法学者が批判して起こった論争。妻や未成年者にも権利を認める内容であったことが原因。新たな明治民法は，戸主（こしゅ）に絶大な権限を与える内容となった。
□ **刑法**（けいほう）	犯罪に関する法律。1880年，ボアソナードを顧問とし，**治罪法**とともに制定。
□ **治罪法**（ちざいほう）	刑事訴訟に関する法律。のちの**刑事訴訟法**。**民事訴訟法**も公布された。
□ **市制・町村制**（しせい・ちょうそんせい）	1888年に公布された地方自治に関する法律。1890年の**府県制**（ふけん）・**郡制**（ぐん）とともに，ドイツ人法律顧問モッセの助言で，内務大臣**山県有朋**（やまがたありとも）が中心となる。

大日本帝国憲法の内容をまとめておきましょう！

①**天皇**：神聖かつ不可侵な立場の国家元首。統治権の総攬者（そうらん）として，統帥権（とうすいけん）（陸・海軍を率いる権限）をはじめとする天皇大権（てんのうたいけん）を持つ。

②**内閣**：天皇の輔弼機関（ほひつ）（天皇を助ける存在）。

③**帝国議会**：天皇の協賛機関。貴族院と衆議院の二院制。

④**国民**：国民は臣民（しんみん）（天皇の民）とされ，臣民の自由は法律による制限を受けた。

Check! 入試問題

　伊藤博文は，1884年に制度取調局を開設してその長官に就任し，憲法起草の準備にあたった。同年，貴族院開設のための準備として華族令を出した。憲法起草は【 ① 】人法律顧問【 ② 】を迎え，【 ③ 】・【 ④ 】・【 ⑤ 】らが中心になって行われた。

　地方制度の改正も，【 ① 】人顧問【 ⑥ 】の助けを得て，【 ⑦ 】を中心に進められ，1888年に【 ⑧ 】が，1890年に【 ⑨ 】が公布され，政府の強い統制の下ではあるが，地方自治制が制度的に確立した。

(学習院大・就実大)

[**解答**] ①ドイツ　②ロエスレル　③④⑤井上毅，伊東巳代治，金子堅太郎（順不同）　⑥モッセ
⑦山県有朋　⑧市制・町村制　⑨府県制・郡制

初期議会

> 20秒講義
>
> 第1次山県有朋内閣のもとで，第一議会が開催された。初期議会では，民党と吏党が対立したが，第2次伊藤博文内閣以降，日清戦争を機に民党との提携が図られた。その後，地租増徴案に反対すべく憲政党が結成されると，日本初の政党内閣である第1次大隈重信内閣が誕生するが，間もなく倒れた。

□ **第1次山県有朋内閣**

第一議会を開催した。

□ **第一議会**
（第一回帝国議会）

民党が「**政費節減**」・「**民力休養**」を要求。政府は**利益線**（朝鮮半島での権利）の確保のために軍備拡張が必要と訴え対立。自由党の一部を切り崩して予算案を通した。

㊟ 政費節減：政府のムダな支出を減らすこと。
民力休養：国民の税負担を減らすこと。

□ **初期議会**

第一議会から日清戦争までの議会の総称。政府と**民党**が対立したが，日清戦争が開戦すると，民党は一斉に政府批判を中止，政府の出す軍備拡張予算案を軒並み可決した。

□ **第1次松方正義内閣**

第二議会当時の内閣。政府と民党との対立が激化し，衆議院は解散。総選挙で**選挙干渉**を行うも民党が勝利した。

□ **選挙干渉**

1892年の第2回総選挙で行われた政府による選挙妨害。**内務大臣**の**品川弥二郎**が中心。民党の議席数を減らすことが目的であったが，民党は過半数を維持した。

□ **民党**

自由民権運動の流れをくむ政党。**立憲自由党**と**立憲改進党**が中心。初期議会で過半数を占める。

□ **立憲自由党**

旧自由党系の政党。第一議会の際，**自由党**に改称。

□ **吏党**

初期議会開催時に藩閥政府を支持した政党。**国民協会**など。

□ 第2次伊藤博文内閣 **日清戦争**前後の内閣。**自由党**に接近。日清戦争後，自由党総裁の**板垣退助**を**内務大臣**にした。

□ 対外硬派連合 **立憲改進党**が，政府寄りの**国民協会**（品川弥二郎などが所属）と共闘，伊藤内閣の軟弱な条約改正交渉に反発。

□ 第2次松方正義内閣 **進歩党**と連携。**大隈重信**を**外務大臣**に任命した。金本位制を導入した。

□ 第3次伊藤博文内閣 民党と提携して**地租増徴案**を提出しようとしたが，**自由党と進歩党**が反対したため，衆議院の解散を余儀なくされた。

□ 憲政党 自由党と進歩党が合同して結成した政党。総裁は大隈重信。第1次大隈重信内閣を成立させたが，間もなく**憲政党**（旧自由党系）と**憲政本党**（旧進歩党系）に分裂した。

□ 第1次大隈重信内閣 日本初の政党内閣。憲政党内閣。大隈重信が首相兼**外務大臣**，板垣退助が**内務大臣**となり，隈板内閣と呼ばれる。

□ 共和演説事件 **尾崎行雄**文部大臣の演説が，天皇への不敬であると批判を浴び，尾崎は文部大臣を辞任。後任の文部大臣選びで揉め，憲政党は解党。大隈内閣も4ヵ月で退陣した。

Check! 入試問題

藩閥と政党との提携の第一段階は，明治28年11月の第2次伊藤内閣と【 ① 】との提携であった。【 ① 】は，まず党首【 ② 】の政権参加を要求し，【 ② 】は翌年内務大臣として入閣した。明治29年9月に成立した第2次松方正義内閣は，【 ③ 】を与党に，その総裁である大隈を【 ④ 】として入閣させた。続く第3次伊藤内閣は第12議会に【 ⑤ 】を提出して，【 ① 】・【 ③ 】と正面から対立し，両党は合同して衆議院に圧倒的多数を有する【 ⑥ 】が誕生した。

(青山学院大)

[解答] ①自由党 ②板垣退助 ③進歩党 ④外務大臣 ⑤地租増徴案 ⑥憲政党

朝鮮の内戦と日清戦争

○
20秒講義

　　朝鮮が開国すると壬午軍乱，甲申事変が起こり，清とは天津条約が結ばれるが，朝鮮では反日論が高まり，甲午農民戦争に発展した。これが契機で日清戦争が起こるが，日本が勝利し，下関条約が結ばれた。

□ **壬午軍乱**
（壬午事変）

1882年，朝鮮軍部の支持を得た**大院君**側が武力攻撃を仕掛けた内戦。大院君の勢力が日本公使館を襲撃。反乱は失敗したが，閔氏一族の政権は清への依存を強めた。

□ 閔妃
ミンビ

朝鮮国王**高宗**の妻。一族が政権を握った。当初，親日の立場をとったが，のち反日に。日清戦争直後に暗殺された。

□ 大院君
テ クオングン

朝鮮国王高宗の実父。親清派で壬午軍乱の原因を作る。後に親日派となる。

□ **甲申事変**

1884年，朝鮮に残っていた親日派が，**独立党**の金玉均を中心に起こしたクーデター。**日本公使館**や，清国の軍隊が介入したため，日清関係が悪化した。中国で勃発した**清仏戦争**での清の敗北がクーデターの契機。

□ **天津条約**

1885年，日清間で結ばれた条約。内容は，①朝鮮半島から日本と清の両軍とも撤退する，②日本もしくは清が朝鮮半島に出兵する場合は，事前に相手国に通告しなければならない。日本全権は**伊藤博文**，清の全権は**李鴻章**。日清間の戦争は回避された。

□ 脱亜論

福沢諭吉が**『時事新報』**に発表した論説。「日本はアジアの連帯から脱出して西欧列強の仲間に入るべき」と主張。清に妥協して天津条約を締結した日本政府を批判した。

□ **甲午農民戦争**

1894年，朝鮮で起こった農民反乱。東学という朝鮮独自の宗教の信者が農民とつながり，減税と排日を掲げて起こした。反乱を鎮めるため，日清両軍が出兵。日清戦争の契機となった。**東学党の乱**ともいう。

防穀令 ぼうこくれい	朝鮮で出された法令。日本への大豆や米の輸出が禁止された。朝鮮からの輸入を頼りにしていた日本は，朝鮮に抗議し，防穀令を廃止させた上で損害賠償まで受け取ったため，朝鮮国内で反日論が高まった。
□ 日清戦争 にっしん	1894年，日清間で起こった戦争。朝鮮の内政改革への介入をめぐり，日本が宣戦布告。日本が勝利した。
□ 下関条約 しものせき	日清戦争の講和条約。日本側の全権は内閣総理大臣の**伊藤博文**と外務大臣の**陸奥宗光**，清側全権は李鴻章。

下関条約の内容もおさえておきましょう！

①清が朝鮮の独立を認める
②遼東半島・台湾・澎湖諸島の権利を日本に譲る
③2億両（約3億1,000万円）の賠償金を日本に支払う
④沙市・重慶・蘇州・杭州の4港を新たに開く

Check! 入試問題

　日朝修好条規を締結して以来，日本は経済的にも政治的にも朝鮮との関係を強めていった。これに対して1882年に，朝鮮民衆が日本公使館を包囲するという【 ① 】が起こった。1884年，【 ② 】党は日本公使館の援助のもとでクーデターを起こしたが，清国軍の来援で失敗した。この事件で悪化した日清関係を打開するため，両国は【 ③ 】を結んで朝鮮から撤兵し衝突を回避した。1894年，日清戦争が始まると，戦いは日本の勝利に終わり，1895年日本全権【 ④ 】・【 ⑤ 】と清国全権【 ⑥ 】との間で【 ⑦ 】が結ばれ講和が成立した。
(南山大・明治学院大)

[解答] ①壬午軍乱　②独立　③天津条約　④⑤伊藤博文・陸奥宗光（順不同）　⑥李鴻章　⑦下関条約

条約改正交渉の展開

○
20秒講義

岩倉使節団から始まった条約改正交渉は，**領事裁判権の撤廃**と**関税自主権の回復**を主眼に行われた。寺島宗則外務卿の交渉失敗の後，井上馨，大隈重信は国内の反発を受けて難航するが，陸奥宗光・小村寿太郎が条約改正に成功した。

□ 岩倉使節団

岩倉具視右大臣を大使とする使節団。副使は**大久保利通・木戸孝允・伊藤博文**ら。条約改正を目的としたが，欧米に相手にされず，渡航の目的を海外視察に変更した。

□ 寺島宗則

1870年代後半の**外務卿**。関税自主権の回復に重点を置き，**アメリカ**に税権の回復を認めさせることに成功するも，**イギリス**や**ドイツ**が反対し挫折。

□ 井上馨

1880年代半ばの外務卿で初代外務大臣。外国人が日本国内を自由に旅行することや，好きな場所に住む**内地雑居**を認めた。外国人を裁判する際，裁判官の半分を外国人にするという条件をつけ，**鹿鳴館**外交などの欧化政策をとったため，外交失策と批判を受け辞任。

□ 大隈重信

1880年代後半の**外務大臣**。条約改正交渉を秘密のうちに各国別に進め，アメリカ・ドイツ・ロシアと調印。しかし，**大審院**への外国人判事の任用を認めていたことが表面化したため，大隈は反対派から襲撃を受け辞任した。

□ 青木周蔵

1890年代初頭の外務大臣。**イギリス**が条約改正に対する態度を軟化させたが，**大津事件**が起こり辞任。

□ 大津事件

1891年，巡査の**津田三蔵**が来日中の**ロシア皇太子**を襲撃した事件。条約改正交渉は中断。政府は津田三蔵を死刑にしようとしたが，大審院長**児島惟謙**は適法の無期刑をくだし，司法権の独立を守った。

□ 陸奥宗光 む つ むねみつ	日清戦争時の外務大臣。1894年，日英通商航海条約を締結した。
□ 日英通商航海条約	1894年締結。**領事裁判権の撤廃**と関税自主権の一部回復とともに，片務的最恵国待遇の解消を達成した。他の欧米列強とも同様の条約を結び，不平等条約の半分の解決に成功した。1899年発効。
□ 小村寿太郎 こ むらじゅ た ろう	桂太郎内閣の外務大臣。1911年，**日米通商航海条約**を締結し，**関税自主権の完全回復**を実現した。

■条約改正の流れ

1871年	**岩倉具視**	：岩倉使節団による海外視察
1876年	**寺島宗則**	：関税自主権の回復が英・独の反対により挫折
1882～1887年	**井上馨**	：欧化政策をとり，三大事件建白運動で批判を受け辞任
1891年	**青木周蔵**	：英と交渉を進めるが大津事件で辞任
1894年	**陸奥宗光**	：日英通商航海条約で**領事裁判権を撤廃**
1911年	**小村寿太郎**	：関税自主権の完全回復

原始・古代 中世 近世 **近代** 現代

Check! **入試問題**

　外務大臣【 ① 】の改正案は，大審院に外国人法官を任用することを認めるものであったので激しい反対をうけ，改正は再び中止された。したがって【 ② 】の撤廃に奏功したのは，1894年【 ③ 】（国名）との間に相互平等の原則にたって，外務大臣【 ④ 】が締結した【 ⑤ 】である。他の諸国とも順次改正条約が調印され，新条約は1899年から実施された。なお税権回復の問題は1911年に【 ⑥ 】が外務大臣のときに解決をみた。　（同志社大）

［解答］①大隈重信　②領事裁判権　③イギリス　④陸奥宗光　⑤日英通商航海条約　⑥小村寿太郎

日露戦争

20秒講義

　日本では三国干渉により反露感情が起こり，中国では中国分割による反発で北清事変が起こるが敗北した。日本は満州を占領したロシアと日露戦争を行い，ポーツマス条約で講和した。

□ 三国干渉

ロシアが，**ドイツ・フランス**を巻き込んで日本にかけた圧力。日本は圧力に屈して遼東半島を返還した。ロシアが南下を企んでいたことが背景。日本国内では「**臥薪嘗胆**」という故事成語に代表される反露感情が沸き起こった。

□ 中国分割

列強と呼ばれるヨーロッパ諸国が，中国の領土の一部を借りる租借を行った。**ドイツは山東半島の膠州湾，イギリスは威海衛と九竜半島，フランスは広州湾，ロシアは遼東半島にある旅順と大連**を租借した。

□ ジョン＝ヘイ

アメリカの国務長官。**中国分割**に出遅れたため，中国に関して「**門戸開放・機会均等・領土保全**」を主張した。当時アメリカは**ハワイ**を併合し，**フィリピン**を領有していた。

□ 北清事変

義和団を支持した清政府が，列強に対して宣戦布告して起きた騒乱。日本を含む列強の**連合軍**によって義和団の暴動は鎮圧され，清政府も降伏，**北京議定書**が結ばれた。ロシアは，中国東北部における権益の独占を清に承認させた。

□ 義和団事件

中国で，義和団という排外主義団体が起こした外国人襲撃事件。列強を追い出し，清国の力を復活させようという「扶清滅洋」というスローガンを掲げた。

□ 日露戦争

日英同盟後，満州から撤兵しないロシアに対して，1904年，互いに宣戦布告して始まった戦争。日本は**旅順**を占領し，**奉天会戦**で勝利。**日本海海戦**でロシアのバルチック艦隊を撃退した。戦況は日本に有利になったが，両国とも戦争の続行が難しい状況になり講和した。

☐ 日英同盟論	イギリスと同盟を組んで，ロシアと対峙しようという主張。**桂太郎**や**山県有朋**などが唱えた。桂太郎が首相になり，1902年，日英同盟協約が締結された。
☐ 日露協商論 （満韓交換論）	満州の権益をロシアに与える代わりに，韓国での利権を確実にしようという主張。**伊藤博文**や**井上馨**が唱えた。

☐ ポーツマス条約

日露戦争の講和条約。アメリカ大統領**セオドア＝ローズヴェルト**の仲介。①**韓国**に対する指導・監督権を手に入れ，②**旅順・大連**の租借権と，③北緯50度以南の**樺太**の領有権，④**沿海州・カムチャッカ**の漁業権を手に入れたが，賠償金は取れなかった。

☐ 日比谷焼打ち事件	日露戦争で賠償金を得ることができなかったことに対する国民の反発。暴動にまで発展した。

日露戦争に対しては，開戦論がほとんどでしたが，開戦論と反戦を訴えた代表的な人物をおさえておきましょう。

■開戦論
　対露同志会（近衛篤麿）
　七博士意見書（戸水寛人ら）
■反戦
　幸徳秋水・堺利彦：平民社を結成。『平民新聞』を発行。
　内村鑑三：キリスト教の立場から反対。
　与謝野晶子：反戦歌を残す。

Check! 入試問題

　日露戦争に対する開戦・反戦論は政治の舞台だけでなく，国内世論へと発展していった。近衛篤麿らが中心となった【　①　】は開戦論を主張し，戸水寛人を中心とした【　②　】など，学術の世界での開戦論もあった。また，反戦論では【　③　】・【　④　】が【　⑤　】を結成，機関紙『【　⑥　】』を発行し，社会主義の立場から反戦論を主張した。また，キリスト教の立場から反戦論を唱えた人物には【　⑦　】がいた。

（近畿大）

［解答］①対露同志会　②七博士意見書　③④幸徳秋水・堺利彦（順不同）　⑤平民社　⑥平民新聞
　　　　⑦内村鑑三

韓国併合と満州経営

> ◯
> 20秒講義
>
> 日露戦争が始まると，日韓議定書を皮切りに，第一次日韓協約，第二次日韓協約を通じて，日本は韓国を保護国化した。ついで第三次日韓協約と韓国併合条約により，韓国を併合した。また，満州には関東都督府を設置した。

□ **日韓議定書**

日露戦争開戦と同時に締結。韓国内での日本軍の軍事行動の自由を認めた。

□ **第一次日韓協約**

日露戦争中の1904年に日本が韓国と結んだ協約。韓国政府内に日本政府が選んだ財政・外交顧問を置くと定めた。

□ 桂・タフト協定

日本が韓国を保護国化することをアメリカが認めた協定。
<u>閏</u>桂太郎首相兼外相とアメリカ特使のタフトとの合意。

□ 第2次日英同盟協約

日本が韓国を保護国化することをイギリスが認めた協約。

□ 保護国

条約締結権を持たない，対外的に保護者が必要な国のこと。

□ **第二次日韓協約**

日露戦争後の1905年に日本が韓国と結んだ協約。アメリカ・イギリスとの協定を武器に，日本は韓国を保護国化し，漢城（現在のソウル）に韓国の外交を統率する統監府を置くことを定め，初代統監には伊藤博文が就任した。

□ **第三次日韓協約**

1907年に日本が韓国と結んだ協約。韓国の**立法権・内政権**を奪い，軍隊を解散させた。ハーグ密使事件がきっかけ。

□ ハーグ密使事件

1907年，韓国皇帝がオランダのハーグで開催されていた万国平和会議に密使を派遣して，韓国の状況を抗議した。列国はこれを無視し，韓国皇帝自身が退位させられた。

□ 義兵運動

韓国国内で起こった日本に対する抵抗運動。**伊藤博文**がハルビンで，韓国の排日運動家**安重根**に暗殺される事件に発展した。

□ 韓国併合条約
かんこくへいごう

1910年締結。韓国を併合し、**京城**(漢城から改称)に韓国の統治機関として朝鮮総督府を新設した。統監であった**寺内正毅**が初代総督となった。

□ 関東都督府
かんとうとくふ

1906年、日本が満州に設置した機関。満州の経営を本格的に始めた。

□ 南満州鉄道株式会社(満鉄)
みなみまんしゅう　まんてつ

1906年、満州を走る鉄道とその周辺の開発事業を展開するため設立された、半官半民(政府と民間が半分ずつ出資)の会社。

□ 辛亥革命
しんがい

1911年、中国で清朝が滅んだ革命。翌年、中華民国が建国された。臨時大総統は孫文。

第一次の1年後、第二次の2年後、第三次の3年後となります。

■ 1904年　第一次日韓協約
　　　↓　**1年後**
■ 1905年　第二次日韓協約
　　　↓　**2年後**
■ 1907年　第三次日韓協約
　　　↓　**3年後**
■ 1910年　韓国併合条約

Check! 入試問題

1904年2月、日本は韓国政府に【 ① 】を締結させ、同国における日本軍の軍事行動を認めさせた。続いて【 ② 】を結び、財政・外交の指導権を獲得した。日本が韓国を保護国化することをポーツマス条約でロシアに承認させた。1905年には第二次日韓協約を結び、韓国の【 ③ 】権を奪い、【 ④ 】府を漢城に置いて、初代の【 ④ 】に【 ⑤ 】を任じた。

1907年、ハーグ密使事件をきっかけに、第三次日韓協約を結ばせ、【 ⑥ 】権・行政権を【 ④ 】の指揮下に置いた。こうした日本の動きに対して韓国民衆の反日運動がさかんになり、各地で【 ⑦ 】が決起して、日本軍と衝突した。1909年【 ⑧ 】を訪れた【 ⑤ 】が安重根に狙撃されて死亡した。これを機に翌年8月、当時【 ④ 】であった【 ⑨ 】は韓国併合条約を認めさせ、【 ⑩ 】府が置かれた。

(立正大)

[解答] ①日韓議定書　②第一次日韓協約　③外交　④統監　⑤伊藤博文　⑥立法　⑦義兵
⑧ハルビン　⑨寺内正毅　⑩朝鮮総督

桂園時代

> **20秒講義**
> 第2次山県有朋内閣に反発した**憲政党**と**伊藤博文**は立憲政友会を立ち上げた。政友会は**西園寺公望**が後継となり，山県有朋の後継である**桂太郎**と交互に組閣する**桂園時代**を迎えた。

□ 第2次山県有朋内閣

憲政党と提携。第1次大隈重信内閣倒閣後，1898年に成立した内閣。地租増徴案の成立，**文官任用令**の改正，**軍部大臣現役武官制・治安警察法**の制定を行う。

□ 文官任用令

政党員が政治力で高級官吏になれる法律。山県有朋内閣はこれを改正し，政党員の高級官吏への道を閉ざした。第1次山本権兵衛内閣で再改正。

□ 軍部大臣現役武官制

1900年制定。現役の中将・大将以外は陸軍大臣・海軍大臣になれないとした。第1次山本権兵衛内閣で現役規定を廃止。1936年，復活。

□ 治安警察法

1900年制定。社会運動・労働運動に対する取り締まりを規定した法律。

□ 立憲政友会

伊藤博文が**憲政党**を母体に結成した政党。**1900年**成立。山県有朋内閣への反発が契機。**第4次伊藤博文内閣**を組閣するも貴族院の反対で倒閣。その後，戦前を代表する政党となる。

□ 西園寺公望

立憲政友会総裁。**伊藤博文**の後継者として2度内閣を組織する。昭和まで元老として政界に影響力を持っていたため「**最後の元老**」と呼ばれる。**パリ講和会議**の全権。

□ 桂園時代

山県有朋の事実上の後継者である桂太郎と，伊藤博文の後継として立憲政友会の総裁であった西園寺公望が交互に組閣する時代。1901年より1913年まで続いた。

□ 第1次桂太郎内閣

日英同盟協約の締結，日露戦争，ポーツマス条約，日比谷焼打ち事件などが起こった内閣。

☐ 第2次桂太郎内閣	戊申詔書の発布，地方改良運動，大逆事件，日韓併合条約の締結などを行った内閣。
☐ 戊申詔書	**第2次桂太郎内閣**のもとで発布。国民に対して勤勉・節約と皇室の尊重を呼びかけた。
☐ 地方改良運動	**第2次桂太郎内閣**のもとで起こった運動。内務省が中心となり，地方の租税負担力の強化を図った。
☐ 大逆事件	**第2次桂太郎内閣**が，**幸徳秋水**ら社会主義者・無政府主義者を逮捕・処刑した事件。
☐ 特別高等警察 （特高）	思想を取り締まる警察。大逆事件をきっかけに警視庁に設置。1928年に全国に設置されたが，第二次世界大戦後廃止。

藩閥内閣と政党内閣が交互に組閣するのが桂園時代です。

■第2次山県有朋内閣　　（藩閥）
■第4次伊藤博文内閣　　（立憲政友会）
■第1次桂太郎内閣　　　（藩閥）
■第1次西園寺公望内閣（立憲政友会）
■第2次桂太郎内閣　　　（藩閥）
■第2次西園寺公望内閣（立憲政友会）
■第3次桂太郎内閣　　　（藩閥）

Check! **入試問題**

　第1次大隈重信内閣のもとで，旧自由党系は【　①　】を組織し党を分裂させた。これに対抗して，反対派は憲政本党を結成した。こうして最初の政党内閣はわずか4ヵ月で総辞職した。一方，政党を組織することの必要性を感じていた【　②　】は，【　③　】年9月に旧自由党系政治家の参加を得て【　④　】を創立し，自ら総裁となった。　　　　　　　　　　　　　　　　　（関西大）

[解答]　①憲政党　②伊藤博文　③1900　④立憲政友会

1880年代の産業—日本の産業革命

> ○
> 20秒講義
>
> 官営事業の払下げが進む頃，産業革命が起こり，企業勃興となった。**産業革命**の中心は，器械製糸を中心とした製糸業と，機械紡績を中心とした紡績業で，輸出品生産の中心となった。

□ **官営事業の払下げ**

官営模範工場などの民間への払下げ。**軍需工場**と**鉄道**事業は払下げの対象から外されていた。

□ **産業革命**

機械の開発・改良による生産技術・生産体制の革新。

□ **企業勃興**

1880年代後半に起こった株式会社（企業）の設立ブーム。**鉄道**や**紡績業**が中心。銀本位制導入により，物価が安定してきたことが背景。ブームが過熱しすぎて，生産が過剰となり，1890年に日本初の**恐慌**が発生した。

□ **器械製糸**

座繰製糸に代わって登場した製糸方法。器械による巻き取りによるもの。蒸気機関による器械も広まり，製糸の中心となる。

□ 座繰製糸

幕末から明治初期の製糸方法。手で歯車を回して糸を巻き取る。

□ **製糸業**

繭から**生糸**（＝絹糸）を作る工業。日本の主力産業となり，1909年に**清**を抜いて世界一の生糸輸出国となる。主な輸出先は**アメリカ**。

□ 紡績業

綿花から**綿糸**を作る工業。

- □ **手紡**　幕末の紡績技術。手で糸を紡ぐ方法。
- □ **ガラ紡**　明治時代初期の紡績技術。簡易的な器具を使った紡績を行う。
- □ **大阪紡績会社**　1883年開業した紡績会社。渋沢栄一が設立。**機械紡績**による本格的な紡績工場。
- □ **飛び杼**　イギリス人の発明した綿織物装置。これを導入し手織機が改良された。

民間に払い下げられた事業と，その相手をおさえておきましょう。

- ■三菱：**高島炭鉱**(長崎県)，**佐渡金山**(新潟県)，**生野銀山**(兵庫県)，**長崎造船所**
- ■三井：**三池炭坑**(福岡県)，**新町紡績所**(群馬県)，**富岡製糸場**(群馬県)
- ■浅野：セメント製造所

Check! 入試問題

　維新政府は，富国強兵を図るとともに，殖産興業による経済の近代化を図ろうとした。近代技術の導入のため，製糸・紡績業などに大規模な【 ① 】を作った。民間では1883年に【 ② 】が開業し，続いて各地に大規模な紡績工場が設立された。こうして紡績業は，政府の手厚い後押によって成立した【 ③ 】工業とともに代表的な産業に成長してゆく。一方，製糸業では1872年に富岡製糸場が作られていたが，民間の工場はきわめて小規模であった。しかし，製糸業の製品である【 ④ 】は，紡績業の製品である【 ⑤ 】とともに，我が国の代表的な輸出品に育っていった。　　　　　(立命館大)

[**解答**]　①官営模範工場　②大阪紡績会社　③軍事(軍需)　④生糸　⑤綿糸

1890年代以降の産業

> **20秒講義**
> 日本は，日清戦争の賠償金を元手に経済が発展し，造船奨励法・航海奨励法，貨幣法を制定したほか，特殊銀行を設立し，八幡製鉄所を操業した。日露戦争後は，日本製鋼所など民間の重工業が発展し，軍需目的を背景に，鉄道国有法も出された

□ **航海奨励法**

1896年，造船奨励法とともに発令。航海業に対して資金援助を行った。欧米やオーストラリアへの定期航路も開かれた。日清戦争の賠償金を元手とする。

□ **貨幣法**

1897年制定。金本位制を確立した。日清戦争の賠償金を元手とする。

□ **特殊銀行**

特定の政策実施のための金融機関。**日本勧業銀行**や**日本興業銀行**，貿易金融を担当する**横浜正金銀行**，地方の金融を担当する各府県の**農工銀行**，**台湾銀行**，**朝鮮銀行**がある。

□ **八幡製鉄所**

1901年操業した官営の製鉄所。鉄鋼の国産化を目指した。清の大冶鉄山の鉄鉱石と，筑豊炭田の石炭で生産した。

□ **日本製鋼所**

民間の鉄鋼会社。

□ **池貝鉄工所**

民間の鉄工所。**アメリカ式旋盤**に匹敵する旋盤（工作機械）を国内生産することに成功した。

□ **国産力織機**

豊田佐吉が発明した小型の綿織物機械。綿織物の生産量が飛躍的に伸びた。

□ **鉄道国有法**

1906年制定。民間の鉄道会社から主要幹線を買収して，日本全国の鉄道のうち90％を国有化した。産業の発展と鉄道を軍需目的で使用することが背景。

■1890年代以降の軽工業の流れ

1890年	綿糸：生産量＞輸入量
1894年	生糸：器械製糸生産量＞座繰製糸生産量
1897年	綿糸：輸出量＞輸入量
1909年	生糸：輸出量世界一に

Check! 入試問題

日清戦争後，我が国の資本主義生産はようやく軌道にのった。1896年に奨励法を制定して，保護・育成が図られたのは，【 ① 】業と【 ② 】業であった。また1901年には，軍備拡張，重工業の基礎確立のための【 ③ 】が操業を開始している。

日露戦争後の1906年には，軍事的必要もあり【 ④ 】法が制定され，これに基づいて民営路線が買収された。また同年，大陸経営の中心的役割を担った南満州鉄道株式会社が設立され，のち一大コンツェルンを形成した。民間の製鋼所も設立され，その代表的な企業としては【 ⑤ 】があげられる。

(立命館大)

[解答] ①②造船・航海 ③八幡製鉄所 ④鉄道国有 ⑤日本製鋼所

社会運動の発生

> ○
> 20秒講義
>
> 労働者の過酷な実態が『日本之下層社会』や『職工事情』で明らかになると，工場法が制定された。労働組合期成会や，社会民主党，日本社会党といった団体も結成された。

□ **日本之下層社会**
横山源之助の著作。農村・都市の貧しい社会や賃金労働者の悲惨な状況を描いた。同じ頃，雑誌『**日本人**』には，**高島炭鉱**の労働者の惨状が掲載された。

□ **職工事情**
農商務省編。労働者の実態を調査し，まとめたもの。

□ **女工哀史**
大正時代に**細井和喜蔵**が著した。紡績工場・綿織物工場の**女工**(女性労働者) の労働条件や生活が記された。

□ **工場法**
工場労働者の保護立法。1911年第2次桂内閣で制定。工場経営者からの反対にあい1916年にやっと施行された。
内容：**12時間**労働制，満**12歳**未満の者の就業の禁止
例外：**15人**以上の工場にのみ適用されることや，**紡績業**には，期限つきで少年・少女の深夜業を認めた。

□ **労働組合期成会**
高野房太郎と**片山潜**が結成した労働団体。**アメリカ**で労働組合運動を学び，労働組合の必要性を提唱した。**労資協調**(労働者と資本家の融和を図る) を目的とした。高野房太郎が結成した**職工義友会**が母体。

□ **社会民主党**
1901年に結成された日本初の社会主義政党。**安部磯雄**，幸徳秋水，片山潜らによって結成。治安警察法により，即日結社禁止処分を受けた。

□ **日本社会党**
1906年に**堺利彦・幸徳秋水**らにより結成された日本初の合法的社会主義政党。内部対立により，翌年，解散を命じられる。

□ 幸徳秋水 こうとくしゅうすい	社会主義者。『**万朝報**』にいたが，堺利彦らと**平民社**を結成して 『**平民新聞**』を刊行し，日露戦争の反戦論を唱える。**大逆事件**の 主謀者とされ処刑された。
□ 堺利彦 さかいとしひこ	社会主義者。『**万朝報**』にいたが，幸徳秋水らと『**平民新聞**』を 創刊して反戦論を唱える。日本共産党の創立に参画。
□ 足尾銅山鉱毒事件 あしおどうざんこうどく	明治時代を代表する公害事件。栃木県の足尾銅山から有害物質 が渡良瀬川に流れ込んで，農業・漁業に大きな被害を与えた。 衆議院議員の田中正造が救済に尽力。田中は議員を辞職して天 皇に直訴した。

Check! 入試問題

　アメリカで労働運動を体験し帰国した【 ① 】は，1897年に日本で【 ② 】
を結成し，労働組合の普及に努めた。同年，この組織は，片山潜らの参加を
得て【 ③ 】に改組された。政府は，労働運動の発展を抑制するために
1900年に【 ④ 】を制定する一方で，1911年に工場設備の改善，危険防止，
就業年齢の制限，労働衛生条件の改善，労働時間の規制などを盛り込んだ
【 ⑤ 】を制定した。しかし，資本家団体の圧力はとても大きく，深夜業の
条項など不備な点も多く，適用されるべき企業の従業員規模も【 ⑥ 】人以
上，法の施行も５年後ということとなった。

(明治大)

[解答] ①高野房太郎　②職工義友会　③労働組合期成会　④治安警察法　⑤工場法　⑥15

啓蒙思想と民権論

○
20秒講義

明六社は西洋思想を紹介した。その後、天賦人権論が流行し、さらに欧化主義への批判から、徳富蘇峰は平民的欧化主義、三宅雪嶺は国粋保存主義を主張した。その他の学問では、日本史論では田口卯吉、自然科学分野では伝染病研究所の北里柴三郎や、志賀潔、高峰譲吉などを輩出した。

□ **明六社**

1873年（明治6年）に結成された学術団体。森有礼・福沢諭吉・中村正直・西周・加藤弘之らが結成。日本の思想文化の近代化を進め、日本に西洋風の自由主義・個人主義を紹介した。『明六雑誌』を発刊。

□ 福沢諭吉

明治時代の思想家で教育家。著書に『西洋事情』（ヨーロッパ体験を記す）、『文明論之概略』（西洋文明の有用性を説く）、『学問のすゝめ』（学問の重視を唱えた）など。

□ 中村正直

明治時代の思想家。『西国立志編』（成功した西洋人の伝記集）や『自由之理』（自由の重要性を記す）を翻訳した。

□ **天賦人権論**

フランスからやってきた思想。自由民権運動に発展。加藤弘之が日本に紹介し、中江兆民や、植木枝盛、馬場辰猪などの活躍につながった。加藤弘之は、後に天賦人権論の否定に転じた（→P.200）。

□ 徳富蘇峰

平民的欧化主義を主張した評論家。**民友社**を設立し、機関誌『国民之友』で主張を発表。日清戦争後、**対外膨張論**に転向。

□ 平民的欧化主義

一般国民の近代化を重視せよとする考え。徳富蘇峰が主張した。政府の欧化主義を「上層部が近代化を独占する**貴族的欧化主義**である」と批判した。

□ 三宅雪嶺

国粋保存主義を唱え、欧化主義そのものを否定した評論家。**志賀重昂**と政教社を結成、雑誌『日本人』を創刊。

☐ 陸羯南 （くがかつなん）	国民主義を唱え，新聞『日本』を創刊した人物。
☐ 高山樗牛 （たかやまちょぎゅう）	日本主義の立場から雑誌『太陽』を創刊した人物。
☐ 田口卯吉 （たぐちうきち）	文明史家。『日本開化小史』を著し，西洋的な手法を取り入れた日本史論を唱えた。
☐ 久米邦武 （くめくにたけ）	史学者。岩倉使節団に随行し，『米欧回覧実記』を著す。「神道は祭天の古俗」という論文を発表し，東大教授の職を追われた。
☐ 北里柴三郎 （きたさとしばさぶろう）	明治時代の医学者。破傷風の血清療法の開発や，ペスト菌の発見を行い，伝染病研究所や北里研究所（現在の北里大学）を設立し，伝染病の研究を推し進めた。
☐ 志賀潔 （しがきよし）	細菌学者。伝染病研究所出身。赤痢菌を発見。
☐ 秦佐八郎 （はたさはちろう）	細菌学者。伝染病研究所出身。化学療法剤サルバルサンを開発。
☐ 高峰譲吉 （たかみねじょうきち）	薬学者。アドレナリンの抽出に成功。消化薬タカジアスターゼを開発した。

その他の自然科学者もおさえておきましょう！

■鈴木梅太郎（すずきうめたろう）：オリザニン（現在のビタミンB₁）を抽出
■大森房吉（おおもりふさきち）：大森式地震計を開発
■木村栄（きむらひさし）：Z項を発見

原始・古代 ／ 中世 ／ 近世 ／ 近代 ／ 現代

Check! 入試問題

　明治20年代になると鹿鳴館時代の欧化主義の反動として国粋主義的な思想が台頭した。【 ① 】らによって組織された政教社では，雑誌『【 ② 】』が刊行され，いわゆる国粋保存主義が唱えられた。これに対し，【 ③ 】は，民友社を設立し，民衆の立場から欧化・近代化を目指すべきであるとして平民主義を主張した。新聞『日本』を創刊した【 ④ 】は，国民主義を唱え，のちに帝国主義を容認した。また，雑誌『太陽』を創刊した【 ⑤ 】は，日本主義を唱え，大陸進出を説いた。

(明治大)

［解答］①三宅雪嶺　②日本人　③徳富蘇峰　④陸羯南　⑤高山樗牛

明治政府の教育政策

> **20秒講義**
>
> 　**国民皆学**を唱えた明治政府は，1872年に**学制**を，1879年に**教育令**を出し，1886年には**学校令**が出された。教科書の国定化や義務教育の延長により，就学率は90％を超えた。

☐ **学制**

1872年公布。**フランス**の学校制度にならい，「**国民皆学**」のスローガンのもとに初等教育の普及を目指した。働き手が取られるという理由で，**学制反対一揆**が起こった。

☐ **教育令**

1879年公布。**アメリカ**の教育制度をモデルにしたが，自由主義的との批判を受け，翌年改正された。

☐ **学校令**

1886年公布。初代文部大臣の森有礼が中心。**尋常小学校**の**4年間**が義務教育となる。現在の小学校から大学といった体系的な学校教育制度の原型が整えられた。1907年，義務教育は**6年**に延長され，**1900年代**には就学率が98％を超え，世界最高水準に達した。

☐ **教育勅語**

1890年発布された国民道徳の基本。「**忠君愛国**」が説かれた。全国の学校で奉読され，国家主義の土台作りに影響した。**井上毅**らが起草。内村鑑三は教育勅語への拝礼を拒否し教職を追われた。

☐ **国定教科書制度**

1903年，小学校の教科書は文部省の著作に限られるというもの。教育に対する統制は強化された。

Check! 入試問題

　1886年，時の文部大臣であった【 ① 】によって実施された【 ② 】では，国家主義的な教育へとその性格が変化していた。1890年に発布された【 ③ 】は，忠君愛国を強調し，奉読を強制した。【 ③ 】への拝礼を拒んで教壇を追われた人物としては【 ④ 】がいる。しかし，この改革は【 ⑤ 】年間を義務教育とするなど，国民の教育水準を高めた。就学率は，学制導入以来，着実に上昇し，【 ⑥ 】年代には90％を超えた。

(明治大)

[解答]　①森有礼　②学校令　③教育勅語　④内村鑑三　⑤4　⑥1900

近代文学の成立

◎
20秒講義

　戯作文学，政治小説の流行を経て，坪内逍遙は**写実主義**と**言文一致体**を主張した。その後，ロマン主義や自然主義文学が台頭し，詩歌でもロマン主義の**与謝野晶子**や，**正岡子規**が登場した。

□ **戯作文学**

江戸時代の読本や滑稽本などの流れを汲む大衆文学。1870年代に人気を集める。代表作には，文明開化後の新しい風俗の様子を描いた**仮名垣魯文**の『**安愚楽鍋**』。

□ **政治小説**

自由民権運動を題材とした小説。1880年代に盛んになる。代表作に矢野龍溪の『**経国美談**』，東海散士の『**佳人之奇遇**』など。

□ **坪内逍遙**

評論『**小説神髄**』を著して写実主義と言文一致体を主張。小説『**当世書生気質**』を著した。

　写実主義　：小説は人生をあるがままに客観的・写実的に描写すべきだという考え方。

　言文一致体：書き言葉ではなく普段の話し言葉に近い形式で文章を書こうという考え。

□ **二葉亭四迷**

小説家。『**浮雲**』で，言文一致体を実践した。

□ **硯友社**

尾崎紅葉が興した文学団体。**写実主義**を主張し，同人誌『**我楽多文庫**』を発行した。尾崎紅葉の『**金色夜叉**』や，泉鏡花の『**高野聖**』などが代表作。

□ **ロマン主義**

客観的な写実主義に対して，感情を描くことにより注目した。北村透谷・島崎藤村らが創刊した雑誌「**文学界**」が中心。代表的な作家に樋口一葉。

□ **樋口一葉**

ロマン主義の小説家。『**にごりえ**』『**たけくらべ**』などで，流麗な文体で明治女性の哀歓を描いた。

□ **自然主義文学**	現実の姿をあるがままに描こうというスタイルの文学。ロマン主義への反動や，日露戦争という社会不安が背景。
	島崎藤村：『**破戒**』（ロマン主義から転向） **田山花袋**：『**蒲団**』，国木田独歩：『**武蔵野**』
□ **島崎藤村**	ロマン主義の作家。詩集『**若菜集**』によって**新体詩**が始まる。後に**自然主義**に転向し，『破戒』などを著す。
□ **与謝野晶子**	ロマン主義の歌人。夫の与謝野鉄幹が創刊した雑誌「**明星**」に日露戦争に対する非戦歌を残した。代表作に『**みだれ髪**』がある。
□ **正岡子規**	写生に基づく俳句・短歌の革新に努めた。俳句雑誌「**ホトトギス**」（弟子の**高浜虚子**が主宰）を中心に活動した。短歌の**伊藤左千夫**が「**アララギ**」を創刊して子規の精神を受け継いだ。
□ **石川啄木**	詩人。作品集に『**一握の砂**』などがある。

有名なこの２人の文豪の作品もおさえておきましょう！

■**夏目漱石**：『**吾輩は猫である**』『**坊ちゃん**』『**草枕**』
■**森鷗外** ：『**舞姫**』『**雁**』『**即興詩人**』(翻訳)
　　　　　　　『**阿部一族**』(歴史小説)

Check! 入試問題

　明治前期の重要な著作は，【 ① 】の体系的な小説理論書『【 ② 】』で，その実験的作品に『【 ③ 】』がある。また【 ④ 】は言文一致の文体を用いて日本最初の近代リアリズム小説『【 ⑤ 】』を書いた。一方，『舞姫』の作者【 ⑥ 】も特異な存在として重きをなした。こうした文壇の一隅から，近代的な自我の叫びをあげて【 ⑦ 】主義の文学運動を起こしたのは，『文学界』に拠る一派であった。

(学習院大)

[解答] ①坪内逍遥 ②小説神髄 ③当世書生気質 ④二葉亭四迷 ⑤浮雲 ⑥森鷗外 ⑦ロマン

明治時代の芸能・芸術

50 近代文化の発展

○
20秒講義

演劇では団菊佐時代の**歌舞伎**や，**新派劇**，**新劇**が流行した。東京美術学校は当初西洋画を排除したが，**黒田清輝**が帰国し西洋画科が設置されると，**岡倉天心**は日本美術院を設立した。

□ **団菊左時代**

明治時代の歌舞伎ブームで活躍した**市川団十郎・尾上菊五郎・市川左団次**のこと。

□ **新派劇**

明治時代の現代劇。人気小説を演劇化した。歌舞伎などの従来からある演劇に対して新派と名付けられる。

□ **新劇**

西洋の演劇を翻訳した演劇。**坪内逍遥・島村抱月**による文芸協会や，**小山内薫**による自由劇場が設立された。

□ **東京美術学校**

1887年創立。西洋画が排除され日本画に力が入れられた。アメリカ人の東洋美術史家フェノロサと，**岡倉天心**の影響。後に西洋画科が設置され，岡倉天心は校長を退く。

□ **工部美術学校**

殖産興業の目的から工部省が開校。お雇い外国人が西洋画を教えた。1883年に閉鎖。

□ **黒田清輝**

洋画家。**フランス**で**印象派**の画法を学ぶ。帰国し白馬会を創設。東京美術学校に西洋画科が置かれ，教授として招かれた。代表作に『湖畔』。

□ **日本美術院**

岡倉天心が設立した日本画団体。「**無我**」の**横山大観**や，「**落葉**」の**菱田春草**が活躍。

明治時代の主な芸術家や団体としては，次の人物や作品
も覚えておきましょう！

■主な日本画家
狩野芳崖：「悲母観音」，橋本雅邦：「龍虎図」

■主な西洋画家
高橋由一：「鮭」（日本の西洋画の開拓者）

浅井忠：　「収穫」（明治美術会を組織）
青木繁　：「海の幸」（白馬会のメンバー）

■その他の芸術
　彫刻＝高村光雲：「老猿」，荻原守衛：「女」
　建築＝コンドル：鹿鳴館，辰野金吾：日本銀行本店，
　　　片山東熊：赤坂離宮
　音楽＝伊沢修二：東京音楽学校設立，唱歌教育
　　　を提唱
　　　滝廉太郎：「荒城の月」

Check! 入試問題

　岡倉天心は，大学時代から【 ① 】に師事した。明治20年，【 ② 】の開
校を果たし，狩野芳崖・橋本雅邦らとともに，伝統美術の保護育成に努めた。
当初は西洋美術を除外したが，明治29年には西洋画科が設けられ，【 ③ 】
が講師となった。明治31年，岡倉天心は野に下り，【 ④ 】を創設，日本美
術の新生を願って，門下の活躍を援助し，下村観山・横山大観・菱田春草ら
の俊英を輩出した。明治29年には洋画の美術団体【 ⑤ 】も成立したので
美術界は活況を呈した。

(日本女子大)

［解答］①フェノロサ　②東京美術学校　③黒田清輝　④日本美術院　⑤白馬会

第一次護憲運動

○
20秒講義

2個師団増設要求を拒否した第2次西園寺公望内閣は退陣し，桂太郎が第3次桂太郎内閣を組閣したが，第一次護憲運動が起こり，内閣は倒れた。第1次山本権兵衛内閣は，**立憲政友会**を与党としたが，シーメンス事件で退陣した。

☐ **第2次西園寺公望内閣**

立憲政友会を与党とする内閣。大正天皇が即位した。**2個師団増設問題**で退陣。

☐ 2個師団増設問題

陸軍が軍事力の強化を第2次西園寺内閣に要求したが拒否されたため，上原勇作陸軍大臣が単独で辞任。軍部大臣現役武官制を利用して，後任の大臣を出さなかったため，内閣は総辞職に追い込まれた。

☐ **第3次桂太郎内閣**

内大臣・侍従長の桂太郎が組閣したため，「**宮中・府中の別**」を乱すとの批判が起こり**第一次護憲運動**に発展。大正政変が起こり短命に終わった。

☐ **第一次護憲運動**

第3次桂内閣に対する反発として起こった運動。スローガンは「**閥族打破・憲政擁護**」。大正政変が起こり，**桂太郎**首相を退陣に追い込んだ。運動の中心となったのは**尾崎行雄**（**立憲政友会**，政府を批判する演説を行う）や**犬養毅**（**立憲国民党**，旧憲政本党）。

注 閥族打破：藩閥や官僚による政治の独占を打破すること。
　憲政擁護：憲法に沿った政治を守ろうということ。

☐ 立憲同志会

護憲運動に対抗して**桂太郎**が結成した政党。**立憲国民党**の一部が参加した。初代総裁は**加藤高明**。

☐ **第1次山本権兵衛内閣**

立憲政友会を与党とした内閣。第一次護憲運動の結果成立。山本は薩摩閥で海軍の出身者。軍部大臣現役武官制を改正し，**文官任用令を緩和**した。**シーメンス事件**で退陣。

□ 軍部大臣現役武 官制改正 □ 文官任用令の 緩和	現役以外の予備役・後備役の中将・大将でも陸軍大臣・海軍大臣に就けるようにした。 政党員でも高級官吏になれるようにした。
□ シーメンス事件	海軍高官の軍艦・兵器輸入をめぐる汚職事件。海軍に対する非難が高まり、海軍出身の山本権兵衛は辞職した。

それぞれの内閣が倒れたきっかけをまとめておきましょう。

■第2次西園寺公望内閣：2個師団増設問題
⇒内閣倒れる
■第3次桂太郎内閣　：第一次護憲運動
⇒大正政変⇒内閣倒れる
■第1次山本権兵衛内閣：シーメンス事件
⇒内閣倒れる

Check! 入試問題

　1912年、【 ① 】内閣が退陣すると、桂太郎内閣が組織された。これに対して展開された第一次護憲運動は、【 ② 】・【 ③ 】をスローガンとした運動で、【 ④ 】（政党名）の【 ⑤ 】と【 ⑥ 】（政党名）の【 ⑦ 】が中心となった。【 ⑤ 】は1913年に藩閥による専制政治を弾劾する演説を行った。一方桂太郎は、【 ⑥ 】の一部を取り込んで【 ⑧ 】の結成を企画した。桂の死後、初代総裁には【 ⑨ 】が就任した。桂内閣は50日あまりで倒れ、続いて【 ⑩ 】内閣が成立した。

(立教大)

［解答］①西園寺公望　②③閥族打破・憲政擁護（順不同）　④立憲政友会　⑤尾崎行雄
⑥立憲国民党　⑦犬養毅　⑧立憲同志会　⑨加藤高明　⑩山本権兵衛

第一次世界大戦

> ◎
> 20秒講義
>
> 　第一次世界大戦が始まると，日本は**日英同盟**を理由に参戦，**青島**（チンタオ）を占領し，中華民国に**二十一カ条**（にじゅういちかじょう）の要求を突きつけた。**大戦景気**（たいせんけいき）となる一方，寺内正毅内閣の時に始まった**シベリア出兵**（しゅっぺい）に伴う米価高騰から，**米騒動**（こめそうどう）が起こった。

□ **第一次世界大戦**

1914年開戦。ヨーロッパ全土に拡大し，全世界を二分した初めての戦争。**三国同盟**と**三国協商**の対立が背景。日本は**日英同盟**を理由に**ドイツ**に宣戦布告し，**青島**（チンタオ）（**山東半島**（さんとう）にある**ドイツ**の租借地）や，赤道以北のドイツ領南洋諸島の一部を占領した。

法 三国同盟：ドイツ・オーストリア・イタリア。
　三国協商：ロシア・フランス・イギリス。

□ **サライェヴォ事件**

ボスニアのサライェヴォを訪問中の**オーストリア帝位継承者**夫妻が，**セルビア**人に暗殺された事件。オーストリアとセルビアの戦争が始まり，**第一次世界大戦**に発展した。

□ **第2次大隈重信内閣**（おおくましげのぶ）

立憲同志会を与党とする内閣。第1次山本権兵衛内閣の次に組閣。国民に人気がある大隈重信が首相となる。**第一次世界大戦**が起こった。外相は**加藤高明**。

□ **二十一カ条の要求**（にじゅういちかじょう）

日本政府が，**袁世凱**（えんせいがい）の率いる中華民国政府に対して突きつけた要求。そのほとんどを受け入れさせた。
①日本がドイツから奪った**山東省**の権益を継承。
②**旅順・大連**の租借期限を99年間に延長。
③**漢冶萍公司**（かんやひょうコンス）（中国最大級の製鉄会社）を日中合同事業にする。

□ **第4次日露協約**（にちろ）

1916年締結。日露両国の中国における特殊権益を確認。

□ **大戦景気**（たいせんけいき）

第一次世界大戦にともなう好景気。ヨーロッパ諸国が撤退したアジア市場に日本が進出したことと，日本からヨーロッパへ軍需品が輸出されたことが背景。

大戦景気の影響をまとめましょう！

①大幅な輸出超過となり，**債務国**（借金をする国）から**債権国**（お金を貸す国）へ。

②**海運業**と**造船業**が成長（日本は世界第3位の海運国に）。

③**船成金**（海運業・造船業で急激に儲けた資本家）の出現。

④**鉄鋼業**：**八幡製鉄所**の拡張，**鞍山製鉄所**が作られた。

⑤**化学工業**が興った（ドイツからの輸入が途絶えたため）。

⑥工業生産額が農業生産額を上回った。

⑦工場労働者の数が 100 万人から 150 万人に増加。

☐ **寺内正毅内閣**	陸軍の出身。**立憲政友会**が支持。
☐ 憲政会	**寺内正毅内閣**で野党に転落した**立憲同志会**が改変。総選挙に敗北するも，第二次護憲運動の中心となる。立憲民政党に改組された。
☐ 石井・ランシング協定	日本がアメリカの「門戸開放・機会均等」を認める代わりに，アメリカが日本の中国における特殊権益を承認した。
☐ 西原借款	中華民国の事実上のリーダーとなった**段祺瑞**に，多額の借款を行い，中国における利権の拡大を図ろうとした。私設公使の西原亀三が行った。
☐ **シベリア出兵**	ロシア革命に対する干渉。1918年，シベリアで**ソヴィエト**軍と**チェコスロヴァキア**軍の衝突が起こると，チェコスロヴァキア軍救援の名目で実施。
☐ ロシア革命	1917年にロシアで起こった革命。革命派がロシア帝国を倒して，レーニン率いる社会主義国家（後のソヴィエト連邦）を建国。
☐ **米騒動**	**シベリア出兵**で軍用に米が大量に必要となったため，米商人が米価をつり上げたことに対して，**富山県**の漁村の主婦たちが反発。運動は全国規模へと拡大，軍隊が出動するほどになり，**寺内正毅**内閣は総辞職した。

この時期には電灯が農村まで広まり，**猪苗代湖**（福島県）の水力発電所から**東京へと送電が可能**になるなど，電気が普及しました。

Check! **入試問題**

1914年，第一次世界大戦が勃発し，日本は【 ① 】を理由に，【 ② 】外務大臣の意見に基づき参戦し，ドイツの勢力範囲であった【 ③ 】（都市名）を占領した。翌年，日本は二十一カ条の要求を，中国の【 ④ 】政府につきつけ，最後通牒を発して，その要求を貫徹した。ついで，【 ⑤ 】内閣は，【 ④ 】のあとをついだ北方軍閥の【 ⑥ 】に巨額の借款を与え，中国への日本の影響力の強化に努めた。

（上智大）

[解答] ①日英同盟 ②加藤高明 ③青島 ④袁世凱 ⑤寺内正毅 ⑥段祺瑞

ヴェルサイユ体制とワシントン体制

> 　原敬内閣の際，第一次世界大戦が終わり，ヴェルサイユ条約
> が締結され，国際連盟が結成されたが，中国では五・四運動，
> 朝鮮では三・一運動が起こるなど反日運動は激化した。ワシン
> トン会議では，四カ国条約，ワシントン海軍軍縮条約などが結ば
> れワシントン体制が構築された。**関東大震災後**，社会は混乱し，
> 第二次護憲運動が起こった。

20秒講義

□ **原敬内閣**

立憲政友会の党首原敬による内閣。原敬は衆議院議員で平民のため**平民宰相**と呼ばれた。軍部の大臣と外務大臣以外は全て立憲政友会という初の本格的な政党内閣。1921年原敬が刺殺され，内閣は倒れた。
　　①選挙権の納税資格を**直接国税３円**以上に引き下げた。
　　②**小選挙区制**を導入した。

□ 戦後恐慌

1920年に始まった恐慌。**第一次世界大戦**の終結により，その反動で恐慌へと陥った。

□ **ヴェルサイユ条約**

第一次世界大戦の講和条約。日本は以下の権益を獲得した。
　　①ドイツの持っていた**山東半島**の権益を継承する。
　　②赤道以北の**ドイツ領南洋諸島**を委任統治する。

□ パリ講和会議

第一次世界大戦の講和会議。日本全権は西園寺公望。ヴェルサイユ条約が締結された。

□ ヴェルサイユ体制

ヴェルサイユ条約で定めた国際体制。

□ **国際連盟**

世界大戦の再発を防ぐための平和的解決を図るための機関。日本はヨーロッパの大国とともに国際連盟の中核である常任理事国となった。設立を推進した**アメリカ**が，国内の議会で反対されたため参加できず，社会主義国であった**ソヴィエト連邦**も参加を許されなかった。

□ 民族自決

パリ講和会議で提唱。「自分たちの民族のことは自分たちで決める権利があり，他国が干渉してはならない」という考え。ただし白色人種にのみ限定された。

□ 五・四運動	1919年，**中国**で起こった反日運動。ヴェルサイユ条約で二十一カ条の要求が撤回されなかったことが原因。
□ 三・一運動	1919年，**朝鮮半島**で起こった独立運動。パリ講和会議での民族自決を受けて起こった。
□ ワシントン会議	1921～22年に開かれた国際会議。アメリカ大統領**ハーディング**の提唱。日本の全権は加藤友三郎と幣原喜重郎。**四カ国条約**，**九カ国条約**，**海軍軍縮条約**が締結された。
□ 高橋是清内閣	**立憲政友会**内閣。急死した原敬に代わって組閣。**ワシントン会議**が開かれた。
□ 四カ国条約	1921年，太平洋諸島の平和維持のため結ばれた条約。アメリカ・イギリス・日本・フランスの間で締結。条約締結に伴い**日英同盟**は解消した。
□ 九カ国条約	1922年に締結された中国経営に関する条約。中国の領土と主権を尊重することなどを定めた。石井・ランシング協定の意味がなくなり廃棄され，山東懸案解決条約で日本は山東省の旧ドイツ権益を中国に返還した。
□ ワシントン海軍軍縮条約	アメリカ・イギリス・日本・フランス・イタリアの5カ国間で結ばれた軍縮条約。**主力艦**の保有量のバランスや，**主力艦**を今後10年間は建造しないことも決まった。
□ ワシントン体制	ワシントン会議によって構築された，大戦の再発と軍拡競争を防止した新しい国際秩序。
□ 加藤友三郎内閣	高橋是清内閣の後，組閣。加藤が病気で急死したため総辞職。シベリア出兵からの撤兵が行われた。
□ 第2次山本権兵衛内閣	関東大震災後の処理を行う。**虎の門事件**で退陣。
□ 虎の門事件	無政府主義者の**難波大助**が，**摂政宮**（後の昭和天皇）を狙撃した事件。山本内閣は退陣した。

□ 第二次護憲
運動

□ 清浦奎吾内閣
きようらけいご

清浦奎吾内閣の超然主義に反発して起こった護憲運動。憲政会（**加藤高明**），立憲政友会（**高橋是清**），革新倶楽部（**犬養毅**）の護憲三派が行う。総選挙で護憲三派が圧勝。
ごけんさんぱ

貴族院と官僚の勢力をバックに**超然内閣**を組織。**第二次護憲運動**が起こった。

それぞれの内閣について覚えておくべきポイントをまとめておきましょう。

■**原敬内閣**：パリ講和会議⇒ヴェルサイユ条約
　　　　　　　⇒国際連盟
　　　　　　　暗殺される
■**高橋是清内閣**：ワシントン会議⇒ワシントン体制
■**加藤友三郎内閣**：シベリア出兵撤兵
■**山本権兵衛内閣**：関東大震災⇒震災恐慌
■**清浦奎吾内閣**：第二次護憲運動⇒内閣倒れる

Check! **入試問題**

　　第一次世界大戦後，アジアの戦後国際秩序が形成されていった。まず1921〜22年にワシントン会議が開かれ，太平洋の平和に関する【 ① 】条約，中国問題に関する【 ② 】条約が結ばれていった。1922年さらに【 ③ 】条約が結ばれた。立憲政友会の【 ④ 】内閣は，この新しい国際秩序である【 ⑤ 】体制を受け入れた。

(駒澤大)

［解答］①四カ国　②九カ国　③ワシントン海軍軍縮　④高橋是清　⑤ワシントン

大正デモクラシー

> ○
> 20秒講義
>
> 　大正デモクラシーの動きに伴い，民本主義や天皇機関説が生まれた。労働団体は，友愛会は**労資協調**であったが，日本労働総同盟が結成されると**階級闘争**に転換した。共産主義運動では日本共産党，女性運動では青鞜社，農民運動では日本農民組合，部落解放運動では**全国水平社**が結成された。

□ **大正デモクラシー**

大正時代に高まった民主主義的改革を求める運動。

□ **民本主義**

吉野作造が唱えたデモクラシー思想。「**中央公論**」に発表した。天皇主権を前提として民衆の利益や意思を尊重した。デモクラシーを日本の実像に合った形で紹介した。

　□ **黎明会**

吉野作造が結成した団体。民本主義を広めた。**新人会**は黎明会で指導を受けた学生たちによって発足したもの。

□ **天皇機関説**

美濃部達吉の憲法学説。天皇を，国民を尊重する政治を行うための「機関」と位置づける考え方。大正デモクラシーの理論的根拠になった。

□ **友愛会**

1912年，鈴木文治が結成した労働団体。**労資協調**の立場をとる親睦的な団体であったが，ロシア革命をきっかけに過激化した。1919年，**大日本労働総同盟友愛会**と改称。

　□ **メーデー**

労働者の祭典。1920年5月1日，日本初のメーデーが行われた。

□ **日本労働総同盟**

1921年，**大日本労働総同盟友愛会**が改称。労資協調から**階級闘争**（資本家と労働者の対立）に転換した。

□ **日本共産党** (にほんきょうさんとう)	1922年に結成。**コミンテルン**（共産主義の世界組織）の日本支部という形で組織された非合法組織。**山川均** (やまかわひとし) と**堺利彦** (さかいとしひこ) が中心。社会主義勢力は共産主義が主流となった。 注 共産主義：財産の私有を制限して，生産手段を共有して平等な社会を作ろうとした。
□ 日本社会主義同盟	1920年，社会主義者が大同団結して結成。無政府主義者の**大杉栄** (おおすぎさかえ) や，共産主義者の**山川均・堺利彦**が中心。過激化し翌年に禁止される。 注 無政府主義：あらゆる政治権力を否定する考え方。
□ **青鞜社** (せいとうしゃ)	1911年，**平塚らいてう** (ひらつからいちょう) を中心とした女流文学者団体。女性のみの手による雑誌「青鞜」を発行した。
□ 新婦人協会	1920年，平塚らいてうと**市川房枝** (いちかわふさえ) が結成した，女性の地位向上を唱えた政治団体。治安警察法の改正に成功し，女性の政治集会への参加が許可された。
□ 婦人参政権獲得期成同盟会	1924年，市川房枝を中心に結成。女性の参政権を求める運動を展開した。
□ **日本農民組合** (にほんのうみんくみあい)	1922年結成された小作人のための組織。**賀川豊彦** (かがわとよひこ) が中心。
□ **小作争議** (こさくそうぎ)	小作人が小作料の引き下げを求めて起こした争い。
□ **全国水平社** (ぜんこくすいへいしゃ)	1922年結成された。部落解放組織。

Check! 入試問題

　大正期に入ると労働運動，婦人解放運動は大きく発展した。1912年，鈴木文治らによって【　①　】が全国的な組織として作られた。この組織は，労資協調の性格を強くもっていたが，第一次大戦後の1919年に【　②　】と改称され，次第に戦闘的となり，1921年には【　③　】となった。この間，1920年には日本で初の【　④　】が東京で行われた。婦人解放運動も活発となった。明治時代の末，平塚らいてうらによって【　⑤　】が結成された。1920年には，平塚らいてうは【　⑥　】とともに【　⑦　】を結成した。この組織は，1924年には【　⑧　】に発展していった。

(明治大)

[解答] ①友愛会　②大日本労働総同盟友愛会　③日本労働総同盟　④メーデー　⑤青鞜社
⑥市川房枝　⑦新婦人協会　⑧婦人参政権獲得期成同盟会

大正・昭和の文化

○
20秒講義
　野口英世は黄熱病の研究を，柳田国男は民俗学を打ち立てた。新劇では芸術座や築地小劇場が，西洋画では二科会が誕生した。文学では人道主義的な白樺派，芸術至上主義を主張する耽美派，そして社会主義思想に基づいた**プロレタリア文学**が生まれた。

□ **野口英世**
　細菌学者。**黄熱病**の研究を行った。

□ 本多光太郎
　金属物理学者。ＫＳ磁石鋼を発明した。

□ **柳田国男**
　民俗学（民衆の文化を研究する）を打ち立てた。

他にも大正期の人文科学分野では，次のような人々が活躍しました。

■哲学：**西田幾多郎**　『善の研究』
■文化・思想：**和辻哲郎**　『古寺巡礼』『風土』
■歴史学：**津田左右吉**　『神代史の研究』
■経済学：**河上肇**　『貧乏物語』(マルクス主義経済学)
　　　　　野呂栄太郎　『日本資本主義発達史講座』

□ **芸術座**
　大正時代の新劇団体。**島村抱月・松井須磨子**らによる。

□ 築地小劇場
　新劇初の常設劇場。**小山内薫・土方与志**が設立。
　注 大正時代の大衆演劇：新国劇，浅草オペラ。

□ **二科会**
　西洋画団体。**日本美術院**や**文部省美術展覧会（文展）**に対抗して結成。**梅原龍三郎**や**安井曽太郎**が中心。

□ 岸田劉生
　西洋画家。**フューザン会**を結成。後に**春陽会**に参加。代表作に「**麗子微笑**」。

□ 山田耕筰
　日本交響楽協会を設立。交響曲を作曲・演奏した。

□ 白樺派 (しらかばは)

人道主義・理想主義を掲げた。雑誌「白樺」を中心に活動。代表的作家は武者小路実篤，有島武郎，志賀直哉。

□ 耽美派 (たんびは)

官能的な美を追求し，芸術至上主義を主張した。雑誌「**スバル**」を舞台に，谷崎潤一郎や永井荷風が活躍。

□ 新思潮派 (しんしちょうは)

芥川龍之介や菊池寛が中心。雑誌「**新思潮**」で，鋭く現実の矛盾を捉える理性的な作品を発表した。

□ 新感覚派 (しんかんかくは)

横光利一と川端康成が中心。技法上の革新に焦点を当てた。

□ プロレタリア文学

社会主義思想に基づいた文学。機関誌「**種蒔く人**」「**文芸戦線**」で発表され，『蟹工船』の小林多喜二をはじめ，葉山嘉樹，徳永直らが活躍した。

□ 大衆文学

大正時代に誕生した大衆向け文学。中里介山『大菩薩峠』，吉川英治『宮本武蔵』，大佛次郎『鞍馬天狗』などが代表的。

大正時代になると，大衆向けの文化が飛躍的に栄えました。

円本 ：1冊1円で買える低価格の全集。ほかにも**岩波文庫**が刊行された。

『**改造**』：総合雑誌。『中央公論』も部数を伸ばした。

『**キング**』：大日本雄弁会講談社の総合娯楽雑誌。100万部を超える売上を記録した。

ラジオ放送：1925年，東京で始まる。

映画(活動写真)：**無声映画**から**トーキー**(有声映画)に。

Check! 入試問題

大正から昭和初期にかけて，大衆文化が新たに成立した。『中央公論』や，『改造』のような総合雑誌が発展した。また，【 ① 】と呼ばれる低価格の全集がブームとなり，大衆娯楽雑誌『【 ② 】』の発行部数は100万部を超えた。映画は当時【 ③ 】と呼ばれ，1925年には【 ④ 】放送が開始された。『【 ⑤ 】』が反響をよんだ河上肇は，【 ⑥ 】経済学へと進んだ。哲学では，『善の研究』で知られる【 ⑦ 】が東洋と西洋の思想的統一を探究した。柳田国男は民間伝承や風習を研究する【 ⑧ 】学の確立に貢献した。

(津田塾大)

[**解答**] ①円本 ②キング ③活動写真 ④ラジオ ⑤貧乏物語 ⑥マルクス主義 ⑦西田幾多郎
⑧民俗

金融恐慌の発生と山東出兵

○
20秒講義

第1次加藤高明内閣では，普通選挙法を公布する一方で，治安維持法を制定し，協調路線の外交では，日ソ基本条約を締結した。第1次若槻礼次郎内閣では取付け騒ぎを発端とした**金融恐慌**が起こり，その後の**田中義一内閣**のモラトリアムによって収束した。田中内閣は**第1回普通選挙**や**山東出兵**を行った。

□ **第1次加藤高明内閣**

護憲三派（**憲政会・立憲政友会・革新倶楽部**）を連立与党とする内閣。第二次護憲運動の結果組閣。**普通選挙法**，**治安維持法**の制定，**日ソ基本条約**の調印などを行う。

□ **憲政の常道**

憲政会（後に**立憲民政党**）と立憲政友会という二大政党のうち，衆議院で勢力のある方が与党として首相を擁立した時期。1924年の**加藤高明**内閣の成立から，1932年に**犬養毅**内閣が倒れるまでの8年間をさす。

□ **普通選挙法**

1925年制定。納税額の制限が撤廃され，**満25歳**以上の男性全員に衆議院議員の選挙権が与えられた。有権者は4倍以上まで増加し，有権者が全国民の20%を超えた。

□ **治安維持法**

1925年制定。「**国体**」（国家の主権を誰が持つかということ。ここでは天皇制）の変革や，**私有財産制度**の否認を目的とする結社（日本共産党など）を禁止した。最高刑は10年。

□ **日ソ基本条約**

1925年，ソヴィエト連邦と国交を樹立した条約。

□ **幣原喜重郎**

ワシントン会議の全権。**加藤高明**内閣などの外相を歴任。**協調外交**を展開した。戦後に首相となる。

□ **第2次加藤高明内閣**

憲政会内閣。護憲三派が分裂したため成立した**憲政会**の単独内閣。加藤の病死のため間もなく退陣。**立憲政友会**が**革新倶楽部**と合流し護憲三派から離脱した。

☐ 第1次若槻礼次郎内閣

憲政会内閣，加藤高明の没後組閣。**昭和天皇**が即位した。金融恐慌を収束できず退陣。

☐ 震災手形

関東大震災の結果，決済不能になった手形。震災恐慌を長期化させ，金融恐慌を引き起こした。

☐ 片岡直温

第1次若槻礼次郎内閣の大蔵大臣。震災手形の処理法案の審議中，震災手形で倒産寸前の銀行名を漏らしたため，金融恐慌を引き起こした。

☐ 取付け騒ぎ

自分の預金を下ろしてしまおうと，銀行に人々が殺到すること。中小銀行が次々と休業する事態に陥り，金融恐慌が起こった。

☐ 台湾銀行

台湾における特殊銀行。多額の融資を行っていた**鈴木商店**が倒産したため休業に追いこまれた。若槻内閣は，天皇からの命令（**緊急勅令**）で台湾銀行を救済しようとしたが，**枢密院**の反対により廃案。若槻内閣は総辞職した。

☐ 田中義一内閣

立憲政友会内閣。金融恐慌を収束させた。山東出兵を行うが，**満州某重大事件**で天皇の不興を買い総辞職。

☐ モラトリアム（支払猶予令）

銀行が支払いを一時停止すること。その間に日本銀行から各銀行へ非常貸し出し（融資）を行い，銀行の経営をとりあえず改善させ，金融恐慌を収束させた。大蔵大臣の**高橋是清**が中心。

☐ 第1回普通選挙

1928年，田中義一内閣の下で実施。**無産政党**（共産党以外の社会主義系の政党）の議員が8人誕生し，水面下で活動していた日本共産党が，公然と活動するようになった。

☐ 山東出兵

1927年，中国の山東省へ**関東軍**（中国に設置していた日本の軍）を派遣した。北伐の阻止と中国にいる日本人の保護を目的。**済南事件**（1928）といった軍事衝突も起こる。

☐ 積極外交

田中義一内閣の外交方針。**田中義一**自らが外務大臣を兼任し，山東出兵などを行った。

□ 北伐	蔣介石が華北・満州に国民革命軍を送り込んだできごと。中国全土の統一が目的。
□ 東方会議	田中義一内閣で開かれた，対中国政策を検討する会議。中国における日本の権益を，武力を行使してでも守るという強硬な方針を固めた（**対支政策綱領**）。
□ 張作霖	中国東北部（華北・満州）で実権を握っていた軍閥（地域の実質的支配者）。親日的であった。関東軍が爆殺。
□ 張作霖爆殺事件	1928年，張作霖が列車ごと爆殺された事件。関東軍が，手に負えなくなった張作霖を排除し，満州を占領しようとしたが失敗した。当時は，満州某重大事件という名前で，国民には真相を知らせず，首謀者の処分が不十分であったため，昭和天皇から信用を失ってしまい，田中内閣が総辞職した。

日本とソ連が結んだ条約は次の3つです。

■ 1925 年：日ソ基本条約（国交樹立）
■ 1941 年：日ソ中立条約
■ 1956 年：日ソ共同宣言（国交回復）

■第1回普通選挙の影響

1928年：	**三・一五事件**
	治安維持法の改正（最高刑を死刑に）
	特別高等警察（特高）を各府県に設置
1929年：	**四・一六事件**（共産党員の一斉検挙）

Check! 入試問題

1924年【 ① 】を首班とする内閣の外務大臣に就任した【 ② 】は，国際協調と中国への不干渉を主張して外交を展開した。この頃，中国では国民党の【 ③ 】が提唱して国共合作が策され，これを基盤に1926年から【 ④ 】という軍閥打倒の戦争が行われた。【 ⑤ 】内閣は1927年に中国への武力干渉を開始した。これを【 ⑥ 】というが，それは我が国が支持していた満州軍閥の【 ⑦ 】を援助するためであった。 （立命館大）

[解答] ①加藤高明　②幣原喜重郎　③蔣介石　④北伐　⑤田中義一　⑥山東出兵　⑦張作霖

金解禁と満州事変

> ◎
> 20秒講義
>
> 浜口雄幸内閣は，金解禁を実施するが昭和恐慌が起こった。満州事変が起こり，満州国が建国された。犬養毅内閣は金輸出再禁止を実施し景気を回復させるが，五・一五事件で犬養首相が暗殺された。

□ **浜口雄幸内閣**

立憲民政党（憲政会が発展的に改組）内閣。**金解禁**を行い**昭和恐慌**が起こった。**ロンドン海軍軍縮条約**を締結したため**統帥権干犯**と批判を受け，首相は狙撃された。

□ ロンドン海軍軍縮会議

1930年開催された会議。補助艦の保有制限が規定された。浜口雄幸内閣が，**幣原喜重郎**外相のもと調印。

□ 統帥権干犯問題

海軍軍令部の反対を押し切り条約に調印したことに対して，天皇の統帥権を無視した行動であるとした批判。浜口首相は東京駅で右翼の青年に狙撃され，内閣は退陣。

□ **金解禁**

1930年実施。金本位制へ復帰した。為替相場を安定させ，貿易を振興させることを目的。旧平価（100円＝49.85ドル）で解禁したため，結果的に円高となる。

□ 井上準之助

浜口内閣の大蔵大臣。日本銀行の前総裁。徹底した**緊縮財政**（＝支出の抑制によるデフレの促進）の実施と，**産業の合理化**（＝リストラ）の促進を進め，金解禁を実施した。

□ **昭和恐慌**

1930年に起こった恐慌。金解禁による円高と**世界恐慌**が発生原因。

□ 農業恐慌

昭和恐慌に伴い発生した農村での恐慌。アメリカに対する生糸の輸出量が激減し，繭の価格が暴落。その上，米が大豊作になったことで米価が下落したり，翌年，大凶作になって収入が激減したりと，農家は困窮した。東北地方では，**欠食児童**が現れたり，**娘の身売り**が行われたりした。

□ **満州事変**

1931年に起こった満州での中国との軍事衝突。若槻内閣は不拡大方針を唱えたため，内閣は総辞職。満州国が建国され，1933年停戦。

□ **柳条湖事件**

1931年，**関東軍**が奉天郊外の柳条湖で，**南満州鉄道**を爆破した事件。満州事変に発展した。

□ **張学良**

張作霖の子。張作霖爆殺事件の後，蔣介石の国民政府と手を組み，中国統一が成し遂げられた。のち，西安事件を起こし，国共合作（国民党と中国共産党の提携）の契機となった。

□ **第一次上海事変**

満州事変の際に上海で行われた日中両軍の軍事衝突。

□ **第2次若槻礼次郎内閣**

立憲民政党内閣。浜口の退陣を受け組閣。満州事変に不拡大方針を唱えたが，事態を収拾できず総辞職。

□ **満州国**

1932年，満州事変のさなかに建国。清朝最後の皇帝溥儀を執政とする，蔣介石の国民政府から独立した国家で，**五族協和**の理想を掲げた。関東軍の支援で作られたため，犬養毅首相は異を唱え，後に**国際連盟脱退**の原因となった。

□ **犬養毅内閣**

立憲政友会内閣。**金輸出再禁止**を行い好景気を生み出す。**満州国**を不承認とした。五・一五事件で首相が暗殺。

□ **金輸出再禁止**

1931年，金解禁を再び禁止した。**犬養毅**内閣が，**高橋是清**大蔵大臣のもとで実施。日本は**管理通貨制度**に移行。円相場は急激に下がり，輸出が飛躍的に伸びた。

□ **新興財閥**

昭和初期に発展した財閥。軍部と結びついて満州・朝鮮に進出した。日窒コンツェルン（朝鮮），日産コンツェルン（満州）など。

□ **ソーシャル＝ダンピング**

金輸出再禁止後の日本の円安に対する欧米諸国の批判。労働者を抑圧し，円安を利用して不当に安い製品を輸出していると批判した。

1930年代，重化学工業の生産が軽工業の生産を上回りました。

□ 五・一五事件

1932年，犬養毅首相が海軍の青年将校たちにより暗殺。憲政の常道が終わり，同時に政党政治の時代も終わった。

□ 血盟団事件

1932年，前大蔵大臣の井上準之助や，三井合名会社の理事長団琢磨が暗殺された事件。

注 1931年には，軍部政権樹立を目指して，三月事件，十月事件が起こった。

この頃，世界恐慌が起こっています。各国の経済復興策を整理しておきましょう。

■**アメリカ：ニューディール政策**（公共事業を活発にすることで，雇用を増やし，景気回復を狙った）
■**イギリス・フランス：ブロック経済圏**（世界中に持っている植民地で独自の経済圏を作り，自国の植民地に商品を売買することで景気回復を狙った）

なお，**ソ連**は**五カ年計画**という社会主義経済政策を実施しており，恐慌の影響は受けていません。

■ 恐慌まとめ

1920年	戦後恐慌←1918年 第一次世界大戦の終戦
1923年	震災恐慌←1923年 関東大震災
1927年	金融恐慌←取り付け騒ぎ
1929年	世界恐慌←ニューヨークの株式大暴落
1930年	昭和恐慌←1930年 金解禁

Check! 入試問題

　1931年9月18日，満州事変が発生した。関東軍は，【 ① 】で自ら【 ② 】の線路を爆破し，満州軍閥の【 ③ 】の軍隊に対して攻撃を加えた。日本軍は，翌年にはほぼ主要地域を占領し，3月，清朝最後の皇帝【 ④ 】を【 ⑤ 】の地位に立てて満州国を発足させた。この間，1月には日本軍は【 ⑥ 】にも戦火を拡大した。

(西南学院大)

[解答]　①柳条湖　②南満州鉄道　③張学良　④溥儀　⑤執政　⑥上海

軍部の政治進出

> **20秒講義**
> 斎藤実内閣は，日満議定書を締結し，国際連盟脱退を通告した。転向が相次ぎ，岡田啓介内閣は，**国体明徴声明**を出した。陸軍は皇道派と統制派に分かれ，二・二六事件を起こした。

□ 斎藤実内閣

海軍出身で穏健派。**五・一五事件**の後に組閣。**挙国一致内閣**と称された。**国際連盟脱退通告**などを行う。

□ 日満議定書

1932年調印。満州国を承認。国際連盟が反発した。

□ リットン調査団

国際連盟が満州に派遣した調査団。調査報告を受けた国際連盟は，中国の日本権益への侵害を指摘しながらも，満州国は日本があやつる傀儡国家であると認定した。

□ 国際連盟脱退

1933年2月，国際連盟臨時総会で，日本の満州国承認撤回勧告案が採択されたため，国際連盟の日本代表松岡洋右が総会の場から退場し，日本政府は正式に国際連盟脱退を通告した。1935年に脱退が認められた。

□ 塘沽停戦協定

満州事変の停戦協定。日本と中華民国との間で結ばれ，満州事変はとりあえず終結した。

□ 転向

社会主義から国家社会主義へと立場を変えること。**日本国家社会党**は国家社会主義に，**社会大衆党**は右翼化した。日本共産党の最高幹部である**佐野学**や**鍋山貞親**は，天皇制を肯定する旨の転向声明を獄中から出した。

□ 岡田啓介内閣

海軍出身で穏健派。斎藤実内閣の次に組閣。**天皇機関説問題**に対し，国体明徴声明を出す。**二・二六事件**で退陣。岡田啓介は，田中義一内閣・斎藤実内閣の海軍大臣。

☐ 滝川事件	自由主義的な刑法学説を主張していた京都帝国大学の滝川幸辰教授が，共産主義的であるという理由で休職処分にされた。これを不服として法学部教授たちが辞職した。滝川は大学を追われ，著書『**刑法読本**』も発行禁止となった。
☐ 陸軍パンフレット問題	陸軍省が頒布した国防を軸とする国家運営を唱えた冊子。『**国防の本義とその強化の提唱**』がタイトル。軍部の政治関与と批判された。
☐ 天皇機関説問題	美濃部達吉の**天皇機関説**が，天皇に対する反逆思想であると攻撃を受けた問題。岡田内閣は，美濃部の著書を発禁にし，国体明徴声明によって内閣が天皇機関説を否定した。
☐ **皇道派**	直接行動を通して，天皇を中心とした政治体制の実現を目指した陸軍のグループ。**二・二六事件**を起こした。中心人物は**荒木貞夫・真崎甚三郎**。
☐ **統制派**	官僚や財閥と結びつくことによって，軍部の力を強めていこうという陸軍のグループ。二・二六事件後，陸軍の主導権を握った。中心人物は**永田鉄山・東条英機**。
☐ **二・二六事件**	1936年2月26日，北一輝の思想に影響を受けた皇道派の青年将校たちが，「**昭和維新**」を掲げて起こしたクーデター。斎藤実内大臣（前首相）・高橋是清蔵相・**渡辺錠太郎**陸軍教育総監が暗殺された。天皇から反乱軍とされて鎮圧され，皇道派の青年将校たちは処刑された。

Check! 入試問題

　1933年には自由主義的刑法学説を唱えた【 ① 】が攻撃され，1934年には陸軍パンフレットが公表され，さらに1935年には【 ② 】の天皇機関説が，日本の国体に反するとして攻撃されて政治問題になり，【 ③ 】内閣は【 ④ 】声明を出した。1936年2月，【 ⑤ 】派の青年将校が率いる，正規軍による反乱が起こった。これを二・二六事件という。この事件で【 ③ 】内閣が倒れた。

(法政大)

[解答] ①滝川幸辰　②美濃部達吉　③岡田啓介　④国体明徴　⑤皇道

日中戦争

> ○
> 20秒講義
>
> 広田弘毅内閣は軍部大臣現役武官制の復活などを行った。第1次近衛文麿内閣の際に日中戦争が始まった。日本は**南京**を占領したが戦争は泥沼化し，平沼騏一郎内閣に代わった。

□ **広田弘毅内閣**

二・二六事件の後に組閣。元外交官の広田弘毅は，軍部の意向を受け入れながら政治を運営した。

□ **軍部大臣現役武官制の復活**

1936年，広田弘毅内閣のもとで復活。陸軍穏健派の**宇垣一成**は，陸軍大臣が出されず組閣できなかった。

□ 日独防共協定

1936年，ドイツとの間で結ばれた共産主義勢力に対抗するための協定。翌年，イタリアも加わり日独伊三国防共協定へと発展，後の枢軸国陣営が固まった。

□ 西安事件

1936年，**張学良**が**蔣介石**を説得して，**国民政府**と**中国共産党**の内戦を終結させた事件。

□ 第二次国共合作

中国で，国民政府と共産党が連携し，**抗日民族統一戦線**が組織された。

□ **第1次近衛文麿内閣**

貴族院議長出身の近衛文麿が組閣。日中戦争が始まった。

□ 盧溝橋事件

1937年7月7日，北京郊外の盧溝橋で日中両国の軍が衝突し，日中戦争に発展した。

□ **日中戦争**

盧溝橋事件がきっかけとなった日中間の戦争。近衛内閣は**不拡大方針**を示したが，中国が日本に対して全面対決の姿勢を示してきたため戦線は拡大した。日本では**北支事変**，**支那事変**と呼ばれた。

□ 南京事件

日中戦争で，日本が国民政府の首都南京を占領した際，日本軍が多数の中国人を殺害したとする事件。国民政府は重慶を拠点に徹底抗戦の態勢をとり，日中戦争は泥沼化した。

原始・古代

中世

近世

近代

現代

☐ 近衛声明 （このえせいめい）	第1次近衛内閣の対中国政策に関する声明。**東亜新秩序**（とうあしんちつじょ）など。
☐ 国家総動員法 （こっかそうどういん）	議会の承認がなくても，勅令によってあらゆる国民生活を統制できる法律。1938年制定。
☐ 張鼓峰事件 （ちょうこほう）	1938年に起こったソ満国境での軍事衝突。
☐ **平沼騏一郎内閣** （ひらぬまきいちろう）	近衛文麿内閣に代わり組閣。近衛文麿が今後の見通しについて陸軍と対立し，強硬派の陸軍に押しきられる形で政権を維持できなくなったことが背景。
☐ 国民徴用令 （ちょうようれい）	一般国民を軍需産業に動員する法令。
☐ ノモンハン事件	1939年，日本がソ連と満蒙国境（まんもう）で起こした軍事衝突。
☐ 日米通商航海条約 廃棄通告	1939年アメリカが出した通告。日本が中国進出から撤退しなければ日米通商航海条約を廃棄するという通告。翌年，条約が破棄された。
☐ 独ソ不可侵条約 （どくふかしん）	1939年ドイツとソ連が結んだ不戦条約。平沼首相は，「**欧州情勢は複雑怪奇**」との言葉を残して，首相を辞職。

第二次世界大戦

○
20秒講義

第二次世界大戦が始まると，内閣は**不介入方針**をとった。新体制運動が起こると第2次近衛文麿内閣が組閣して北部仏印進駐を行い，第3次近衛文麿内閣は南部仏印進駐を行ったことから，アメリカとの関係が悪化した。

□ 第二次世界大戦

1939年，ドイツによる**ポーランド侵攻**をきっかけに**イギリス・フランス**がこれに対抗し，ヨーロッパで起こった大戦。阿部信行内閣の時に始まり，阿部内閣・**米内光政内閣**ともに不介入方針をとった。

□ <ruby>汪兆銘<rt>おうちょうめい</rt></ruby>

国民政府の幹部。重慶から脱出し，南京に新国民政府を樹立した。**米内光政内閣**の時に成立。

□ **新体制運動**

一大指導政党を作ることで総力を結集し，強い日本を作ろうという運動。中心は近衛文麿。軍部は近衛を支持し，**米内光政内閣**を倒し，再び近衛文麿が内閣総理大臣に就いた。

□ <ruby>大政翼賛会<rt>たいせいよくさんかい</rt></ruby>

1940年，第2次近衛文麿内閣が**新体制運動**を実現するために発足させた組織。総裁を**内閣総理大臣**，支部長を**各道府県知事**とする全国的な団体で，国民を一致団結させる機関として組織されたが，実態は，上の者の意思を下の者に伝え実行させるためだけの機関であった。

□ 大日本<ruby>産業報国会<rt>ほうこくかい</rt></ruby>

1940年，全ての労働組合が解散して，大政翼賛会の下に組織された。

この時期，次のような国民生活への統制も行われました。

■**切符制**：砂糖・マッチ・木炭・後に衣料品も。
■**米穀供出制**：国家が米を強制的に買い上げる制度。
■**配給制**：お米は配布された引換券（通帳）でしか入手できない。

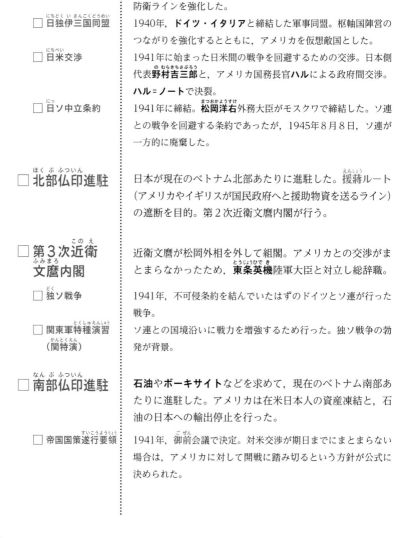

□ 第2次近衛文麿内閣

新体制運動の結果誕生。**大政翼賛会**の結成，**北部仏印進駐**，**日独伊三国同盟**，**日ソ中立条約**の締結などを行った。近衛首相と松岡外相の対立がきっかけとなり総辞職。

□ ＡＢＣＤライン

日本に対する包囲網。**アメリカ**（America），**イギリス**（Britain），**中国**（China），**オランダ**（Dutch）の4カ国による。太平洋の防衛ラインを強化した。

□ 日独伊三国同盟

1940年，**ドイツ・イタリア**と締結した軍事同盟。枢軸国陣営のつながりを強化するとともに，アメリカを仮想敵国とした。

□ 日米交渉

1941年に始まった日米間の戦争を回避するための交渉。日本側代表**野村吉三郎**と，アメリカ国務長官**ハル**による政府間交渉。**ハル＝ノート**で決裂。

□ 日ソ中立条約

1941年に締結。**松岡洋右**外務大臣がモスクワで締結した。ソ連との戦争を回避する条約であったが，1945年8月8日，ソ連が一方的に廃棄した。

□ 北部仏印進駐

日本が現在のベトナム北部あたりに進駐した。援蔣ルート（アメリカやイギリスが国民政府へと援助物資を送るライン）の遮断を目的。第2次近衛文麿内閣が行う。

□ 第3次近衛文麿内閣

近衛文麿が松岡外相を外して組閣。アメリカとの交渉がまとまらなかったため，**東条英機**陸軍大臣と対立し総辞職。

□ 独ソ戦争

1941年，不可侵条約を結んでいたはずのドイツとソ連が行った戦争。

□ 関東軍特種演習（関特演）

ソ連との国境沿いに戦力を増強するため行った。独ソ戦争の勃発が背景。

□ 南部仏印進駐

石油や**ボーキサイト**などを求めて，現在のベトナム南部あたりに進駐した。アメリカは在米日本人の資産凍結と，石油の日本への輸出停止を行った。

□ 帝国国策遂行要領

1941年，御前会議で決定。対米交渉が期日までにまとまらない場合は，アメリカに対して開戦に踏み切るという方針が公式に決められた。

■太平洋戦争までの流れ

阿部信行内閣	第二次世界大戦 ⇒大戦不介入方針
米内光政内閣	汪兆銘政権の成立
第二次	大政翼賛会 ← 新体制運動
近衛文麿内閣	北部仏印進駐 ⇒ABCDライン
	日独伊三国同盟，日ソ中立条約
第三次	南部仏印進駐 ⇒在米日本人の資産凍結
近衛文麿内閣	帝国国策遂行要領（開戦の方針）

Check! 入試問題

　1939年9月，ドイツが【 ① 】に宣戦を布告すると，【 ② 】，【 ③ 】も直ちにドイツに宣戦を布告して，第二次世界大戦が開始された。平沼騏一郎内閣のあと【 ③ 】・【 ④ 】の両内閣は軍事同盟に消極的で，ヨーロッパの戦争に不介入の方針を取り続けた。1940年7月，【 ⑤ 】(第2次)内閣が成立したが，南方への積極的進出の方針を定めた9月には【 ⑥ 】を締結し，南方進出への足がかりとして【 ⑦ 】進駐を開始した。【 ⑧ 】外相はさらに1941年4月，【 ⑨ 】を結び，こうした力を背景に，悪化しつつあったアメリカとの関係を調整しようとしたが，逆に日米間の対立は深刻となった。

(明治大)

[解答] ①ポーランド　②③イギリス・フランス（順不同）　③阿部信行　④米内光政　⑤近衛文麿
　　　⑥日独伊三国同盟　⑦北部仏印　⑧松岡洋右　⑨日ソ中立条約

太平洋戦争

○
20秒講義

東条英機内閣は、ハル＝ノートを突きつけられ太平洋戦争に突入した。ミッドウェー海戦を機に戦況は悪化し、学徒出陣も開始された。小磯国昭内閣に代わると本土空襲が激化し、沖縄戦が起こった。鈴木貫太郎内閣は、ポツダム宣言を受諾した。

□ **東条英機内閣**

太平洋戦争（**大東亜戦争**）開戦時の総理大臣。**陸軍大臣**も兼任。**サイパン陥落**の責任を取って総辞職。

□ **ハル＝ノート**

日米交渉の際にアメリカが突きつけた最後通牒。日米交渉を続けたければ、満州事変以前の状態に日本を戻すようにと要求した。

注 具体的には、中国・仏印からの日本軍の撤退、国民政府以外の中国政府の否認、三国同盟の空文化。

□ **太平洋戦争**
　（大東亜戦争）

1941年12月8日、日本軍がハワイの真珠湾やマレー半島へ攻撃を仕掛けたのを機に、日本と米・英の間で始まった戦争。

　□ **大東亜共栄圏**

日本が定めた太平洋戦争の目的。欧米の植民地支配からアジアを解放し、日本を中心とした勢力圏を作っていこうと主張した。

　□ **ミッドウェー海戦**

1942年、アメリカ軍の圧倒的な兵力・物量を前に、日本海軍が敗北した海戦。日本の戦況が不利になるきっかけになった。

　□ **翼賛選挙**

1942年、大政翼賛会の推薦候補が絶対多数を獲得した選挙。選挙後、政治結社として**翼賛政治会**が結成された。

　□ **大東亜会議**

1943年、東南アジアの結束を固めるため、「**大東亜共栄圏**」の建設に賛同する東南アジア政府の代表者を東京に集めて開かれた会議。

□ **学徒出陣**

徴兵を猶予されていた男子大学生が戦場に駆り出された。

　□ **学徒勤労動員**

中学生以上の学生・生徒が軍需工場や軍用飛行場に動員された。女子も**女子挺身隊**として軍需産業の労働に従事させられた。

□ 小磯国昭内閣
こ いそくにあき

東条内閣総辞職後に組閣。小磯国昭は陸軍大将。海軍大将の**米内光政**と協力して，陸・海軍が全力を挙げた内閣を組織した。
よ ないみつまさ

□ 本土空襲
ほん ど くうしゅう

サイパンから飛来する米軍機による空襲。軍需工場の破壊が目的だが，結果的に都市部では住宅地までも襲撃する無差別爆撃へと広がった。アメリカ軍のサイパン島占領（サイパン陥落）がきっかけ。

□ 学童疎開
がくどう そ かい

国民学校の生徒が地方へ集団で避難すること。避難用の防空壕も各地に掘られた。
ごう

□ 東京大空襲
だいくうしゅう

1945年3月に起こった空襲。一夜にして10万人もの命が失われた。同じ頃日本各地で空襲は続いていた。

□ 沖縄戦
おきなわせん

アメリカ軍が沖縄本島に上陸して行った戦い。沖縄では民間人も含む多くの人々が命を落とした。中学生も戦闘に駆り出され，男子には**鉄血勤皇隊**，女子には看護要員として**女子学徒隊**を組織させた。
てっけつきんのうたい

□ 鈴木貫太郎内閣
すず き かん た ろう

太平洋戦争終戦時の内閣。ポツダム宣言を受諾した。

□ ポツダム宣言

1945年，ポツダム会談で出された宣言。日本の無条件降伏を求めた。その後，広島・長崎への**原爆投下**と，**ヤルタ会談**に従った**ソ連の対日参戦**により，8月14日，ポツダム宣言を受諾し，終戦となった。

□ ヤルタ会談

1945年，アメリカ・イギリス・ソ連によって行われた会談。秘密規定としてソ連の対日参戦を定めた。

注 これより前の1943年，米・英・中によるカイロ宣言で，日本から中国への領土返還などが決められた。

■第二次世界大戦の流れ

東条内閣	1941年12月	太平洋戦争始まる
	1942年6月	ミッドウェー海戦で戦況悪化
	1943年11月	大東亜会議
	1944年	サイパン陥落（→東条内閣退陣）
小磯内閣	1944年	本土空襲激化
	1945年2月	ヤルタ会談
鈴木内閣	1945年3月〜6月	沖縄戦
	1945年7月	ポツダム宣言の発表
	1945年8月6日	広島に原子爆弾投下
	1945年8月8日	ソ連が日ソ中立条約を破棄し, 対日参戦
	1945年8月9日	長崎に原子爆弾投下
	1945年8月14日	ポツダム宣言を受諾
	1945年8月15日	終戦

Check! 入試問題

1942年6月、日本海軍は【 ① 】海戦で大敗北を喫し, 戦局は転機を迎えた。1944年7月,【 ② 】内閣が倒れて,【 ③ 】を首相,【 ④ 】を海相とする内閣が成立した。1945年8月広島・長崎に原子爆弾が投下され, ソ連軍が満州・朝鮮・南樺太への進撃を開始した。ソ連の対日宣戦布告は前日に行われた。それは【 ⑤ 】で取り決めた協定に従ったものだが, 日ソ中立条約を無視していた。以上のような事態が日本の戦争指導省に戦争終結を決意させることになった。

(関西大)

[解答] ①ミッドウェー ②東条英機 ③小磯国昭 ④米内光政 ⑤ヤルタ会談

現代

WORDBOOK OF JAPANESE HISTORY

戦後の内閣

20秒講義

日本の占領方式はGHQによる間接統治であった。戦後最初の内閣である東久邇宮稔彦内閣の次に組閣した幣原喜重郎内閣は，五大改革指令に基づいて占領政策を遂行した。第1次吉田茂内閣のもとで日本国憲法が公布され，日本社会党の片山哲内閣，民主党の芦田均内閣が組閣したが，冷戦により占領政策は転換した。

☐ **GHQ**

連合国軍最高司令官総司令部。アメリカ軍のマッカーサー元帥を最高司令官とする。

☐ 極東委員会

日本占領政策の最高決定機関。ワシントンに本部が置かれた。ここで決定した政策が，米政府から東京にあるGHQへ届き，指令・勧告という形で日本政府に伝えられた。

☐ 対日理事会

GHQの諮問機関。東京に置かれた。

☐ プレス゠コード

占領軍への批判を封じるため，GHQが新聞を発行前に検閲することを定めた規則。

☐ ポツダム勅令

GHQの指令により日本政府が定めた勅令で，日本の憲法を超える拘束力をもった。

☐ **間接統治**

GHQの指令・勧告に従い，あくまでも日本政府が政治を行うという統治方式。

☐ **東久邇宮稔彦内閣**

1945年の終戦直後成立した戦後初の内閣。皇族の**東久邇宮稔彦**を首相とする。降伏文書に調印した。GHQの人権指令を受け入れることができず総辞職。

☐ 降伏文書

1945年9月2日，外務大臣**重光葵**が**ミズーリ号**で調印。ポツダム宣言を受諾した。

☐ 人権指令

GHQが，日本政府に対して**治安維持法**や**特別高等警察**の廃止，共産党員や政治犯の即時釈放を指示した指令。

□ **幣原喜重郎**
  内閣
（しではらきじゅうろう）

日本進歩党の幣原喜重郎の内閣。マッカーサーに出された五大改革指令のもと，占領政策を推進した。

□ **五大改革指令**
（ごだいかいかくしれい）

ＧＨＱが**幣原喜重郎内閣**に対して要求。①**女性参政権の付与**，②労働組合の結成奨励，③教育制度の改革，④弾圧的諸制度の廃止，⑤経済の民主化。

□ **神道指令**
（しんとう）

ＧＨＱの指令。政府が神社・神道に関わることを禁じた。

□ **金融緊急措置令**

インフレを抑えるため**預金封鎖**や**新円切換**によって貨幣流通量の減少を図りインフレの抑制を狙った。しかし一時しのぎに終わる。敗戦処理のため通貨が増発されたことによる物価高騰が背景。
（しんえんきりかえ）

□ **第1次吉田茂**
  内閣
（よしだしげる）

日本進歩党と連立した**日本自由党**の内閣。1946年の戦後最初の総選挙で，日本自由党が第1党となる。**日本国憲法**が公布された。
（にほんこくけんぽう）

□ **傾斜生産方式**

国家の基礎的な部分である基幹産業から集中的に復興させる方式。吉田内閣が導入。**鉄鋼・石炭**を基幹産業として重視し，復興金融金庫（復金）が融資を行った。しかし，融資が過剰になったことで，**復金インフレ**が起こった。
（ふっきん）

□ **二・一ゼネスト**
  計画
（に いち）

1947年，国家公務員を中心とした400万人の労働者が，賃金引き上げを要求する，全国的なストライキ計画。ＧＨＱからスト中止命令が出され，ゼネストは不発に終わった。

□ **日本国憲法**
（にほんこくけんぽう）

1946年11月3日公布，翌1947年5月3日に施行。天皇主権が廃止され，**主権在民・戦争放棄・基本的人権の尊重**を3原則と定め，天皇を日本国の**象徴**と規定した。

□ **片山哲内閣**
（かたやまてつ）

1947年5月，新憲法公布後初の総選挙の結果成立。**日本社会党**が最大議席を獲得し，日本社会党委員長**片山哲**が首相となる。**日本社会党・民主党・国民協同党**の3党連立内閣。**労働省**を設置し，**民法・刑法**を改正した。社会党左派からの攻撃が決定打となって総辞職。

□ **民法改正**

1947年改正。伝統的な**戸主制**が廃止された。

□ 芦田均内閣
あし だ ひとし

民主党の芦田均が組閣。**民主党・日本社会党・国民協同党**による3党連立内閣。

□ 昭和電工事件

昭和電工への復興金融金庫の融資をめぐる汚職事件。**芦田均内閣**は退陣に追い込まれた。

□ 冷戦
れいせん
（冷たい戦争）

アメリカを中心とする**資本主義陣営**と，**ソ連**を中心とする**社会主義陣営**によるイデオロギーの対立。世界の勢力を二分する対立へと展開した。米ソが，直接戦火を交えることがなかったため「冷戦」と呼ばれる。

□ 占領政策の転換

アメリカがソ連に対抗するため，GHQは日本を**工業国**として復興させ，西側陣営の一員とする方向へと転換した。

Check! 入試問題

　敗戦直後に成立した【 ① 】内閣は，1945年9月2日，アメリカ戦艦ミズーリ号上で降伏文書に調印し，太平洋戦争は終了した。降伏によって，天皇及び日本政府の権限は，【 ② 】の制限下におかれることになった。1945年10月4日には，政治犯釈放，内務大臣の罷免，特別高等警察，及び【 ③ 】の廃止が指令された。これによって【 ① 】内閣は総辞職し，このあとを受けて【 ④ 】党の【 ⑤ 】内閣が成立，戦後最初の総選挙後は【 ⑥ 】党が第一党となり，【 ⑦ 】内閣が成立した。憲法公布後最初の総選挙の結果，【 ⑧ 】党の【 ⑨ 】内閣が，【 ⑩ 】党・【 ⑪ 】党と連立内閣を組織した。

(関西大)

［解答］①東久邇宮稔彦　②GHQ　③治安維持法　④日本進歩　⑤幣原喜重郎　⑥日本自由
　　　　⑦吉田茂　⑧日本社会　⑨片山哲　⑩⑪民主・国民協同（順不同）

五大改革指令―民主化政策

> ○
> 20秒講義
>
> 　**五大改革指令**は，①女性参政権，②労働組合法などの**労働組合**の結成助長，③教育基本法などの**教育の自由主義化**，④**圧政的諸制度**の撤廃，⑤**経済の民主化**からなる。戦争協力者らは公職追放された。経済の民主化では，**財閥解体**（持株会社整理委員会や過度経済力集中排除法）と農地改革を中心に実施された。

□ **女性参政権**

1945年，**衆議院議員選挙法改正**によって認められた。満20歳以上であれば性別を問わず，選挙権を与えられるようになり，有権者が全人口の50.4%となった。1946年には戦後初の総選挙が実施され，女性議員が**39名**誕生。**日本自由党**が第一党になり**吉田茂内閣**が誕生した。

□ **労働組合法**

1945年12月に制定。団結権・団体交渉権・争議権の労働三権が保障された。
◆労働三法：**労働組合法**（1945年），**労働関係調整法**（1946年），**労働基準法**（1947年）

□ **教育基本法**

1947年制定。教育の機会均等・**義務教育9年制・男女共学**が定められた。

　□ 教育指令

1945年12月，ＧＨＱが**修身・日本歴史・地理**の教育を一時停止した。

　□ 学校教育法
　□ 教育委員会法

六・三（・三・四）制が定められた。
1948年制定。教育委員会の委員を**公選制**とした。

☐ **公職追放**	ＧＨＱの指令。1946年，戦争協力者とされる21万人を政界・官界・財界・言論界から追放した。日本自由党の鳩山一郎総裁も対象になったため，代わって吉田茂が首相になった。
☐ 極東国際軍事裁判 （東京裁判）	戦勝国が定めた戦争犯罪の容疑者のうち，Ａ級戦犯を裁く裁判。1948年に判決が出され，起訴された容疑者全員が有罪，**東条英機**ら7人は死刑になった。

圧政的諸制度の廃止として，共産主義者などの政治犯の釈放，特別高等警察・治安維持法・治安警察法・内務省の廃止も実施されました。

☐ **持株会社整理委員会**	1946年設置。**持株会社・財閥家族**の株式を譲渡させ，株式取得の独占化を禁じた。ＧＨＱは前年の1945年に財閥の資産凍結を指令していた。
☐ 独占禁止法	1947年制定。財閥の再結成を防ぐための法律。**公正取引委員会**が財閥の再結成を監視した。
☐ **過度経済力集中排除法**	1947年，**経済の自由化・民主化**を狙って制定。当初は巨大独占企業325社を解体しようとしていたが，占領政策の転換により11社のみの解体となった。
☐ **農地改革**	寄生地主制を解体して自作農を増やす政策。1945年，ＧＨＱが農地改革の指令を出し実施。
☐ 第1次農地改革	1946年実施を決定したが実施できず。戦前に出された**農地調整法**を改正しただけの消極的な内容であった。在村地主の小作地保有を5町歩までとしたため寄生地主制の解体にはつながらない内容であった。ＧＨＱはやり直しを命じた。
☐ 第2次農地改革	1947年実施。**自作農創設特別措置法**を制定し，在村地主の小作地保有を**1町歩**までとして，寄生地主制の解体を図った。規定を超えた小作地は国家が強制的に買い上げ，小作人に安く売りわたした。

■教育法令のまとめ

1871年	学制　（フランス流）
1879年	教育令(アメリカ流)
1886年	学校令(国家主義的教育)義務教育4年
1907年	義務教育6年
1941年	国民学校令
1947年	教育基本法(義務教育9年,男女共学) 学校教育法(六・三・三・四の学校制度)

原始・古代

中世

近世

近代

現代

Check! **入試問題**

　　1945年10月11日,【 ① 】は首相に対し,【 ② 】参政権,【 ③ 】の結成助長,【 ④ 】の自由主義化,圧政的諸制度の廃止,【 ⑤ 】の民主化のいわゆる【 ⑥ 】を出し,さらに大日本帝国憲法改正の必要を示唆した。

(関西大)

[**解答**] ①GHQ　②女性　③労働組合　④教育　⑤経済　⑥五大改革指令

冷戦とサンフランシスコ平和条約

20秒講義

　GHQの指令の下，第2次吉田茂内閣は経済安定九原則を実行した。占領政策の転換と朝鮮戦争の勃発が背景となり，第3次吉田茂内閣のもとでサンフランシスコ平和条約が締結され，日本は独立した。朝鮮戦争による特需景気で日本の景気は回復したが，日米安全保障条約と日米行政協定でアメリカ軍の駐留は続いた。一方でMSA協定により自衛隊が創設された。

□ **第2次吉田茂
内閣**
民主自由党の内閣。芦田内閣の退陣を受けて組閣。

　□ 民主自由党
日本自由党に，**民主党**から党員が合流してできた政党。後に自由党と改称。

□ **経済安定九原則**
1948年，**GHQ**が実行を指令。日本経済の再建に本格的に乗り出した。傾斜生産方式の結果発生したインフレの収束を目的として実施された。インフレ収束は実現したが，深刻な不景気を引き起こした。

　□ ドッジ゠ライン
経済安定九原則の具体案。赤字を許さない**超均衡予算案**を作らせ，極端な財政緊縮を実施。1ドル＝360円の単一為替レートを採用し，円を国際社会に復帰させた。

　□ シャウプ勧告
税制改革の勧告。税収の中心を所得税とした。

□ **朝鮮戦争**
1950年，朝鮮半島で起こった戦争。1949年に建国された**中華人民共和国**からバックアップを受けた北朝鮮が38度線を超えて韓国に進行した。1953年に北緯38度線上の板門店（ムンジョム）で休戦協定を締結。

　□ 警察予備隊
1950年，朝鮮へ出動した駐留米軍の空白を埋める組織として，GHQの指令により設置。公職追放を解除されたばかりの旧軍人を採用。警察予備隊は1952年に**保安隊**へ，1954年に自衛隊へと発展した。

朝鮮半島の**朝鮮民主主義人民共和国(北朝鮮)**は, ソ連占領地。**大韓民国(韓国)**は, アメリカ占領地でした。

☐ 第3次吉田茂内閣

民主自由党, のちに**自由党**内閣。**朝鮮戦争**が勃発し, **サンフランシスコ平和条約**に調印。日本は独立を果たした。

☐ 国鉄三大怪事件
<ruby>国鉄<rt>こくてつ</rt></ruby>

1949年に起こった**国鉄**に関する事件。政府はこれらの怪事件を, **国鉄労働組合**と**日本共産党**によると発表した。

下山事件<rt>しもやま</rt>：国鉄総裁の下山定則<rt>さだのり</rt>が死体で発見された。
三鷹事件<rt>みたか</rt>：無人電車が東京都の三鷹駅で暴走した。
松川事件<rt>まつかわ</rt>：福島県の松川駅付近で列車が転覆した。

☐ レッド=パージ

1950年, ＧＨＱが共産党員を職場から一斉に追放する指示を出し, 多くの公務員や労働者, ジャーナリストが職場から雇される。1946年指令の公職追放が解除され, 旧軍人や戦犯服役者が, 社会の第一線に復帰した。

☐ サンフランシスコ平和条約

第二次世界大戦の講和会議で結ばれた。48カ国を相手に締結。翌年に発効し, 連合国の占領が終わり, 日本は独立国としての主権を回復した。全ての交戦国と締結できず**単独講和**となる。

サンフランシスコ平和条約も, 当時の冷戦の展開を理解する上で, 外せません。この条約はアメリカ主導だったので, ソ連をはじめとする社会主義陣営の国々は, 調印を拒否しました。

□ **特需景気** （とくじゅ）	朝鮮戦争に伴う日本の好景気。アメリカ軍からの特種需要があったため起こる。**繊維業・金属業**を中心とした好景気。1951年，工業生産が戦前の水準を上回った。
□ **日米安全保障条約**	サンフランシスコ平和条約と同時に締結。日本の独立後もアメリカ軍が駐留を続けることを決めた。
□ **日米行政協定**	1952年締結。日本は駐留軍に基地を無償で提供し，その費用を日米で分担することが定められた。
□ 米軍基地反対闘争	主権を回復したにもかかわらず，アメリカ軍がそのまま駐留し続け，日本も駐留費用を負担するということに対して起こった反対運動。
□ 皇居前広場事件	政府がメーデー会場に皇居前広場の使用を禁止したことが原因。皇居前広場に突入しようとしたデモ隊と，警官隊との間で乱闘事件が起こり，多数の死傷者が出た。
□ 破壊活動防止法	1952年成立。極左・極右の過激な行動を取り締まる法律。**皇居前広場事件**がきっかけ。
□ **MSA 協定 （日米相互防衛援助協定）**	**1954年**締結。アメリカが日本の経済を援助する代わりに，日本が防衛力を増強する，という約束。協定に基づき保安隊は自衛隊に改組され，その監督官庁として防衛庁が設置された。
□ 新警察法	1954年に出された警察法。**自治体警察**を廃止して，**警察庁**を頂点とする警察制度に変え，警察組織の中央集権化を進めた。
□ 第1回原水爆禁止世界大会	1955年広島で開催。**第五福龍丸事件**（ふくりゅうまる）（1954年第五福龍丸という漁船が，アメリカの水爆実験で被爆する事件）がきっかけ。

日本社会党は，ソ連も含めた全交戦国との全面講和を主張する左派と，単独講和もやむなしとする右派に分裂。1955年再統一しました。

■国際社会への復帰

1951年 ↓	サンフランシスコ平和条約
1952年	日本の独立
1952年	**IBRD（世界銀行）**加盟
1952年	**IMF（国際通貨基金）**加盟
1952年	**日華平和条約，日印平和条約**締結
1954年	**日ビルマ平和条約**締結

Check! 入試問題

　　1951年9月，日本首席全権【 ① 】はアメリカなど48カ国との間で【 ② 】に調印した。これによって，日本は独立国としての主権を回復することになった。同日，日本および極東における「平和と安全」のために，日本の独立後も引き続きアメリカ軍が駐留することを決めた【 ③ 】が調印され，翌年2月には，この条約の実施に関する具体的条件を定めた【 ④ 】が結ばれた。さらに【 ⑤ 】年3月には，【 ⑥ 】が結ばれ，同年7月には陸海空からなる自衛隊と防衛庁が発足した。

(同志社女子大)

[**解答**] ①吉田茂 ②サンフランシスコ平和条約 ③日米安全保障条約 ④日米行政協定 ⑤1954
　　⑥MSA（日米相互防衛援助）協定

55年体制と安保体制の始まり

> ○
> 20秒講義
>
> 鳩山一郎は**日本民主党**を結成し組閣した。**日本社会党**が再統一したため，与党も保守合同され，**55年体制**が始まった。神武景気を機に高度経済成長の時代となり，日米相互協力及び安全保障条約の締結を巡って**安保闘争**が起こった。

□ **鳩山一郎**
はとやまいちろう

日本自由党総裁。**公職追放**の解除で政界に復帰。吉田茂の**親米路線**（日米関係を深めることで，日本を成長させようという路線）に反発して**日本民主党**を結成し，首相に。日本国憲法の改正を主張し，「**自主外交**」を行い，ソ連との国交を回復した。また，教育委員会法を改正し，**教育委員会の委員を公選制から任命制**とした。

□ **保守合同**

1955年，**自由党**と**日本民主党**が合同して**自由民主党**を結成。自由党総裁は**緒方竹虎**。日本社会党の右派と左派の再統一（**鈴木茂三郎**委員長）がきっかけ。
すずきもさぶろう

□ **55年体制**

自由民主党が衆議院の議席数の3分の2弱，日本社会党が3分の1を占める体制。1955年から1993年まで続く。

　□ 日ソ共同宣言

1956年，鳩山一郎内閣のもとで締結。日本はソ連との国交を回復し，国際連合に加盟した。平和条約の締結までは至らず，北方領土問題も「**歯舞群島**と**色丹島**は平和条約が締結されたときに返還する」という返事しか得られず。

□ **神武景気**
じんむ

1955年より始まった好景気。米の大豊作もあり，日本のGNP（国民総生産）は戦前の数値を超え，**GATT**（関税及び貿易に関する一般協定）に加盟した。1956年の『**経済白書**』には「**もはや戦後ではない**」と記された。
はくしょ

　□ 岩戸景気
いわと

1958年から1961年までの好景気。神武景気の反動で起こった**なべ底不況**の後に起こる空前の好景気。**石炭**から**石油**へのエネルギー転換が背景。

□ 三井三池 炭鉱争議	1960年に起こった労働争議。従業員の大量解雇に対して起こった。300日近く続いたが労働者側の敗北に終わる。
□ 日米相互協力 及び安全保障 条約	1960年，岸信介内閣が締結。アメリカの日本防衛義務が明記され，在日米軍が軍事行動するときは日本と事前協議することや，日本や在日米軍基地が攻撃を受けたときには共同行動をとることが盛り込まれた。条約の期限は10年間で，その後は自動延長により継続できるようにした。衆議院では強行採決，参議院では採決を引き延ばして自然成立させた。岸信介は首相を辞職した。
□ 安保闘争	安保改定に反対する運動。社会党・共産党や革新勢力を中心に結成された安保改定阻止国民会議が中心。日本社会党の右派は民主社会党を結成した。

戦後の好景気を整理しておきましょう。

■ 1955 ～ 57 年：神武景気
　　　　　　　　（鳩山一郎～岸信介内閣）
■ 1958 ～ 61 年：岩戸景気
　　　　　　　　（岸信介・池田勇人内閣）
■ 1963 ～ 64 年：オリンピック景気
　　　　　　　　（池田勇人内閣）
■ 1966 ～ 70 年：いざなぎ景気
　　　　　　　　（佐藤栄作内閣）

Check! 入試問題

　1954年12月，長期にわたった【 ① 】内閣が退陣し，代わって日本民主党を基盤とした【 ② 】内閣が成立した。【 ② 】内閣は，従来の対米協調外交を受け継ぎながらも，一方において，日ソ国交回復や日中貿易改善などの政策を掲げて総選挙に勝ち，【 ③ 】年11月，日本民主党と【 ④ 】の間の保守合同を実現させ，【 ⑤ 】を結成した。そして【 ⑥ 】年10月，【 ⑦ 】に調印し，日ソ国交回復に成功した。
（関西大）

［解答］①吉田茂　②鳩山一郎　③1955　④自由党　⑤自由民主党　⑥1956　⑦日ソ共同宣言

高度経済成長—1960年代

> ◎
> 20秒講義
>
> 池田勇人内閣は，所得倍増計画を打ち出し，高度経済成長政策を推進した。佐藤栄作内閣は，日韓基本条約を締結し，小笠原諸島と沖縄の返還を実現した。経済は，岩戸景気，オリンピック景気，いざなぎ景気と相次ぐ好景気に沸いた。

□ 池田勇人内閣

岸信介内閣の後をついで組閣。「寛容と忍耐」を掲げ，社会党など革新勢力との対立を避け，所得倍増計画を打ち出し，10年間で1人あたりの所得を2倍にすると宣言した。

□ 農業基本法

1961年制定。農業の技術革新を促進した。農業の機械化が進み，農家の収入が劇的に増加し，専業農家から兼業農家へのシフトが急速に進んだ。

□ 政経分離

池田勇人内閣が打ち出した政策。国交のなかった中華人民共和国と，準政府間貿易（LT貿易）を開始した。LT貿易のLTとは交渉に当たった廖承志と高碕達之助の頭文字。

池田勇人首相は，貿易・為替・資本の自由化を推進しました。

■GATT11条国（＝国際収支を理由とする輸入制限ができない）に移行

■IMF8条国（＝国際収支を理由とする為替管理ができない）に移行

■OECD加盟（＝資本の自由化が義務づけられる）へ

□ 佐藤栄作内閣

外交問題の解決にあたり，日韓基本条約や，小笠原諸島・奄美諸島の返還，日米共同声明を経ての沖縄返還などを実現した。外交では「非核三原則」を掲げた。

☐ 日米共同声明	1969年，佐藤栄作首相がニクソン米大統領と会談し，沖縄返還の合意を取り付けた。
☐ 非核三原則 （ひかくさんげんそく）	核兵器を「**持たず・作らず・持ち込ませず**」という原則。**佐藤栄作**首相は**ノーベル平和賞**を受賞した。
☐ ベトナム戦争	1965年，アメリカによる北ベトナムの爆撃をきっかけに激化した戦争。長期化し，アメリカ経済は悪化し，ドル危機が起こった。
☐ ニクソン＝ショック	アメリカ大統領ニクソンが，日本に対して為替レートの引き上げを要求し，１ドル＝360円から**308円**へと円を切り上げる通貨調整が行われた。
☐ 日韓基本条約 （にっかん）	1965年締結。韓国と国交正常化した。**佐藤栄作内閣**で外相は**椎名悦三郎**（しいなえつさぶろう）。
☐ オリンピック景気	1963年より始まる好景気。**東京オリンピック**（1964年開催）に伴う特需による景気。**東海道新幹線**も開通した。
☐ いざなぎ景気	1966年より起こった好景気。1967年には国民の所得が2倍になり，1968年にはGNP（国民総生産）が，資本主義国の中でアメリカに次ぐ第2位となる。
☐ 四大公害訴訟	急激な経済成長と同時に，**公害問題**も表面化した。熊本県の**水俣病**（みなまた），富山県の**イタイイタイ病**，新潟県の**新潟水俣病**，三重県の**四日市ぜんそく**が四大公害。1960年代頃から始まり，1970年代以降にいずれも原告の勝訴で終わった。
	注 公害関連政策：1967年，公害対策基本法を制定。1971年，環境庁を設置。

原始・古代　中世　近世　近代　現代

Check! 入試問題

　1964年11月，首相【 ① 】の推薦によって，佐藤栄作が自民党総裁を引き継ぎ，第1次佐藤内閣が成立した。内閣は，アメリカの強い圧力を受けて，条約締結に向けて動き出すことになった。その背景の一つには，【 ② 】戦争の戦闘の激化があった。翌年2月には，日本から【 ③ 】外相が訪韓して，6月に【 ④ 】ほか諸協定が正式に調印され，両国間の交渉が結実した。

（立教大）

［解答］ ①池田勇人　②ベトナム　③椎名悦三郎　④日韓基本条約

高度経済成長の終焉—1970年•80年代の政治

○
20秒講義

日中共同声明を締結した**田中角栄内閣**は，内政では日本列島改造論を掲げたものの，第1次石油危機と変動為替相場制への移行により**高度経済成長**は終わった。その後，**プラザ合意**で一時**円高不況**に陥ったが，1980年代後半には**バブル景気**が出現した。バブル崩壊後は長い不況へと入り，**消費税**が導入された。

□ **日中共同声明**	1972年締結。日中間の国交を正常化させた。田中角栄首相が中華人民共和国の周恩来首相とともに出した。1978年に日中平和友好条約が福田赳夫内閣のもとで締結。
□ **日本列島改造論**	**田中角栄**首相が主張。**新幹線**と**高速道路**で経済発展を各地方都市に分散させようとした。
□ **第1次石油危機**	1973年の世界的な石油価格の高騰。第4次中東戦争の勃発がきっかけ。
□ 先進国首脳会議（サミット）	世界の経済政策を協議する会議。1975年，アメリカ・西ドイツ・イギリス・フランス・イタリア・日本の6カ国の首脳が集まり，フランスのランブイエで開かれたのが最初。
□ **変動為替相場制**	1973年移行。円の為替レートが変動することになった。
□ 狂乱物価	土地価格の高騰，**石油危機**，**変動為替相場制**への移行がクロスして起こった激しいインフレ。1974年には，GNPが戦後初の**マイナス成長**になり，**高度経済成長**が終わった。
□ ロッキード事件	ロッキード社の航空機購入に絡んだ収賄事件。**田中角栄**元首相が逮捕され，同年の総選挙で，自民党が大敗した。これにより田中内閣の後継の**三木武夫内閣**は退陣した。

□ プラザ合意	1985年に行われたドル切り下げの断行。アメリカの景気が落ち込んで，世界中の景気に悪影響を与えていたため行われた。この結果，アメリカの景気は立ち直ったが，日本は**円高不況**に陥り，周辺諸国の景気も悪化した。1987年の**ルーブル合意**でドルの下落の食い止めが決定した。
□ バブル景気	1980年代後半の地価や株価の投機的な高騰に支えられた実体の伴わない好景気。バブル崩壊後，日本経済は長い不況に突入した。
□ 消費税	1989年，**竹下登内閣**のもとで導入された間接税。最初は**3％**で，1997年，**橋本龍太郎内閣**の元で5％，2014年，**安倍晋三内閣**の元で8％，2019年に10％に引き上げられた。

1970年代〜1980年代の内閣の主なできごとをまとめておきましょう。

■**田中角栄内閣**：日中共同声明，日本列島改造論，石油危機
■**三木武夫内閣**：ロッキード事件
■**福田赳夫内閣**：日中平和友好条約を締結
■**大平正芳内閣**：第2次石油危機(イラン革命がきっかけ)
■**鈴木善幸内閣**：「増税なき財政再建」を目指す
■**中曽根康弘内閣**：国営事業の**民営化**(NTT，JT，JR)，**プラザ合意**，**バブル景気**
■**竹下登内閣**：消費税スタート

Check! 入試問題

　1972年7月に【 ① 】内閣が成立した。同首相は同年9月に訪中し，【 ② 】が発表され，中華人民共和国との国交が樹立された。こうして盧溝橋事件発生から35年ぶりに日中関係は正常化し，1978年になって，【 ③ 】内閣のもとで日中平和友好条約が結ばれた。【 ④ 】内閣は，行財政・教育・税制改革に力を入れ，公社の民営化を実現して財政負担を軽減した。しかし1987年の間接税(売上税)導入は成功しなかった。1988年末，後継の【 ⑤ 】内閣が消費税法案を国会で通過させた。

(慶應義塾大)

[解答] ①田中角栄　②日中共同声明　③福田赳夫　④中曽根康弘　⑤竹下登

原始・古代　中世　近世　近代　現代

現代の日本

○
20秒講義

冷戦の終結後，湾岸戦争などが起こったため，**自衛隊は海外派兵**を始めた。**宮沢喜一内閣**が倒れると日本新党の**細川護熙内閣**が成立し，**55年体制は崩壊**した。その後は，**村山富市内閣**・**橋本龍太郎内閣**と自民党と社会党が連立した内閣が続いた。

☐ **冷戦の終結**

1989年，アメリカ・ソ連両首脳によるマルタ会談で終結。冷戦の象徴であったベルリンの壁が壊され**東西ドイツ**が統一。**東欧革命**で東欧諸国が社会主義体制から離れ，1991年，**ソヴィエト連邦**が解体し，ウクライナやウズベキスタンなどの独立国と，ロシアを中心としたいくつかの諸国が集まった独立国家共同体に分裂した。

☐ **湾岸戦争**

1991年に中東で起こった戦争。クウェートに侵攻したイラクに対して，アメリカ軍を中心とする多国籍軍が武力制裁を加えた。日本政府は多国籍軍に戦費を支援し，自衛隊をペルシャ湾に派遣した。

☐ **国連平和維持活動 (PKO)協力法案**

1992年，**宮沢喜一内閣**の下で成立。自衛隊の海外派遣が可能になった。

☐ **宮沢喜一内閣**

55年体制が崩壊した時の内閣。**平成不況**の中，**佐川急便事件**，ゼネコン汚職事件と，贈収賄事件が相次いで発覚し，国民の政治不信を招いた。1993年，自民党を離れたグループを中心に**新生党**と**新党さきがけ**が誕生し，衆議院選挙で自民党の議席が過半数を割り込み，内閣は退陣。

☐ **細川護熙内閣**

日本新党をはじめとする8党派の非自民連立内閣。衆議院選挙に**小選挙区比例代表並立制**を導入したが短命に終わる。続く新生党の**羽田孜内閣**も短命に終わった。

□ 村山富市内閣 <small>むらやまとみいち</small>	1994年成立した**日本社会党，自由民主党，新党さきがけ**による３党連立内閣。首相は日本社会党委員長。日本社会党は安保条約・自衛隊・消費税を認め，力を弱めた。日本社会党は1996年に**社会民主党**に改称した。
□ 橋本龍太郎内閣 <small>はしもとりゅうたろう</small>	1996年，自民党総裁の**橋本龍太郎**が，日本社会党・新党さきがけとの連立政権を引き継いで内閣を組織。消費税を5％に引き上げ，日本経済を後退させた。
□ 小渕恵三内閣 <small>おぶちけいぞう</small>	自由民主党内閣。自由党・公明党が政権に加わり，与党は衆参両院で安定多数を確保した。**国旗・国歌法**を成立。
□ 新進党 <small>しんしん</small>	1994年，新生党・公明党・民社党・日本新党などが集結して結成。**自由党**（党首：小沢一郎 <small>おざわいちろう</small>）と**公明党**が独立し，残りの会派と日本社会党の離脱組は**民主党**（代表：菅直人 <small>かんなおと</small>）を結成，2009年に民主党の**鳩山由紀夫** <small>はとやまゆきお</small>内閣が成立した。

原始・古代　中世　近世　近代　**現代**

Check! 入試問題

　竹下登内閣は，1989(平成元)年6月，【　①　】税導入に対する反発とリクルート事件の疑惑のなか退陣することになるが，それからわずか4年あまりの間に，宇野宗佑，海部俊樹，【　②　】の順で内閣が入れ替わり，ついに1993(平成5)年には，自由民主党が分裂し，非自民8党派の連立政権である【　③　】内閣が誕生した。こうして，戦後日本の政治の背骨でもあった【　④　】体制が崩壊し，不安定な連合政権の時代を迎えることになる。　　　　(上智大)

[解答] ①消費　②宮沢喜一　③細川護熙　④55年

さくいん

283